U0129375

當代華文作家創作論

方　　忠著

現代文學研究叢刊
文史哲出版社印行

國家圖書館出版品預行編目資料

當代華文作家創作論 / 方忠著. -- 初版 -- 臺
北市：文史哲，民 112.01
頁： 公分. -- （現代文學研究叢刊；50）
ISBN 978-986-314-630-8（平裝）

1.CST：中國文學 2. CST：文學評論

820.7 112001019

現代文學研究叢刊 50

當代華文作家創作論

著 者：方 忠
出 版 者：文 史 哲 出 版 社
http://www.lapen.com.tw
e-mail：lapen@ms74.hinet.net
登記證字號：行政院新聞局版臺業字五三三七號
發 行 人：彭 正 雄
發 行 所：文 史 哲 出 版 社
印 刷 者：文 史 哲 出 版 社
臺北市羅斯福路一段七十二巷四號
郵政劃撥帳號：一六一八○一七五
電話 886-2-23511028・傳真 886-2-23965656

實價新臺幣四四○元

二 ○ 二 三 年 一 月 初 版

當代華文作家創作論

目　次

輯　一

余光中散文論

　　自五四新文學運動以來，在中國現代文學近百年的發展歷程中，散文一直佔據著極為重要的地位。朱自清 1928 年在對五四以後新文學諸文體進行一番比較後指出：「最發達的，要算是小品散文。」他進而勾勒了其時散文創作絢麗多姿的盛況：「就散文論散文，這三四年的發展，確是絢爛極了：有種種的樣式，種種的流派，表現著，批評著，解釋著人生的各面，遷流曼衍，日新月異：有中國名士風，有外國紳士風，有隱士，有叛徒，在思想上是如此。或描寫，或諷刺，或委曲，或縝密，或勁健，或綺麗，或洗煉，或流動，或含蓄，在表現上是如此。」魯迅在 1933 年也認為：「到五四運動的時候，才又來了一個展開，散文小品的成功，幾乎在小說戲曲和詩歌之上。」而林語堂在 1934 年更斷言：「十四年來中國現代文學唯一之成功，小品文之成功也，創作小說，即有佳作，亦由小品散文訓練而來。」然而，需要指出的是，與詩歌、小說、戲劇等其它文體相比，中國現代散文受外來文學的影響最小，因此它的變革和創新的進程也就緩慢得多。當外國各種文學思潮、流派、主義、技巧被紛紛傳播進來並產生影響的時候，中國現代散文更多地沿著自身發展的軌道穩健地向前發展而較少革新。這自然存在著一定的負面性。如何使散文創作更鮮活生動地狀寫人生、表現個性，如何使散文創作更適應人們審美意識和審美趣味的變化，如何使散文創作與其它文體更為協調地發展，這是散文家需要著力思考的問題，也是影響和制約散文發展的關鍵問題。從這一角度來加以考量，余光中的散文創作就有了特殊的意義和價值。

一

　　20世紀五六十年代，海峽兩岸的散文創作都呈現出一派興旺景象。中國大陸的散文家面對嶄新的時代和社會，熱情洋溢地謳歌新人新事新天地，散文文本中迴蕩著熱烈、歡樂、明快的旋律。從《中國新文藝大系·散文集》（1949-1966）所選篇目來看，其時散文作家隊伍十分龐大，既有冰心、葉聖陶、豐子愷、茅盾、巴金、老舍、曹禺、沈從文、李廣田、柯靈等一大批二、三十年代就活躍於文壇的中老年作家，也有楊朔、劉白羽、吳伯簫、趙樹理等延安時期成長起來的知名作家，還有峻青、艾煊等建國以後嶄露頭角的青年作家。然而，在這種繁榮的背後，散文創作存在著深刻的危機。一是作家主體精神的失落。面對"反右"、"大躍進"等政治運動，極少有作家進行深刻的反思與批判，散文呈現出清一色的頌歌形態。二是藝術本體精神的偏離。其時，散文作家的根本任務在於如何把抽象的革命理念和熱烈的革命情懷轉化為具體的形象，來感染讀者，使人產生共鳴，因此，散文作家的題材選擇和運用、藝術構思和藝術想像都必須服從於既定的"中心思想"。一時間，"散文是文學的輕騎兵"、"形散神不散"的觀點大為流行，而楊朔模式、劉白羽模式、秦牧模式則成了那一時代的經典。同一時期，台灣散文界也一派繁榮景象。梁實秋、楊逵、鍾理和、羅蘭、張秀亞、琦君、吳魯芹、林海音、思果、陳之藩、王鼎鈞、艾雯、林文月、子敏、季薇、蕭白、亮軒等眾多散文名家極一時之盛。然而，此時的台灣散文創作也存在著明顯的不足，作家在題材選擇、語言運用、意象營造、風格追求等方面，大都繼承五四散文的流風餘韻，墨守成規，缺乏開拓創新。其時，台灣文壇正席捲著現代主義風潮，詩歌和小說領域正進行著一場大變革。因此，散文領域也亟待革新。概而言之，自五四發端的中國現代散文在經歷了輝煌的發展後進入了藝術低谷。現代散文需要進一步高揚主體精神，革故鼎新，回歸藝術本體，開創新的文體和風格。

　　1963年，在現代詩領域獨領風騷的余光中發表了《剪掉散文的辮子》。這是余光中宣導"散文革命"的綱領性文獻。這篇文章將當時文壇流行的各種散文概括為三類，即所謂"學者的散文"、"花花公子的散文"、"浣衣婦的散文"，逐一加以分析、抨擊，而後援"現代詩"之例提出了"現代散文"的概念。

　　《剪掉散文的辮子》對"現代散文"的內涵作了充分闡述，稱這是"講究彈性、密度、質料的一種新散文"。文章指出："現代散文的年紀還很輕，她只是現代詩和現代小說的一個么妹，但是一心一意要學兩個姊姊。……專寫現代散文的作者還很少，成就自然還不夠，可是在兩位姊姊的誘導之下，她會漸漸成熟起來的。”作為一個在現代詩創作方面已頗有成就和影響力的詩人，余光中在指出散文落伍的同時毫不掩飾地表示散文要向已走向現代主義的現代詩和現代小說學習。事實上，在《剪掉散文的辮子》發表之前，余光中對“散文革命”的問題已有過深入的思考。在第一本散文集《左手的繆斯》的《後記》裡，他接連發問：“我們有沒有‘現代散文’？我們的散文有沒有足夠的彈性和密度？我們的散文家有沒有提煉出至精至純的句法和與眾迥異的字彙？最重要的，我們的散文家們有沒有自〈背影〉和〈荷塘月色〉的小土地裡破繭而出，且展現更新更高的風格。”在余光中“散文革命”的理念中，他著力強調的是語言的錘煉、文體的經營和風格的創新，其所謂“質料”指的便是語言的品質，“彈性”指的是文體的包容性和適應力，“密度”則是指一定篇幅內的美感份量。余光中宣導的“現代散文”是一種“超越實用而進入美感的，可以供獨立欣賞的，創造性的散文”，他認為這種散文應該呈現出與五四以來的散文迥異的全然創新的風格。

　　1960 年代前期的余光中對自己詩歌創作的成就頗為自負，他給第一本散文集取名為《左手的繆斯》便流露出對詩的偏愛：只有在寫詩的右手休息的時候，才讓左手寫點散文。他明確地把散文稱為自己的“副產品”，只能算是“詩餘”。在《左手的繆斯·後記》裡，余光中聲稱：“將這些副產品獻給未來的散文大師。”在第二本散文集《逍遙遊·後記》裡，他又說：“只要看看，像林語堂和其他作家的散文，如何仍在單調而僵硬的句法中，跳怪淒涼的八佾舞，中國的現代散文家，就應猛悟散文早該革命了。”余光中在這裡一直透露了自己寫作散文的緣由。作為一個現代詩人，他最初之所以分出手去寫散文，正在於對散文創作現狀的不滿。這與魯迅當年寫作新詩的情形頗有些相似。魯迅曾說：“只因為那時詩壇寂寞，所以打敲邊鼓，湊些熱鬧；待到稱為詩人的一出現，就洗手不作了。”余光中始料未及的是，這副產品後來竟然越寫越多，由“小藩成為大邦”，以至於余光中在1986 年在為散文集《記憶像鐵軌一樣長》寫自序時不得不鄭重聲明：“散文不是我的詩餘。散文與詩，是我的雙目，任缺其一，世界就不成立體”。後來還一再澄清自己與散文的關係：“不是經營殖民地，而是建國”。 1999 年台灣文壇評選出台灣文學經典 30 種，余光中的詩集《與永恆拔河》入選，但他並不滿足，很為自己的散文沒有入選抱屈：“如果《與永恆拔河》可以入選，我想我的散文起碼也可以入選”。

　　由此可見，從 1960 年代前期開始，余光中一方面在理論上大力宣導散文革命，推崇一種講究彈性、密度、質料的新散文——“現代散文”，另一方面身體力行，進行“現代散文”的創作實踐。“我嘗試把中國的文字壓縮，捶扁，拉長，磨利，把它拆開又拼攏，摺來且疊去，為了試驗它的速度、密度和彈性。我的理想是要讓中國的文字，在變化多姝的句法中，交響成一個大樂隊，而作家的筆應該一揮百應，如交響樂的指揮杖。”余光中以成功的創作實踐著自己的藝術主張，他為中國現代散文的變革和創新作出了重要的貢獻。

二

　　余光中曾發表過一篇引起很大爭議的文章《論朱自清的散文》。他從意象營造、抒情方式、語言等方面對朱自清的散文進行了評論，認為朱自清散文"交待太清楚，分析太切實"，"有礙想像之飛躍，情感之激昂"，其意象"好用明喻而超於淺顯"，尤其是"好用女性意象"；"另一瑕疵便是傷感濫情"；至於文字則"往往流於淺白、累贅，有時還有點歐化傾向，甚至文白夾雜"。文章指出："到了七十年代，一位讀者如果仍然沉迷於冰心與朱自清的世界，就意味著他的心態仍停留在農業時代，以為只有田園經驗才是美的，那他就始終不能接受工業時代。"朱自清在海峽兩岸有著廣泛的影響，他的散文名篇被選入兩岸教科書，影響了一代又一代讀者。余光中之所以把朱自清散文作為批評對象，與其對散文革命的宣導密切相關，他對於"今日的文壇上，仍有不少新文學的老信徒，數十年如一日那樣在追著他的背影"很不以為然，因此要拿朱自清開刀。另一方面，人們往往忽視的是，其實更深層次的原因在於，余光中與朱自清的散文觀乃至五四一代作家的散文觀有著很大的分歧。

　　在朱自清看來，散文"是與詩，小說，戲劇並舉，而為新文學的一個獨立部門的東西，或稱白話散文，或稱抒情文，或稱小品文。這散文所包甚狹，從'抒情文'，'小品文'兩個名稱就可知道。"顯然，朱自清所理解的散文是狹義散文，只是指抒情文，而且抒情文與小品文是可以互指的，它

"兼包'身邊瑣事'或'家常體'等意味,所以有'小擺設'之目。"既如此,朱自清自然看重散文的抒情性和純粹性,強調散文要寫得細緻而生動,"意在表現自己",抒發個人的情感,感性豐沛。在朱自清之前,周作人所推崇的"美文",強調的也正是"藝術性的,又稱作美文,這裡邊又可以分出敘事與抒情"。而周作人舉出的歐美美文作者的代表如愛迭生、蘭姆、歐文、霍桑,亦都是以抒情見長的散文作家。他後來在《冰雪小品選序》中又重申現代散文"是言志的散文,它集合敘事說理抒情的分子,都浸在自己的性情裡,用了適宜的手法調理起來"。他強調散文要獨抒性靈,流露性情。郁達夫也認為:"小品文字的所以可愛的地方,就在它的細,清,真的三點。"而其散文創作,也往往是以自身的感覺和心境為主線,以坦率、真誠的筆調自由抒寫,或漫言細語,或侃侃而談,感性十足。李素伯在對二十年代小品散文創作進行總結時明確指出:"把我們日常生活的情形,思想的變遷,情緒的起伏,以及所見所聞的斷片,隨時的抓取,隨意的安排,而用詩似的美的散文,不規則的真實簡明地寫下來的,便是好的小品文。"可以說,儘管五四一代作家的散文也有一些是較具知性的,但追求感性、注重抒情是一時的風尚。

對於散文的感性和知性問題,余光中聲稱:"一開始我就注意到,散文的藝術在於調配知性與感性。"在他看來,所謂感性,"是指作品中處理的感官經驗;如果在寫景、敘事上能夠把握感官經驗,而令讀者如臨其景,如歷其事,這作品就稱得上'感性十足',也就是富於'臨場感'(Sense

Of immediacy)。一位作家若能寫景出色，敘事生動，則抒情之功已經半在其中，只要再能因景生情，隨事起感，抒情便能奏功。"所謂知性，"應該包括知識與見解。知識是靜態的，被動的，見解卻高一層。見解動於內，是思考，形於外，是議論。議論要有層次，有波瀾，有文采，才能縱橫生風。不過散文的知性仍然不同於論文的知性，畢竟不宜長篇大論，尤其是刻板而露骨的推理。散文的知性該是智慧的自然洋溢，而非博學的刻意炫誇。說也奇怪，知性在散文裡往往要跟感性交融，才成其為‘理趣’。"散文的功能通常有抒情、敘事、寫景、狀物、說理、表意之分，余光中認為，這些功用往往相輔相成，"一篇散文若是純然議論，就會變成大則論文小則雜文；若是純然抒情，而又無景可依，無事可托，就會失之空泛"。出色的散文，常常是知性之中含有感性，或是感性之中含有知性，而其所以出色，正在兩者之合。余光中形象地指出："就像一面旗子，旗桿是知性，旗是感性：無杆之旗正如無旗之杆，都飄揚不起來。文章常有硬性、軟性之說：有杆無旗，便失之硬性；有旗無杆，又失之軟性。又像是水果，要是一味甜膩，便屬軟性，而純然苦澀呢，便屬硬性。最耐品味的水果，恐怕還是甜中帶酸，像葡萄柚那樣吧。"因此，他看重感性與知性兼長、詩情與哲理並茂的散文家。如何才能成為這樣的散文家？余光中說："一位真正的散文家，必須兼有心腸與頭腦，筆下才有兼融感性與知性，才能‘軟硬兼施’。"據此，他在評價唐宋八大家時，對蘇軾的評價明顯高於王安石，認為蘇文的感性與知性融洽，相得益彰，而王文的感性嫌弱，襯不起知性。在評價現代散文家時，他認為徐志摩的散文缺乏知性來提綱挈領，失之蕪雜，感性的段落固多佳句，但每逢說理，便顯得不夠透徹練達；陸蠡、何其芳等人的感性散文所呈現的問題則更甚於徐志摩。而現代學者散文既不要全面的抒情，也不須正式的說理，而是要捕捉情、理之間洋溢的那一份情趣或理趣。梁實秋的《雅舍小品》偏於前者，錢鍾書的《寫在人生邊上》則偏於後者。余光中對將感性和知性交融、情趣和理趣互滲的後輩學者散文作家余秋雨大加推崇：＂比梁實秋、錢鍾書晚出三十多年的余秋雨，把知性融入感性，舉重若輕，衣袂飄然走過了他的《文化苦旅》。＂

余光中為多位散文家的作品寫過序。他在序中往往以感性與知性是否融合為尺度，作為衡量散文家創作水準高低的標準。他認為董崇選的《心雕小品》＂比正經文章較少拘束而具感性，同時又比抒情文章較多見解而具知性。……有情有理，正是我所說的感性與理性兼顧，誠為雜文之常道＂。他說張曉風的抒情散文＂甚為飽滿的感性，經靈性和知性的提升之後，境界極高＂。他評價孫瑋芒＂在感性的描寫、敘事、幻想之餘，每每能急轉直下，用知性的簡化、秩序化來詮釋紛繁的現象＂，是＂感性與知性兼長、詩情與哲理並茂的陽剛作家＂。他說金聖華的《橋畔閑眺》＂主題雖有知性，文筆卻帶感性，加以時代感與現實感並不很強，所以又有點接近小品、隨筆＂。他認為陳幸蕙《黎明心情》的問題正在於感性與知性的融合出了問題：＂她細於觀察，深於同情，也善於想像……但是她念念不忘自勵自許，所以議論不絕，而另一方面，又往往沒有搭足敘事的架子來落實情理。……

如此，議論多而事件少，抒情的潛力就未能盡情發揮，頗為可惜。"

余光中在散文理論和散文批評實踐中一直主張感性與知性的融合。他並不排斥感性散文或知性散文，但對於單純感性或知性的散文評價較低。他認為一流的抒情文往往見解過人，而一流的議論文也往往筆帶感情。余光中在散文中追求的是一種寫景出色、因景生情、敘事生動、借事興感、聲色並茂的藝術世界。在面對抒情、敘事、寫景、狀物、說理、表意等諸種散文功能時，不同的作家會有所偏重，而真正的散文大家則能做到融會貫通，兼擅各項，感性與知性兼融，情趣和理趣互滲。

余光中在散文創作中始終貫徹著感性與知性融合的藝術理念，進行了富有成效的藝術實踐。

在余光中的散文中，以抒情散文比重最大。他將其自稱為"自傳性的抒情散文"。與其他作家的抒情散文相比，余光中的這類作品固然也具有自傳性和寫實性，但他更多地將詩情詩意融入散文中，感情充沛，感性極強。與此同時，他又敏於自剖，善於引證和議論，這就使散文兼具知性和理趣。《逍遙遊》想像奇詭，辭采飛揚，氣勢恢弘，意象繁複，很富有抒情性。余光中的靈感顯然來自於莊子的同名散文，文中借鑒了莊子《逍遙遊》的典故和意象，諸如"御風而行"；"怒而飛，其翼若垂天之雲，搏扶搖而上者九萬里"；"朝菌死去，留下更陰濕的朝菌，而晦朔猶長，夜猶未央"；"南有冥靈，以五百歲為春，五百歲為秋。惠蛄啊惠蛄，我們是閱歷春秋的惠蛄"，等等。但余光中生活在一個乘坐飛機旅行的時代，作為現代人他有著莊子所沒有的現代生活體驗和現代觀念意識，因此他的逍遙遊的豪情就有了與莊子大異其趣的意味。他先作太清的逍遙遊，然後筆鋒陡轉，由逍遙遊寫到行路難，在思想和情感經歷了古今中外一番遨遊之後，在心靈歷經困頓和煎熬之後，余光中的精神"蟬蛻蝶化"，進入了一個新的境界。

　　《鬼雨》、《塔》、《黑靈魂》、《莎誕夜》、《九張床》、《四月，在古戰場》、《登樓賦》、《地圖》、《伐桂的前夕》、《蒲公英的歲月》、《聽聽那冷雨》、《花鳥》、《記憶像鐵軌一樣長》等一批"自傳性的抒情散文"，也大都如《逍遙遊》一樣意氣勃發，筆勢縱橫，意象紛繁，具有強烈的自傳性，感性沛然；而在抒情、寫實的同時又適時插入議論，妙趣橫生，兼具知性。

　　遊記是散文的一種。余光中對遊記創作傾注了很大的熱情。《隔水呼渡》共收散文 16 篇，其中遊記就有 13 篇之多。而在這之前，從《左手的繆斯》到《憑一張地圖》，他已寫作了 25 篇遊記。1993 年他為《從徐霞客到梵古》寫《自序》時，明確承認："近年來我寫的散文漸以遊記為主。"究其原因，一則與他性喜旅遊，遊歷較廣有關，二則要談到遊記這種文體的特點了。余光中曾寫過《杖底煙霞——山水遊記的藝術》、《中國山水遊記的感性》、《中國山水遊記的知性》、《論民初的遊記》等系列論文，系統地探討了遊記的感知性問題。余光中認為："中國遊記的真正奠基人當然是柳宗元：到了《永州八記》，遊記散文才兼有感性和知性，把散文藝術中寫景、敘事、抒情、議論之功冶於一爐。這種描述生動感

慨深沉的文體,對後來的遊記作者影響久長。"又說:"散
文遊記要到宋代才有恢弘的規模,不但議論縱橫,而且在寫
景、狀物、敘事各方面感性十足,表現出更為持續而且精細
的觀察力和想像力。""徐霞客的遊記兼有文學的感性和地
理的知性。"在余光中看來,感性的濃厚與強烈,知性的圓
潤與通透,是一篇出色的遊記的要件,因此,"最上乘的遊
記該是寫景、敘事、抒情、議論,融為一體,知性化在感性
裡面,不使感性淪為'軟性'"。

　　余光中的遊記富有感性和知性。一方面,他充分調動敏
銳的感官經驗,給讀者營造出如見其景,如臨其境的藝術效
果。余光中這樣寫沙漠七月的太陽:

> 　　絕對有毒的太陽,在猶他的沙漠上等待我們。十億支
> 光的刑詢燈照著,就只等我們去自首了。……會施術
> 的太陽還不肯放過我們。每天從背後追來,祭起火球。
> 每天下午他都超過我們,放起滿地的火,企圖在西方
> 的地平攔截。

他用"絕對有毒"來修飾太陽,又把太陽比作刑詢室裡犯人
頭上"十億支光的刑詢燈";又用擬人手法說太陽會"施
術",會"從背後追來,祭起火球","放起滿地的火",
這樣來表達固然極為生動地狀寫出了烈日當空、酷熱難耐的
情形,更重要的是,這樣的描寫動感十足,富有現場感,感
性十分豐沛。再看他寫丹佛城的雪景:

> 　　一拉窗帷,那麼一大幅皎白迎面給我一摑,打得我猛

抽一口氣。……目光盡處，洛磯山峰已把它重噸的沉雄和蒼古羽化為幾兩重的一盤奶油蛋糕，好像一隻花貓一舐就可以舐盡一樣。白。白。白。白外仍然是白外仍然是不分郡界不分州界的無疵的白，那樣六角的結晶體那樣小心翼翼的精靈圖案一吋一吋地接過去接成千哩的虛無什麼也不是的美麗，而新的雪花如億萬張降落傘似的繼續在降落，降落在洛磯山的蛋糕上那邊教堂的鐘樓上降落在人家電視的天線上最後降落在我沒戴帽子的髮上當我衝上街去張開雙臂幾乎想大嚷一聲結果只喃喃地說：冬啊冬啊你真的來了我要抱一大捧回去裝在航空信封裡寄給她一種溫柔的思念美麗的求救信號說我已經成為山之囚後又成為雪之囚白色正將我圍困。

這段寫景真乃神來之筆，感性充沛。一是充分調動視覺、觸覺、嗅覺，奇思妙喻不絕。早就期待著邂逅一場雪，現在驀然間面對窗外滿世界的雪，作者驚喜萬分。「一大幅皎白迎面給我一摑，打得我猛抽一口氣」，正寫出了乍一見到大雪時的愕然和驚喜。而覆蓋著皚皚白雪的洛磯山峰作者把它比喻為「幾兩重的一盤奶油蛋糕」，足見他對雪景的偏愛，更顯示了想像力的豐富與奇特。二是標點符號的運用別出心裁。這裡的標點符號運用不合常規，但看似武斷，實則正表達出作者在驚見蒼茫雪景時的喜悅心情。「白。白。白。」這三個句號，突出了滿世界的白，給人以毋庸置疑的感覺，後面二百餘字僅用三個逗號隔開，形成了十分複雜的句子結構。

這種“語無倫次”正透露出作家滿心的驚喜。

余光中的遊記不僅寫景充滿感性，敘事也感性十足。如《塔阿爾湖》：

> 在很瀟灑的三角草亭下，各覓長凳坐定，我們開始野餐，野餐可口可樂，桔汁，椰汁，葡萄，烤雞，麵包，也野餐塔阿爾湖的藍色。

這裡敘述的是在塔阿爾湖邊的野餐，這本是尋常事，但一句“也野餐塔阿爾湖的藍色”則使感性臻於飽和，把天藍藍湖藍藍心曠神怡的情狀傳神地敘寫了出來。再如《隔水呼渡》：

> 突然，高島把瓦斯燈熄掉，黑暗的傷口一下子就癒合了。只剩下宓宓的窄劍不時揮動著淡光，在追捕零星的鷺影。

在黑沉沉的深夜裡，身處一片十幾公里的生態保護區，照明的只有一盞瓦斯燈和一支手電筒，當瓦斯燈突然熄掉，周圍頓時漆黑一片，作者卻說“黑暗的傷口一下子就癒合了”；而手電筒發出的光則更顯細而窄，於是而有“只剩下宓宓的窄劍不時揮動著淡光，在追捕零星的鷺影”的說法。此處藝術感受力和藝術想像力得到了很好的融合。余光中遊記的感性往往是在這樣超拔的藝術想像力的作用下達成的。

余光中遊記在富有感性的同時，也深具知性。遊記因涉及地理的沿革、歷史的興替、人文古跡的變遷等因素而易顯示出知性，而人們在觀光、遊歷的過程中也往往會就山水立論，生發出歷史的感喟、人生的感悟，這使遊記往往兼有感

性和知性。與一般的遊記不同的是，余光中的遊記始終活躍
著一個情感充沛、觀察敏銳、想像超群、知識豐富、個性鮮
明的"我"，他善於將知識、經驗和思想融入敘事、寫景、
抒情之中，在敘事、寫景、抒情之餘生發議論。因此，余光
中的遊記通常感性飽滿，知性圓通，讀者既能獲得身臨其境
的現場感，又可獲得啟迪和教益。《梵天午夢》敘寫的是赴泰
國旅遊的見聞和感受。作者在曼谷的佛寺間流連，他用生動
的極富感性的筆墨描繪了莊嚴而華麗的玉佛寺的景象。粉白
的宮牆，金黃的紀念塔，怒目張臂、巨喙昂揚的禽王格魯達
的雕像，背負藍天、頭角崢嶸的屋脊兩端的翹發，億萬信徒
矚目的泰國國寶碧玉佛像，等等，都被精細而傳神地刻畫了
出來。作者在敘述、描寫的過程中，對泰國這一白象王國的
相關知識也作了介紹，諸如佛教傳入泰國的歷程，僧侶在泰
國的地位，泰國錢幣上圖案的由來，泰國最神聖的國寶玉佛
命運的變遷等。這些知識增強了作品的歷史感和人文氣息。
與此同時，作者又不時生發感慨和感悟，如：

> 佛家告誡：色即是空。然而這一切金碧輝煌、法相莊
> 嚴，豈非都是鏡花水月？大概我六根不淨，六塵猶染，
> 尚在色界與眾浮沉，離無色之界尚遠。對我而言，佛
> 是宗教，更是藝術。對我而言，要入真與善，仍須經
> 由美的"不二法門"，可謂妄矣。不過對於芸芸眾生，
> 寺廟之美仍是眼根耳根，不得清淨，也無須戒絕吧？

余光中不是佛教徒，作為藝術家他對於"一切金碧輝煌、法
相莊嚴"自然會有自己的認識，這一番議論正道出了他對於

佛的獨到見解，引人深思。

三

　　文體問題是關係著中國現代散文發展的一個本體問題。

　　五四以後，人們在談到現代散文時，常常要麼將它和美文混為一談，要麼將它等同於小品文。胡適在 1922 年寫的《五十年來中國之文學》中說：“白話散文很進步了。長篇議論文的進步，那是顯而易見的，可以不論。這幾年來，散文方面最可注意的發展，乃是周作人等提倡的‘小品散文’。這一類的小品，用平淡的談話，包藏著深刻的意味；有時很像笨拙，其實卻是滑稽。這一類的作品的成功，就可徹底打破那‘美文不能用白話’的迷信了。”阿英在《小品文談》裡也談到：“正式的作為正統小品文的美文，引起廣大讀者注意的，卻是由《晨報副刊》轉載在《小說月報》（1922）上的周作人的《蒼蠅》一文起。”葉聖陶在談到現代散文時說：“像這樣的文體，我們叫它做小品文。不用小品文的名稱，那就叫它做文學的散文也可以。……把散文這東西也看做文學，大家分一部分心力來對著它，還是較近的事情。而成為文學的散文，正就是我們現在所說的小品文。”鍾敬文在《試談小品文》一文中也直接用小品文來解釋散文：“新文學運動以來，大家似乎多擁擠在小說、詩歌、戲曲等大道上去，散文——小品文——似乎是一條荊棘叢生的野徑，肯去開闢的人尚不大多。”

　　余光中對散文文體有著自己的認識。第一，他所謂的散文是廣義的散文。他表示"不很喜歡把散文限於傳統小品的格局。" 他認為："把散文限制在美文裡,是散文的窄化而非純化。" 因此,在《左手的繆斯》、《逍遙遊》、《望鄉的牧神》、《焚鶴人》、《聽聽那冷雨》、《青青邊愁》等幾部散文集裡,散文和論文都是混合在一起的。他聲稱:"事實上,在我的筆下,後者和前者(前後者分別指論文和散文——引者注)往往難以截然劃分。我的散文,往往是詩的延長;我的論文也往往抒情而多意象。" 一直到《分水嶺上》,余光中才開始把兩者分開。在他看來,散文應包括抒情散文、閒逸小品、書評、專題論文、序言、雜文等多種類別。他甚至認為好的散文還存在於哲學、史學和科學著作中,只要具備感性之美和知性之美,就是好的散文。顯然,他的散文觀是具有彈性和張力的。第二,余光中的散文文體意識是開放、自由而又多元的。他不贊成把散文寫得很像"散文",而是主張要拓展散文的疆域,使散文在文體上更具彈性。他認為陳幸蕙的散文偏重抒情和議論,敘事太少,幾乎沒有對話,風格單一,缺乏變化,他給她開出的"藥方"是"向小說與戲劇借兵,向小說去借敘事,向戲劇去借對白"。在給張曉風的散文集《你還沒有愛過》寫序時,他評論了包括自己在內的台灣第三代散文家的創作:"他們當然欣賞古典詩詞,但也樂於運用現代詩的藝術,來開拓新散文的感性世界。同樣,現代的小說,電影,音樂,繪畫,攝影等等藝術,也莫不促成他們觀察事物的新感性。" 這確是夫子自道。在他看來,優秀的散文家應該是通曉各種文學藝術的"通才",而不是只會散文一體的"專才"。

　　余光中開放自由的散文文體意識是在 20 世紀上半期的散文文體意識基礎上一次新的突破。20 世紀之初，梁啟超在《清代學術概論》中提出了"新文體"的概念，他聲稱："至是自解放，務為平易暢達，時雜以俚語韻語及外國語法，縱筆所至不檢束，學者競效之，號'新文體'。" 周作人在《燕知草・跋》中這樣要求散文語言："以口語為基礎，再加上歐化語，古文，方言等分子，雜揉調和，適宜地或各當地安排起來，有知識與趣味的兩重的統制，才可以造出有雅致的俗語文來。" 林語堂在《論文》中則要求散文"以性靈為主，不為格套所拘，不為章法所役"。

　　相比較而言，余光中在繼承借鑒前人觀點的基礎上，散文文體意識更為靈活、更為自由、更為開放。余光中在建構自己的散文文體時，除融會中外各種傳統的散文筆法外，還大量融入現代詩的筆法，小說的技巧，電影蒙太奇的手法，以及繪畫的色彩，音樂的旋律等，從而使散文文體呈現出鮮活多變，富於彈性的特色。而在散文語言方面，他認為："白話文在當代的優秀作品中，比起二、三十年代來，顯已成熟得多。在這種作品裡，文言的簡潔渾成，西語的井然條理，口語的親切自然，都已馴馴然納入了白話文的新秩序，形成一種富於彈性的多元文體。" 他對現代散文語言提出了明確的要求："現代散文當然以現代人的口語為節奏的基礎。但是，只要不是洋學者生澀的翻譯腔，它可以斟酌採用一些歐化的句法，使句法活潑些，新穎些；只要不是國學者迂腐的語錄體，它也不妨容納一些文言的句法，使句法簡潔些，渾成些。有時候，在美學的範圍內，選用一些音調悅耳表情十足的方言或俚語，反襯在常用的文字背景上，只有更顯得生動而突出。"　顯然，他追求著一種文白交融、中西相濟的語言境界。語言和技巧的有機結合，余光中便創造出了一種開放自由、相容並包、富於彈性的新的散文文體。

余光中散文在文體上最突出的特點是以詩為文。其實，在中國現代文學史上，以詩為文一直是散文創作的一個傳統，朱自清、徐志摩、楊朔等堪稱代表。這類散文往往意象繁富，辭采華美，抒情性強，充盈著詩情畫意。余光中作為一個深受現代主義文學精神影響和薰陶的作家，作為一個曾經堅信"許多詩人用左手寫出來的散文，比散文家用右手寫出來的更漂亮"　的現代主義詩人，他對於文字、意象、節奏固然極為敏感。值得人們注意的是，他的"以詩為文"不是一般意義上的借鑒詩歌的特點，而是將現代主義詩歌的表現技巧和方法融入散文創作之中。這使他的"以詩為文"有著鮮明的特色。

首先，余光中常常將白話、文言、歐化語三者融合，追求陌生化的表達效果，他的散文因如此特殊安排而在節奏、意境上產生奇特的魅力。如：

> 近鄰是一兩盆茉莉和一盆玉蘭。這兩種香草雖不得列於離騷狂吟的芳譜，她們細膩而幽邃的遠芬，卻是我無力抵抗的。開窗的夏夜，她們的體香回泛在空中，一直遠飄來書房裡，嗅得人神搖搖而意惚惚，不能久安於座，總忍不住要推紗門出去，親近親近。比較起來，玉蘭修長的白瓣香得溫醇些，茉莉的叢蕊似更醉

鼻馨心，總之都太迷人。(《花鳥》)

在這段文字裡，"芳譜"、"遠芬"、"神搖搖而意惚惚"、"叢蕊"、"醉鼻馨心"等都是古色古香的文言詞彙、句法，"她們細膩而幽邃的遠芬，卻是我無力抵抗的"、"開窗的夏夜"卻是典型的歐化句法，而"親近親近"則是直白的口語。簡潔渾成的文言，井然有序的西語，親切自然的現代口語，這三者和諧融合，既保持著流暢的白話節奏，又充滿著彈性和語言張力。

其次，余光中借鑒了現代詩變形、誇張、象徵的手法來構造散文的意象。在他的筆下，雄偉的落磯山可以像一盤奶油蛋糕："落磯山峰已把它重噸的沉雄和蒼古羽化成為幾兩重的一盤奶油蛋糕"(《丹佛城》)；也可以是巨恐龍的化石："落磯山是史前巨恐龍的化石，蟠蟠蜿蜿，矯乎千里，龍頭在科羅拉多，猶有回首攫天吐氣成雲之勢，龍尾一擺，伸出加拿大之外，昂成阿拉斯加"(《丹佛城》)。他能把"夏季"想像成"南瓜"，而"人"則變成"蟬"："當夏季懶洋洋地長著，肥碩而遲鈍如一只南瓜，而他，悠閒如一隻蟬"，而"黃昏是一隻薄弱的耳朵，頻震於烏鴉的不諧和音"(《塔》)。這些想像完全是一個現代主義詩人的想像，充分顯示了其獨特的藝術感受方式。因此而形成的具有現代詩特點的嶄新意象大大提高了散文的藝術感染力。

余光中的散文不僅以詩為文，也引入了小說的敘事手法和筆法。他借鑒了小說的敘事方法和敘事視角。《食花的怪客》、《下游的一日》等篇什在情節設置、細節描寫、心理刻畫、人物對話等方面，都顯示出小說影響的痕跡。而在敘事視角的設置方面，余光中"自傳性的抒情散文"大部分採用第一人稱，也有一部分則採用第三人稱，如《四月，在古戰場》、《塔》、《下游的一日》、《焚鶴人》、《伐桂的前夕》、《聽聽那冷雨》等。第三人稱的敘述擴大了審美距離，便於作者從容冷靜地梳理人生，抒寫感情，營造客觀化的效果。《焚鶴人》寫"他"對孩子的歉疚和懊悔心理，在舒緩的敘述中，"他"的暴怒、施虐，一一順序展開，尤其是放飛風箏的情形，從具體的細節到人物的對話、表情，無不描繪得惟妙惟肖。《塔》抒寫獨在異國的孤獨和感傷。暑假裡，"偌大的一片校園，只留下幾聲知更，只留下，走不掉而又沒人坐的靠背長椅"，以及"他"這個來自東方的教授。"他"寂寞難耐，"孤意於回憶和期待之間，像伽利略的鐘擺，向虛無的兩端逃遁，而又永遠不能逸去"。這種第三人稱的敘述，避免了情感不加節制的宣洩，且由於距離感的過濾，產生了哀而不傷的審美效果。

余光中在散文文體的經營過程中，還借鑒了電影蒙太奇的技巧，如《伐桂的前夕》、《四月，在古戰場》等。同時也追求音樂美和繪畫美，如《塔》、《南太基》、《塔阿爾湖》、《聽聽那冷雨》、《花鳥》、《春來半島》等。多向度的延伸，多種藝術手法的融合，使余光中散文在文體上不斷推陳出新，深具實驗精神。

余光中在《大詩人的條件》一文中引用了英國詩人奧登所說的大詩人的條件：一是必須多產，二是在題材和處理手法上必須範圍廣闊，三是在洞察人生和提煉風格上必須顯示獨一無二的創造性，四是在詩體的技巧上必須是一個行家，五是其創作一直處於蛻變之中。奧登認為這五個條件具備了三個半左右就是大詩人。 以此來反觀作為散文家的余光中，應該說他具備了上述五個條件。他以自覺的散文革新理念，以半個多世紀至今仍在不斷開拓中的豐富而高品質的散文創作實踐，在中國現代散文史上佔據了重要的地位，成為卓爾不群的一代散文大家。他的散文藝術探索為中國散文的發展提供了多方面的啟迪。

楊牧散文論

在20世紀台灣文學史上,楊牧是少有的詩文雙絕的作家。這位從50年代起伴隨著現代主義文學潮流成長起來的詩人、散文家,以自己豐厚的創作實績成為台灣文壇一個舉足輕重的作家。1999年《聯合報》舉辦了"台灣文學經典"評選,楊牧的詩集《傳說》和散文集《搜索者》同時入選,他也成為入選的唯一跨兩個文類的作家。

楊牧是台灣現代主義文學時代的一個精靈。他本名王靖獻,另有筆名葉珊。1940年,生於台灣花蓮。1956年,還在花蓮中學就讀的楊牧即捲入了剛剛興起的台灣現代主義文學運動,他創作的詩歌陸續發表於《現代詩》、《創世紀》等詩刊及一些報紙副刊。1959年,楊牧考入東海大學,在寫作詩歌之餘又開始了散文創作。此後,他一手寫詩一手寫散文,兼擅翻譯和評論。1964年赴美留學,先後獲愛荷華大學藝術碩士和柏克萊大學比較文學博士學位。在這一時期,楊牧被視為現代詩的代表人物屢遭指責和非議,但他始終不改初衷,一直參與現代主義文學活動,在為現代主義鼓與呼的同時,出版了大量的文學作品。其中,詩集有《水之湄》、《花季》、《燈船》、《非渡集》、《瓶中稿》、《禁忌的遊戲》、《海岸七疊》、《時光命題》、《楊牧詩集Ⅰ》、《楊牧詩集Ⅱ》、《楊牧詩集Ⅲ》;

散文集有《葉珊散文集》、《年輪》、《柏克萊精神》、《搜索者》、《交流道》、《飛過火山》、《山風海雨》、《一首詩的完成》、《方向歸零》、《疑神》、《昔我往矣》等。

　　作為一個頗具代表性的現代主義作家，他卻又對浪漫主義情有獨鍾。這突出地表現在他的散文創作中。楊牧的散文既有現代性品格，又深具浪漫情懷；既不斷地求新求變，在實驗中尋求突破，又保持著一貫的抒情特色，形成了獨特的藝術風格。

一

　　由"現代詩社"、"藍星詩社"、"創世紀詩社"共同發起的台灣現代主義文學運動，50年代後期首先在詩歌領域產生了重大的影響。其時，年輕的楊牧對現代主義一見鍾情，大膽地進行了現代主義詩歌創作實驗。"那也正是我開始自覺地實驗著新技巧墾拓著新境界的時候，而這實驗和墾拓一旦開始，便無休止之日；到今天我還在持續著這件工作。"[1]在詩歌創作過程中，楊牧感到有些思想和感情用詩來表現有較大的局限，而用散文這一文體則更為真切和真實。他認為："詩是壓縮的語言，但人不能永遠說壓縮的語言，尤其當你想到要直接而迅速地服役社會的時候，壓縮的語言是不容易奏效的。我常常想，這大概是我也寫散文的原因。"[2]因此，他在大學時代就開始進行散文創作。

1　楊牧：《楊牧詩集Ⅰ·後記》，洪範書店，1978年版，第2頁。
2　楊牧：《兩片瓊瓦》，《葉珊散文集》，洪範書店，1977年版，第224頁。

　　在第一本散文集《葉珊散文集》(洪範版)《自序》中，楊牧對歐洲浪漫主義文學進行了概括，對其擁抱自然的赤子之心、山海浪跡上下求索的抒情精神以及挑戰權威反抗苛政和暴力的精神大加讚賞；他還對華茲華斯、柯勒律治、濟慈、雪萊、拜倫、葉芝等浪漫主義詩人的作品進行了分析，而對濟慈和葉芝尤為推崇。楊牧自詡是一個"浪漫主義者"，"藉濟慈之名，宣揚著拜倫的道理。這些大抵以散文為之，也收在這本散文集裡"。[3]楊牧在這裡清晰地梳理了自己與浪漫主義的關係。這也為我們理解他的散文創作指引了一條途徑。

　　在以《葉珊散文集》為代表的早期散文中，楊牧充分表現了他所服膺的浪漫主義精神。《葉珊散文集》收錄的散文大都屬於抒情散文，抒寫了作者自19歲至25歲的思想和感情。作者寄情於自然山水，擁抱質樸文明，追索生命意義，呈現出唯美純真的浪漫情懷。《昨日以前的星光》充滿浪漫主義的激情。作者寫到，自己孩提時光是在數星光中溜過去的，長大後才發現星光離得太遠了，眼前正有一個更可以親近的世界。當他感到自己對世界有了新的認識後，"我開始把自己視為宇宙的中心，我信仰我自己"。他在文學浩瀚的大海上找到了自己的國土，這時，他躊躇滿志："晨光是另外一種意義的晨光，星夜是另外一種意義的星夜，我自另一個立足點在宇宙萬物間把握住了生命的價值。"[4]由此，作者不再消沉，不再沉湎於過去，對昨日之我進行了否定，表現了以今

3　楊牧：《自序》，《葉珊散文集》，洪範書店，1977年版，第8頁。
4　楊牧：《昨日以前的星光》，《葉珊散文集》，洪範書店，1977年版，第24頁。

日之我去開創一個新天地的豪情。《山窗下》抒寫了對生命的
充實和空虛的思索。作者先寫在美國聽柴可夫斯基第五交響
曲的感受，他在管弦聲中很自然地想到黑夜裡的寒風和細
雨，荒蠻原始的風景；又寫大學時在台灣聽老師講授古希臘
悲劇《俄狄浦斯王》的感受，當時彷彿一剎那被造物主拍醒，
強烈地感受到了人類的悲劇意識；他意識到：“那是記憶的
力量，一切悲慘的想像確實在一瞬間被詩句剝得坦然，鮮血
淋漓。”當歲月把心靈磨得蒼老之時，生命的充實和空虛就
不是簡單而能說清的了，失落或獲得也並沒有那麼重要，留
下的只有“始憐幽竹山窗下，不改清陰待我歸”的思古之幽
情了。作品表現了對生命意義上下求索的精神。

　　《葉珊散文集》的第二輯名為“給濟慈的信”，共有15
篇散文。這一組作品以浪漫主義大詩人濟慈為傾訴對象，表
達自己對生活和生命的思考。《綠湖的風暴》開篇就顯示出與
浪漫主義向中世紀探索相似的氣氛和情調：“你該不會想到
百餘年後的今夜，濡濕的今夜，我突然憶起那村莊，在破敗
淒涼裡聯想到你。你知道宋朝嗎？宋朝的美，古典的驚悸。
那一次我一腳踏進一座荒涼的宗祠，從班駁的黑漆大門和金
匾上，我看到歷史的倏忽和曩昔的煙霧，蒙在我眼前的是時
空隱退殘留的露水。我想到你，一個半世紀以前的你，想到
你詩裡的中世紀，想到你憧憬的殘堡廢園，像有許多凋萎的
花瓣飄落在身邊，浮香淡漠，夕照低迷。”[5]接著，作者由陸
游的小樓寫到濟慈在漢普斯第的小樓，由東方山群裡的綠

<hr>

5　楊牧：《綠湖的風暴》，《葉珊散文集》，洪範書店，1977 年版，第 67
　　頁。

湖、阿眉族人的生活方式、山林裡的野鹿和山豬，一直寫到濟慈生命的價值和意義，將中西、古今融為一體，在對原始的、質樸的美的捕捉中，尋求與古典浪漫主義詩人靈魂的契合。《山中書》寫自己之所以獨自到寂靜無人的山中去，是為了尋找一點逝去的自我，拭亮蒙塵的心靈；同時也為了從心靈上更好地瞭解濟慈，去參悟寂寞的真諦。拋去塵世的喧囂，看著雲朵在流動的水中變幻舒卷，他期盼自己對大自然的好奇心不死，永遠保持純潔的心靈。濟慈筆下曾寫過："假如死亡也像雲彩一樣沉落下來⋯⋯"在楊牧看來，雲彩沉落是自然現象，以此來看待死亡和毀滅，又何必嗻歎傷感呢。他從大自然和浪漫主義詩人的作品中，對生命有了新的領悟。

在早期散文中，楊牧以大自然為抒情載體，表現了一個在中西方文化薰陶中成長起來的青年知識份子內心的憂鬱、寂寞、感傷，而正是在自然山水和書籍的啟迪下，更是在浪漫主義詩人的影響下，他找到了排遣孤獨、感傷的途徑。如果說孤獨、憂鬱是現代主義所給予他的時代感受的話，浪漫主義則使他學會從自然山水和原始質樸的生活中尋找到生命的智慧和青春的價值。楊牧的散文正是這樣將現代主義的哲思和浪漫主義的情懷融合在一起，形成了獨特的散文風格。

二

楊牧是一個在藝術上不斷追求創新的作家。求新求變是他散文創作永恆的主題。

在《葉珊散文集》出版後的四年裡，楊牧自稱把時間分配給了“古典的研究，詩的創作”，其原因在於："我對散文曾經十分厭倦，尤其厭倦自己已經創造了的那種形式和風格。我想，除非我能變，我便不再寫散文了"。這說明楊牧是一個不滿足於創作現狀的作家，他渴望突破；同時也暗示他正積蓄力量，謀求新變。他清醒地意識到："變不是一件容易的事，然而不變即是死亡。變是一種痛苦的經驗，但痛苦也是生命的真實。"[6]他由此開始尋求突破，寫出了《年輪》這一本形式和風格發生了很大變化的"心影錄"。

《年輪》最引人矚目的是對於散文文體的新的實驗。楊牧改變了原來所擅長的短篇散文的寫作範式。《年輪》是一篇長篇散文，由三部分組成，表現了一個身處美國的中國留學生對社會、自然、人生的廣泛思考，反映了他的社會意識的覺醒。作者將現代詩的表達方式大量運用到散文創作中，使文句跌宕起伏，頗具張力；意象繁複，象徵意蘊豐富。與先前的散文相比，《年輪》在抒情方面則保持了一貫的浪漫情調。如："我來唱一支溫暖的歌，我們已經走進密林。從這裡繼續前行，越過小溪，就到我種植玉米的農地；我親手搭建的木屋立在冷冽的瀑布下，我有足夠的甜美的飲水，也可以灌溉，也可以沐浴。我帶著你，走向我種植玉米的農田。"[7]這種情感和筆調，我們在《葉珊散文集》裡常常能看到。然而，隨著年齡和閱歷的增加，它們或者會漸漸消失，或者會不斷轉化。正如楊牧所說的，"浪漫是古代，單純是童年，

---

6 楊牧：《年輪·後記》，《年輪》，洪範書店，1982 年版，第 177 頁。
7 楊牧：《柏克萊》，《年輪》，洪範書店，1982 年版， 第 18 頁。

兩者都註定要消滅——消滅在現代，消滅在成年。"[8]因此，他要用筆抓緊記錄下來，抒寫即將消失的浪漫。

　　1982年出版的散文集《搜索者》是楊牧散文創作的一個高峰，也是台灣現代主義文學時代的散文絕響。這本書所收的二十篇散文都寫於1977年以後，這正是台灣現代主義文學的末期。楊牧繼續著他的藝術追求，尋求新的突破。他自稱："收在這本集子中的散文都是我五年來盡可能以肯定的心情來敘事抒懷的文章。……所謂抒懷和敘事往往是不可分割的，甚至在這種抒懷和敘述之中，更摻和著物像的描寫和知識思想的解析。現代散文務求文體模式的突破，這是我的信念；當然理論不難，實踐維艱，則於文學藝術本身而言，我也在搜索著，而且終將不停地搜索下去。"[9]這本散文集對社會和人世的關懷大為擴大，敘事成分大大加強，象徵、隱喻手法的運用臻於化境，對人生意義的思考和追索亦步入成熟境地。而從一開始創作便彰顯其獨特風格的浪漫抒情，此時則走向了深沉內斂。

　　這本散文集的開篇《搜索者》為全書定下了一個創作基調。作品寫的是獨自駕車去溫哥華島"搜索"的經歷和感受。這次"搜索"源於作者某一天清晨醒來時忽然感受到的一絲"細微而強大"的召喚，在神秘不可知力量的牽引下，他開始了去溫哥華島的旅行。對他來說，這是一種全新的體驗，沒有明確的目標，沒有固定的旅程，他所搜索的是自己難以說清的東西。而在想像中的似曾相識的地方，他獲得了

8　楊牧：《後記》，《年輪》，洪範書店，1982年版，第181頁。
9　楊牧：《前記》，《搜索者》，洪範書店，1982年版，第ii-iii頁。

關於時間的秘密、關於生命的啟迪和關於自由的新感悟。由此，一趟似乎是沒有目的的旅程，就成了一次關於生命意義的莊嚴的搜索。作者把搜索的過程與華茲華斯的一首十四行詩，與高山大雪中神聖的寂靜以及從中獲得的啟示，巧妙地結合起來，使全篇在充滿象徵性的哲思中滲透著浪漫神秘的氣息。由於對人生道路的尋覓和生命意義的追索常常會處於無法確定的狀態，因此搜索往往是盲目的，甚至是反覆多變的。正像楊牧在《出發》中所寫的："我的車子快速北上，彷彿充滿了決心要離開一個什麼地方，去尋找一個什麼地方，而事實上我在猶豫，心裡毫無聲息，因為我不知道我在尋找什麼。……我忽然覺得自己很奇怪，不曉得自己在做什麼。好像尋覓著，卻不像是真實；逃避著離開著。" 10

　　在整部《搜索者》中，楊牧一直致力於探索。如他在《科學與夜鶯》中表示："我們對宇宙系統的參與，只要一息尚存，我們不能停止生長，不能不繼續搜索。" 11作品通過雪與夜鶯、詩與科學、詩與幸福、短暫與永恆等一系列複雜關係的探討，表達了對宇宙人生的關懷。文中寫到一個核子物理學家從濟慈的抒情詩《夜鶯曲》中獲得啟迪，解開了心志感情的困惑，這正說明了科學與藝術既相對立又相輔相成的關係。《三代以前農家子》全文初看似乎是單純的敘事，敘寫植樹種菜的經歷，但作者顯然志不在此，他通過自己種菜養花所經歷的種種困難、屢試屢敗的園藝體驗，深刻地感悟到："理論與實踐之間，幻想與現實之間，存在著多麼遼闊的鴻

10　楊牧：《出發》，《搜索者》，洪範書店，1982 年版，第 12-13 頁。
11　楊牧：《科學與夜鶯》，《搜索者》，洪範書店，1982 年版，第 20 頁。

溝。"其餘諸篇無論是寫紐約、西雅圖、普林斯頓還是寫花
蓮、蘭嶼和大陸，無論是敘事的還是抒情的，作者一直堅持
不懈地探索人與自然、人與社會的關係，在自然的變遷和人
生的轉換中實現著其究天人之際的終極目標。"《搜索者》
中大部分的作品，都以一種旅程的線索──亦即透過對自
然、對地域的觀察，描摹出感情思想的軌跡；換言之，以空
間所得去探討時間的意義。"[12]正是在旅程的不斷轉換中，
在自然和人生的不斷交融中，楊牧的生命意義得到了昇華。

　　《搜索者》之後，楊牧步入了成熟、穩健的創作境界。
此後出版的各種散文集基本上延續著《搜索者》的創作路子。
《疑神》、《星圖》繼續表現出形而上的色彩，對宇宙、宗教、
生命等一系列重大命題進行探討，追索世界的本質意義。如
《疑神》涉及到了祭壇上和壁龕裡供奉的神的形象，經書和
禱文中的神的符號，以及人們日常生活中各種與神相關的習
俗，通過神人關係的探詢，表現了對真與美的形而上的思考，
作品兼具哲理性和抒情性。而《山風海雨》、《方向歸零》、《昔
我往矣》這三部自傳體散文，則在敘事的基礎上致力於探索
"詩人之我"的成長歷程，追尋時代社會風潮與自我性格之
塑造，在詩與美的交會中呈現出一顆豐盈、飽滿的文學心靈。

三

　　楊牧最初是以現代詩馳名文壇的。他的詩歌意象精緻繁

12　何寄澎：《永遠的搜索者──論楊牧散文的求變與求新》，《台大中文
　　學報》第 4 期（1991 年 6 月），第 169 頁。

複,節奏舒放自如,語言純淨圓熟,詩思縱橫遼遠。因此,楊牧在剛嘗試寫作散文時,僅僅把它當成了副業。他曾認為:"一個寫詩的人不甘'單純',又提筆寫散文,似乎是很自然的事。……散文是詩人的副產品,大概是無可否認的。" [13] 然而,在長期的散文創作實踐中,他漸漸改變了當初的觀點。在 1982 年出版的《搜索者》的《前記》裡,他指出:"原來我在詩以外曾經用散文的形式記載了這些試探和搜索的經驗,而且已經這麼多年了。現在我必須承認散文對我來說是和詩一樣重要的。" [14] 把散文和詩在自己的創作中放在同等重要的地位,這是基於楊牧散文文體觀念的轉變。他認識到:"當散文臻其極高之時,本不乏立霄干雲之作,其起承之氣勢,其轉合之跌宕,其動人移人,絕不在詩之下。我個人冷暖試之,覺其戛戛乎難哉。" [15]

楊牧有著自覺而強烈的散文文體意識。與他在主題上探索生命的無窮意義相適應,他在散文藝術上一直在尋找屬於自己的的表現方法和表現形式。豐富的歷史人文知識,精深的古典文學造詣,廣博的西方藝術素養,使楊牧的散文藝術殿堂建築在堅實的中西文化交融的基礎上。楊牧的文學觀具有開放性,他鍾情於《詩經》、陶淵明、元明小品戲曲、英國詩學及中世紀歐洲文學,並尋找連接中西藝術的橋樑。作為現代散文載體的語言,他主張取法多樣,"引車賣漿者流的

---

13 楊牧:《兩片瓊瓦》,《葉珊散文集》,洪範書店,1977 年版,第 223-224 頁。
14 楊牧:《前記》,《搜索者》,洪範書店,1982 年版,第 ii 頁。
15 楊牧:《詩與散文》,《文學知識》,洪範書店,1979 年版,第 17 頁。

聲音是我師，古人刻意的聲音是我師，甚至西方文字中其尤為駭異的聲音也是我師。承其三者，渾化之，攪拌之，過濾之，沉澱之，終於變成我生理的一部份，氣之動物，物之感人，或抒情，或說理，發語遣辭運用自如，緩急合度，高下皆宜，這才是我們理想的散文。"[16]這一散文觀既是其散文創作的出發點，也是對自己散文創作的概括和總結。楊牧還將詩歌創作的表現技巧融入散文之中，使散文具有詩的風采、詩的氣質，顯示出詩質散文的特點。

　　富有象徵性是楊牧散文的重要特點。象徵、暗示本是詩歌創作的常用手法，楊牧則將其運用到散文創作中，以此來表現對生命意義的探尋。他深受17世紀玄學詩人的影響，"靜坐窗前，時興千歲之憂"。他常採用內心獨白的方式表現對人生乃至整個生命意義的思考。《山窗下》起首便道："記憶裡有許多青山。"這青山既是客觀的青山，也是人生心路中的青山：那給精神世界強烈刺激的事件，正如青山一般永遠留存在記憶深處。接著作者列舉種種事例，指出生命的充實和空虛是說不清楚的。歲月和路程把心靈磨得蒼老，得到的同時實際上也意味著失去，因此作者感歎：在時間和空間的迷霧裡，不知道失落了或獲得了什麼。談及記憶中的最後一座青山——那偏僻、落後、貧困的故鄉，他依然迷惘："我幾乎不知道自己身處何方，我也不知道心裡填塞的是驕傲抑是哀傷，是充實抑是空虛。"這篇散文細膩地展示了作者的獨特心態和對人生奧秘的探尋。《作別》在心靈深處回首自己

16　楊牧：《詩與散文》，《文學知識》，洪範書店，1979 年版，第 22-23 頁。

的流浪生涯。回首過往，他向過往告別；總結羈旅，他向羈
旅作別；在整理異國詩章時，他向異國作別。作者以高度象
徵的手法否定以往，告別在異國的羈旅，把握現在，紮根於
故國的實際。他堅定地聲稱："不能把握到的我們必須泰然
地放棄，不論是詩，是自然，或是七彩斑斕的情意。"作品
極為含蓄地映照出異鄉遊子的心緒與心境。《一九七一至一
九七二》記載著作者對自然、對人生的重新發現與認識。在
1972年冬的西雅圖，作者撫今追昔，對於多年來"戰爭著自
己，奮鬥著自己"的被動生活深感疲倦和迷惘，甚至感到了
某種絕望，他要和過去的十年生命，決絕地分開，"一如決
心涉水，讓四野的草木剎時失去了應有的芬芳；一如熄燈，
讓斗室漆黑，在恐懼的寒涼和孤獨裡，那麼無聊地追問自己，
或許絕望的盡頭就是新生。"[17]在一場大雪過後，他對人生、
對自然突然有了新的發現，他看到了"比基督還莊嚴，比基
督還真的雷尼爾山"，這一偉大的自然凌駕於神的世界之
上，在這新的發現中他獲得了新的力量和勇氣，心靈在淨化
的同時得到了充分自由。作品通篇採用富於象徵、暗示的意
象，含蓄地表現了深沉的情感和深邃的哲理。

　　追求音樂性是楊牧散文的又一特色。楊牧通常不採用駢
偶排比的句式，而是依據情感的自然流瀉和語言的自由運作
安排節奏，追求不駢偶不排比的音樂境界，因此他的散文自
由活潑，揮灑自如。如《調寄小連瑣》的開頭一段："若有
人在牆外吟詩。其聲悽楚，我彷彿也將聽到，元夜淒風卻倒

17　楊牧：《一九七一至一九七二》，《年輪》，洪範書店，1982年版， 第
　　129頁。

吹，流螢惹草復沾幃。連璅，在深夜。夏天正催趕著時流如漫漫江水。蟬憩於深夜，夏蟲也為我沉默，那無人的女牆。而我燃燈，看窗外水溶溶的黑暗，在那不可辨識的神秘裡，連璅，或將捏得出一片秋風，一片秋雨。"[18]這段文字意象繁複，節奏感強，語言複遝跳躍，具有音樂美和意境美，彷彿是不分行的詩。又如《自剖》剖析自己的心靈世界，思路和行文無拘無束。其中寫到新的陌生的憂愁擋住了人生的道路，作者寫道："陌生的山，陌生的海，陌生的路；啊！憂愁，我已經嚐到你秋來落下的第一顆苦果！啊！憂愁，我已經癱倒，你埋葬了我吧！"[19]這裡將憂愁喻為山、海，以示自己不堪其重負，而在語言的處理上又依情感的波折流動安排節奏，頗有迴腸盪氣之力。再如《島嶼記載》敘寫去台灣東南海上的蘭嶼旅行的經歷和感受，在接觸了一個真實的蘭嶼並對蘭嶼及其居民的生命狀態有了基本的把握後，作者面對人們對於蘭嶼的爭辯寫了這樣一段文字："而蘭嶼默然。它善良，但它也不免處心積慮想通過某種方法去攫取些什麼；它天真，但它也充滿了欲望；它純樸，但它有時候是虛榮的。它可以率性而行去尋求快樂，但它也常有判斷失誤的時候，和你我一樣；它小心地保護著它擁有的瑣瑣碎碎，和你我一樣，不善於施與，善於索要；而也和你我一樣，它盲目地堅持著，自以為大方，慷慨，公平。"[20]這裡連用了數

---

18 楊牧：《調寄小連璅》，《葉珊散文集》，洪範書店，1977 年版，第 37 頁。

19 楊牧：《自剖》，《葉珊散文集》，洪範書店，1977 年版，第 33 頁。

20 楊牧：《島嶼記載》，《搜索者》，洪範書店，1982 年版，第 142 頁。

個排比句,寫出了蘭嶼的多面性和複雜性,而在語言上則一環緊扣一環,形成了鏗鏘激烈的音樂性,產生了無可辯駁的邏輯力量。

楊牧散文的另一大特色是感性充沛,知性圓融,創造了一個感知性互滲交融的藝術境界。

關於散文的感性和知性,台灣有不少作家都很重視,進行過專門的研究。余光中就曾提出:"一開始我就注意到,散文的藝術在於調配知性與感性。"[21]在他看來,所謂感性,"是指作品中處理的感官經驗;如果在寫景、敘事上能夠把握感官經驗,而令讀者如臨其景,如歷其事,這作品就稱得上'感性十足',也就是富於'臨場感'(Sense Of immediacy)。"所謂知性,"應該包括知識與見解。……散文的知性該是智慧的自然洋溢,而非博學的刻意炫誇。說也奇怪,知性在散文裡往往要跟感性交融,才成其為'理趣'。"[22]余光中還進一步提出:"一篇散文若是純然議論,就會變成大則論文小則雜文;若是純然抒情,而又無景可依,無事可托,就會失之空泛"[23];出色的散文,常常是知性之中含有感性,或是感性之中含有知性,而其所以出色,正在兩者之合。余光中形象地指出:"就像一面旗子,旗杆是知性,旗是感性:無杆之旗正如無旗之杆,都飄揚不起來。文

21　余光中:《煉石補天蔚晚霞》,《余光中集》第 1 卷,百花文藝出版社,2004 年版,第 5 頁。

22　余光中:《散文的知性與感性》,《余光中集》第 8 卷,百花文藝出版社,2004 年版,第 333 頁。

23　余光中:《銀匙勺海的世間女子——序陳幸蕙的〈黎明心情〉》,《余光中集》第 8 卷,百花文藝出版社,2004 年版,第 144 頁。

章常有硬性、軟性之說：有杆無旗，便失之硬性；有旗無杆，又失之軟性。"[24]余光中在散文理論和散文批評實踐中一直主張感性與知性的融合。他認為一流的抒情文往往見解過人，而一流的議論文也往往筆帶感情。而真正的散文大家則能做到融會貫通，兼擅各項，感性與知性兼融，情趣和理趣互滲。余光中自己在散文中追求的便是感性與知性兼長、詩情與哲理並茂的藝術境界。

　　與余光中等不同，楊牧則從中國古代文學中尋找理論資源。他推崇陸機文賦提出的"詩緣情而綺靡"、"賦體物而瀏亮"，認為"緣情是內省的工夫，體物則為外觀的修養"，"最能夠達到完美境界的文學作品，幾乎都是結合了緣情和體物兩種技巧，而又維持著綺靡和瀏亮兩種風格之平衡的文學作品。這種平衡的功力何由致之？曰理性的向導致之。文學固然是藝術想像力的發揮，文學仍有待理性的指引。"[25]在他看來，散文的感性未受知性規範前，往往不著邊際，迷漫氾濫；只有受到了知性的修正導引，才能產生真正優秀的文學作品。楊牧在散文創作中貫徹著感性與知性融合的藝術理念，進行了卓有成效的藝術實踐。《山坡定位》寫到乘船駛向金士屯一節，先點明時間地點人物，描繪海上風光，寫越往大海的方向航行陽光越明亮，心曠神怡的感覺溢於言表；接著筆墨一轉，寫普濟海灣三哩以外的群島與西雅圖截然相反

24 余光中：《散文的知性與感性》，《余光中集》第 8 卷，百花文藝出版社，2004 年版，第 337 頁。
25 楊牧：《文學與理性》，《文學知識》，洪範書店，1979 年版，第 45-46 頁。

的氣候：陸上風雨，島上晴朗，每次對航都是一次陰晴兩極的經驗。作者進而議論：快樂的時候，勇於航向風雨；憂愁的時候，又何不買一張單程票，航向燦爛的陽光？他感歎，假如人生的抉擇都這麼容易該有多好！但他經過思考後得出結論：人生的抉擇也許就是這麼容易。這裡先寫海上旅程，接著又將人生喻為航程，對人生的走向和抉擇進行理性思考，既提升了作者的精神世界，也昇華了作品的藝術境界。《土撥鼠芻言》由印第安人關於土撥鼠的傳說寫到天地宇宙時序的變化，再寫到大自然逸出常規，使櫻花等植物被反常的溫暖所騙過早地開花、過早地凋謝，那一番花自飄零、墜落泥濘的情景描寫十分生動。接著，作者寫植物儘管沒有土撥鼠那樣天賦的預感，但其實並不愚蠢，只是時常處於一種不可抗拒的困境中，他著力對北美洲的鮭魚每年從海中回溯河流的生命型態進行了細緻的描寫，突出了其順應自然呼聲的天性。最後，對人類破壞自然環境的行為予以反思和批判。作品將印第安神秘的傳說與大自然奇妙的變化，以及對生態環境惡化所引發的憂思融合在一起，因景生情，借事興感，敘事生動，寫景出色，營造出感知性交融的藝術境界。

　　綜上，楊牧以詩筆為文，將現代主義的哲思和浪漫主義的情懷融合在一起，在行雲流水而又頗具象徵性和音樂性的詩性語言中，抒發深沉情感，傳達學者識見，高度濃縮地展示了自己的心路歷程。他營造了感知性交融互滲的散文藝術世界，形成了清麗飄逸、唯美內斂的獨特風格，開拓了現代散文的新境界。

琦君散文論

　　無論從哪個角度透視五十餘年來的台灣散文，我們都無法漠視琦君的存在。就台灣當代散文發展而言，人們通常把活躍在五十年代散文文壇上的作家稱為第一代作家，其中既有梁實秋、台靜農等“五四”時期的老作家，也有五十年代崛起的散文新秀，如琦君、林海音、胡品清、徐鍾佩等。這一代作家直接秉承了“五四”散文的流風餘緒，開啟了眾多的散文領域，給台灣散文發展以恒久而深刻的影響。被譽為“台灣文壇上閃亮的恒星”的琦君，可稱得上是這一代作家中的翹楚。

　　琦君，原名潘希真，1918年出生於浙江省永嘉縣瞿溪鄉。其父為官多年，喜歡收藏古籍、碑帖、字畫，家中藏書豐富。由於家庭的薰陶，琦君自幼酷愛文學，六歲時，父親便為她請家庭教師講授古典文學。十二歲隨父母遷往杭州，考入弘道女子中學。中學期間，閱讀了大量現代文學和外國文學作品，並開始文學創作，發表了《我的好朋友——小黃狗》等散文作品。高中畢業後以優異成績被保送杭州之江大學中國文學系，成為現代詞壇巨擘夏承燾先生的得意門生。她隨夏先生研讀古籍，詠詩填詞，深受其學識、人格的影響，並在詞學方面有了很深的造詣。大學畢業時正值抗戰爆發，她輾轉於上海、永嘉等地，飽經憂患，深感國破家毀之痛。1949年渡海到台灣，歷任高檢處紀錄股長和司法行政部編審科長等職。1969 年自司法部退休，任教於中央大學和中興大學中文系，教授新舊文學。她還經常參加文學活動，1966 年隨婦女寫作協會代表團訪問韓國，1972 年應美國官方邀請出訪美國，1986 年她出席了在紐約舉行的第 48 屆國際筆會年術活動。

琦君到台灣後，一直堅持文學創作。自 1953 年出版第一本小說散文合集《琴心》後，她陸續出版了散文、小說、兒童文學、詩詞、評論等著作近三十種。在她的多種著述中，以散文創作成就最高。她先後出版《煙愁》、《溪邊瑣語》、《琦君小品》、《紅紗燈》、《三更有夢書當枕》、《桂花雨》、《細雨燈花落》、《讀書與生活》、《千里懷人月在峰》、《與我同車》、《燈景舊情懷》等十幾種散文集。她的散文曾獲得台灣“文藝協會散文獎”、“台灣文學作品著作金鼎獎”、“台灣第11 屆國家文藝獎”，還被譯成英、日、朝等多種文字在國外出版，受到海內外讀者的廣泛歡迎。

一

琦君散文涉及的領域是較為廣泛的。她寫在台灣的所經所歷，寫在海外的所見所聞，也寫記憶中的故土風情。她寫親情、愛情，也寫真摯的友情，情愫纖細濃重。她以一顆純真、博大的愛心熱烈地擁抱人生，在對生活的細心感受中體味和領悟生命的真諦，營造出一個色彩柔和、氣氛溫馨的真善美的藝術世界。

在琦君的散文中，最能撩人心弦、激起人共鳴的當推憶舊懷人之作。

琦君是一個深受民族文化薰陶的傳統型、中國式的作家，她周身湧流著中國傳統文化的血液，她的情感體驗和情感表達也完全是中國式的。遠離故土家園的生活境遇，使她對故鄉故土產生深深的眷戀和懷念。這種情感隨著歲月的推移越來越明顯，越來越強烈，最後終於從筆端奔湧而出。在回顧自己的創作道路時，琦君說："我是因為心裡有一份情緒在激蕩，不得不寫時才寫，每回寫到我的父母家人與師友，我都禁不住熱淚盈眶。我忘不了他們對我的關愛，我也珍惜自己對他們的這一份情。像樹木花草似的，誰能沒有一個根呢?我常常想，我若能忘掉親人師友，忘掉童年，忘掉故鄉，我若能不再哭，不再笑，我寧願擱筆，此生永不再寫，然而，這怎麼可能呢?"[1]

正是從這個"根"出發，琦君以一支生花妙筆傾注滿腔熱情去寫故鄉風情，追憶當年的流水年華，抒寫了許多懷念父母親人和師友的抒情篇章。這類作品構成了她散文創作的主幹。

在琦君的記憶中，故鄉是無限美好的。故鄉的湖光山色、一花一木，無不令她夢縈魂繞。琦君把自己的情思化作彩筆，在作品中描繪出一幅幅色彩斑斕的江南水鄉山水圖和風俗畫。在《西湖憶舊》，她滿懷深情地寫出了"西湖十

---

1 琦君:《寫作回顧》。

里好煙波"，畫出了"居近湖濱歸釣遲"、"桂花香裡啜蓮羹"的動人美景，在她的筆下，西湖是"明眸皓齒的佳人"，而古寺名塔則是"遺世獨立的高人逸士"；泛輕舟徜徉荷花叢中，頭頂上綠雲浮動，清香的湖風輕柔地吹拂著面頰，耳聽遠處笙歌，只覺得自己彷彿已成為遠離塵囂、在大自然中盡情享受清涼的隱者了。這是一幅多麼令人心馳神往、賞心悅目的圖畫！在《紅紗燈》裡，作者給我們描繪了浙東過年時生動有趣的熱鬧景象。每年臘月送灶神的前一天，外公便趕幾十里山路給"我"送來紅棗糖年糕和用糯米粉捏成的"各色各樣的玩意兒，麻雀、兔子、豬頭、金元寶"，他還給"我"糊式樣別致的紅紗燈。這一年，外公用大紅薄仿綢紮出兩盞有四隻腳，可以提也可以擺在桌上的玲瓏精巧的六角形紅紗燈。提燈會那天，長長的提燈隊伍手持燈籠、火把，敲著鑼鼓吹著簫拉著胡琴，從街心走向河邊，所到之處鞭炮聲不絕於耳，燈光火光照得雪夜都成粉紅色了。在其他一些作品中，作者還寫到了浙東婦女每年七月初七才洗一次頭的規矩和看廟戲等地方風俗。這些具有鮮明地方特色的民俗風情在琦君的筆下是那樣的生動、親切，充分表現了在經過長時期的隔絕後作者對故鄉故土的深切思念。琦君把自己對故土親人濃濃的思念和愛戀通過這一類追念童年生活的懷舊散文盡情抒發出來，從而使作品不僅具有較大的認識價值，而且有著很高的藝術審美價值。

琦君對故鄉的強烈思念不僅體現在對故鄉風物風俗的細緻描繪中，更重要的，她打開記憶的閘門，把濃得化解不開的思念傾注到親人師友的具體描寫裡。她努力捕捉那些最親近的人的音容笑貌、性格特徵，通過日常生活來加以表現。她寫父母，寫外公，寫姨娘，寫堂叔、小姐妹和老師，等等；其中筆墨用得最多、寫得最生動的是她的母親。與小說要求塑造相對完整的人物形象不同，散文作品裡描寫的人物較多的是形象的一個剪影或性格的某一側面，從某些生活片斷中折射人物的心靈之光。琦君的懷人之作便是如此。在昔日的生活中，她的母親是一個勤勞、善良、慈愛、能幹，具有三從四德傳統觀念的舊式婦女，琦君在不少作品中都寫到了自己的母親，而每篇作品都通過若干生活片斷揭示出母親性格或品德的一個方面。《毛衣》突出地描寫了母親對“我”的慈愛、關懷，那股洋溢著濃郁親情的母愛從毛衣的故事中毫無保留地揮灑出來。《衣不如故》則狀寫了母親不重打扮、節儉持家的美德。母親“年輕時候至多是藍底白花衫褲，中年以後，不是安全藍，就是藏青”。“在我的記憶裡，母親像一片藍天，沒有雲彩，沒有星星，也沒有月亮。”作者禁不住感歎道：“無光無色的衣服，也就是母親無光無色的一生。”《倒帳》寫母親達觀的人生態度。因銀行倒閉，家中的財產損失了一大半，但母親將這得失看得很淡：“人，要那麼些錢做什麼？只要夠吃穿，一家子身體健康就好了。”《髻》則表現了母親的內心痛楚和滿腹的幽怨哀愁。父親娶了一個姨太太，這個姨娘穿著時髦，打扮得珠光寶氣，光采照人，母親忍氣吞聲而又自慚形穢，於是才三十多歲便梳了一個老太太才梳的鮑魚頭，把自己打扮成小老。作者將母親的忍讓順從、與世無爭的性格通過一個小小的髮髻非常巧妙地透露了出來。在另外一些作品中，作者還寫了母親性格的其他方面，如《阿榮伯伯》寫她的善良，《母親那個時代》寫她的勤勞、能幹，《母親新婚時》寫她的愛情生活，等等。這些分散在不同作品中的母親性格的各個側面融合起來，便構成了完整的母親形象。作者把自己對母親熾熱的愛和強烈的思念凝注筆端，通過對日常生活的具體描寫，為讀者塑造出一個既有中國婦女傳統美德又有獨特個性的栩栩如生的母親形象。

琦君是散文家，同時又是小說家，曾出版過《菁姐》、《百合羹》、《賣牛記》、《繕校室八小時》、《七月的哀傷》、《橘子紅了》等小說集，擅長於採用小說的筆法來寫人物。她的散文既能抓住人物外貌特徵進行肖像描寫，也能深入人物內心世界進行心理描寫。她注重以形寫神的手法而又能細膩地把握人物的情感律動，因此她筆下的人物搖曳多姿、生動傳神。如她抓住外公的三綹雪白的長鬍鬚這一特徵寫他的溫和、慈愛，並引出外公借白鬍鬚巧扮財神爺勸諭小偷的軼事。(《祖父的白鬍鬚》)又如她把握母親的一頭秀髮寫母親的美麗："母親烏油油的柔髮卻像一匹緞子似的垂在肩頭，微風吹來，一綹綹的短髮不時拂著她白嫩的面頰。她眯起眼睛，用手背攏一下，一會兒又飄過來了。她是近視眼，眯縫眼兒的時候格外的俏麗。"(《髻》)母親的柔美、秀麗、飄逸頓時躍然紙上，給人以深刻的印象。再如她抓住父親的一顰一笑便把父親的內心世界揭示了出來。母親梳了個"鮑魚頭"，父親便"直皺眉頭"；姨娘洗過頭後，輕柔的髮絲在空中飄散開來，父親看了"眼神裡全是笑"，特別當姨娘梳了各種各樣的時髦髮型如鳳凰髻、羽扇髻、同心髻、燕尾髻，便"越發引得父親笑眯了眼"。父親對髮妻和小妾的愛憎好惡及喜新厭舊的心理在眉眼之間充分顯示了出來。

在憶舊懷人散文裡，琦君還描述了自己童年時的種種趣事。在《紅紗燈》、《下雨天，真好》、《壓歲錢》、《我的童話時代》、《三更有夢書當枕》、《算盤》、《衣不如故》等作品中，作者寫出了童年生活的種種情狀，父母親人的疼愛關懷，少年不識愁滋味的天真歡欣。從這些彷彿是自畫像的作品裡，我們看到了一個聰明活潑、勤奮好學、天真單純而又有些調皮貪玩的女孩子的形象。這個形象與林海音在《城南舊事》中描寫的英子有著異曲同工之妙。琦君懷著對故土親友的摯愛，通過對生活片斷的生動描寫追懷往昔人事，從中寄寓了鄉國之思、親友之情。她以"溫存"之筆，畫出了昔日的"夢痕"。這些飽含深情的懷舊之作，猶如三更夜雨，聲聲撥動著讀者的心弦，給人們留下了溫馨、雋永的藝術情思。

鄉愁是五、六十年代台灣文學的一個重要主題。海峽兩岸的隔絕使許許多多身在台灣的大陸遊子親人離散，有家難回，感染上濃重的鄉愁。大量的文學作品抒發了這種難以排遣的鄉愁。這種鄉愁文學是台灣同胞渴望重回故里葉落歸根、與親人團聚心理的藝術表現。台灣評論家何欣曾說："就題材而論，這二十多年(注：指五、六十年代)的文學作品有將近一半是具象化的鄉愁。由於對家鄉和往事固執的懷念，我們產生了一種獨特的民族文學"。[2]由此可知，鄉愁文學是五、六十年代台灣文壇的重要文學現象。

在鄉愁文學中，琦君的散文是很有代表性的。讀她的散

2　何欣：《司馬中原筆下震撼山野的哀痛》，見《中國現代作家論》。

文，你會感到濃重的鄉思撲面而至，你會被剪不斷理還亂的
離愁緊緊包圍。那一篇篇感觸細膩、情愫濃重的鄉愁散文，
引起了眾多流落他鄉的遠方遊子的共鳴。

　　琦君到台灣後曾寫過一首"虞美人"詞："錦書萬里憑
誰寄，過盡飛鴻矣，柔腸已斷淚難收，總為相思不上最高樓。
夢中應識歸來路，夢也了無據。十年往事已模糊，轉悔今朝
分薄不如無。"詞中流露出作者遠離故土的苦悶、惆悵，充
分表達了思念家鄉、懷念親人的情感。故鄉，像一個慈愛的
母親，聲聲呼喚著她。這種與故鄉精神上的聯繫使琦君成為
一個把根深縶在故鄉大地上的作家。她頑強地伸展著地下的
根，吮吸著故鄉的養料，可以說，她的才華，她的藝術靈感，
她的創作激情都是故鄉和親人師長所賦予的。正因為如此，
琦君以整個靈魂擁抱故鄉，謳歌故土，奏出了一支支令人迴
腸盪氣的思鄉曲。她渴望著早日回到故鄉，"在先人的廬墓
邊安居下來，享受壯闊的山水田園之美，呼吸芬芳靜謐的空
氣。我要與夢寐中曾幾度相見的人們，真正的緊握著手，暢
敘別緒離情"。她焦急地自問："難道那一天會遠嗎？"[3]思
鄉之情溢於言表。

　　琦君把鄉思鄉愁融入作品的藝術構思和具體描寫之中。
從她敘述和描寫童年生活的系列作品中，我們可以發現，琦
君的散文創作有一個完整的整體構思。她系統地描寫了那些
最為撩人心弦、最能引發人鄉愁的故鄉風物、故鄉習俗，甚
至一陣來自海峽這頭的清風，一隻南歸的大雁都能令她觸景

3　琦君：《寫作回顧》。

生情，滿腹愁怨。她寫西湖風光、浙東山水，寫提燈會、看
廟戲、壓歲錢、紅紗燈，寫下雨天唱鼓兒詞，聽“秦雪梅弔
孝”、“鄭元和學丐”，等等，筆下流露出對昔日生活的留
戀，格調時而清新流暢，時而抑鬱低徊，讀來頗為感人。在
《西湖憶舊》一文中，她描繪了平湖秋月、孤山梅鶴、三潭
印月、靈隱仙境等西湖景色，記述了當年遊玩時的情景和感
受，其間穿插了不少有關西湖的民間傳說、歷史掌故，字字
蘊含深情。其中“桂花香裡啜蓮羹”一節，作者追憶當年桂
花鋪地的美景，遙想母親的拿手點心桂花棗泥糕，不覺思緒
萬千，感歎道：“不知何故，桂花最引我鄉愁。在台灣很少
聞到桂花香，可是鄉愁卻更濃重了。”好一副桂花香裡思故
鄉的憂鬱情懷！滿目傷心景，只為難見故鄉人。琦君不僅把
鄉思融進對故鄉風物的描寫中，更重要的，她把刻骨銘心的
鄉愁化為對故鄉親人師友的精心刻畫。親人師友的音容笑貌
依然那般親切熟悉，但有的已長辭人世，活著的也音訊寂寥，
相見無期，真可謂“十年生死兩茫茫，不思量，自難忘”！琦
君緊扣童年生活進行藝術構思，運用大量筆墨再現童年世界。
悠悠流逝的歲月沒有沖淡她心中的親人們的形象，相反地，
由於時間距離的作用，這些形象更加美好動人，其間曾糾纏
著的恩恩怨怨也早已煙消雲散，剩下的唯有永恆的思念。她
筆下的外公樂觀開朗、慈愛善良，手裡總捏著旱煙筒，腳下
無論冬夏總拖一雙草拖鞋，三綹雪白的長鬍鬚飄灑在胸前，
連眉毛也是雪白的，一副“財神爺”的模樣。外公講不完的
故事，使她小小的心靈，懂得了仁慈、友愛、誠實、勇敢諸
種美德，“而且覺得一個人學好並不是太難的，因為外祖父

也做到了。"[4]琦君用生動的語言寫出了外公的美好形象,表達了深切懷念之情。她也傾訴了對父親的強烈思念,她寫父親對自己學業上的嚴格要求,寫父女垂釣西湖之畔的樂趣,寫父親酷愛收藏古籍的讀書人秉性,寫父親晚年的寂寞心境,筆端隱含無盡惆悵。時間的流逝加深加濃了她對親人的懷戀之情,就連當年自己曾怨恨過的姨娘,若干年後在作者筆下也成了值得同情的女人,琦君對這個奪走了母親幸福的女子始怨終憐,寫出了其晚景的淒涼,寄予深深的同情。

在台灣女散文家中,同樣寫鄉愁,張曉風的散文顯得激情飛揚,情感外露,抑鬱中勃現著豪氣,每次回望故土,她都要心潮澎湃,"血脈賁張","心靈脆薄得不堪一聲海濤"[5],激動之情難以自抑。張秀亞的鄉愁散文則情意繾綣纏綿,且多用象徵手法,筆墨含蓄隱晦,在繁複的意象中,潑灑著憂鬱色彩。而琦君,更多的是採用白描手法寫人敘事,在緩緩的敘述和具體描寫之中,傾吐出濃重的鄉愁。琦君的散文,不像張曉風的那樣會產生強烈、緊張的精神刺激,也不會像張秀亞的那樣會給人抑鬱低徊、莫測高深之感。讀琦君的散文如同在濃蔭下品一杯清茶,心情恬淡輕鬆,偶爾也有一縷淡如煙絲的哀音潛入耳中,又使人若有所思,難以釋懷。她的散文猶如滴露雨荷,清香四溢;又似山中清泉,情深意長,韻味無窮。

琦君的散文風格是獨特、鮮明的。良好的家庭教育,形成了她優雅、嫻淑的性格;親人師友的慈愛關懷,又使她充

---

4 琦君:《琦君小品·我的童話時代》。
5 張曉風:《愁鄉石》。

分地感到人間的溫暖、幸福，她在無憂無慮、充滿溫情的環境裡度過了童年。這樣的生活境遇使她的散文呈現出柔美、舒展、淡雅、溫馨的色調。而小時候起逐漸形成的深厚的古典文學功底使她在營造意境、渲染氣氛方面出神入化、揮灑自如，進入了很高的藝術境界。在她求學期間，父母相繼離開人世，尊敬的師長也紛紛離散，她體驗到生離死別的滋味，經歷了人世間的艱難坎坷，那顆敏感、充滿溫馨的心靈裡便注入了濃重的哀怨和惆悵，這使她的作品變得凝重、含蓄，在活潑之中加入了幾分沉滯、傷感，表現出對人生的感悟和遐想。獨特的生活經歷和文學藝術上的博採眾長，使琦君的散文形成了清新淡雅、溫柔敦厚、古樸雋永的藝術風格。

琦君深受我國溫柔敦厚詩歌傳統的影響，她的作品溫婉柔美，諧而不謔，哀而不傷。無論憶舊懷人還是感悟人生，她都能將濃烈的感情平淡出之，雖略帶哀怨，卻常能超脫釋懷。《倒帳》寫自己一家賴以為主的積蓄被一個所謂的朋友賴掉了，始則整天愁眉苦臉，怨恨滿腹，但很快思想發生了轉變，認識到："得失只可視作生活點綴，實不應為此鬱鬱於懷的。"最後提出："我們不妨以幽默閒適的心情，度著平靜而現實的生活，不為將來做太多的打算，也不為過去而留戀懊喪。"作者在這裡表達了安貧守拙、知足長樂的人生態度。又如《外祖父的白鬍鬚》寫外祖父對小偷和騙錢人的寬恕和憐憫，借此表現了"施比受更為有福"的人道主義思想。再如《髻》寫了母親和姨娘兩個女人的遭遇，十幾年過去了，當作者回顧當年那一段恩恩怨怨，想到親人都已離開人世，她已不那麼激動，"對於人世的愛、憎、貪、癡，已木然無動於衷"，剩下的只有對人生深深的思索："這個世界，究竟有什麼是永久的，又有什麼是值得認真的呢？"這些作品無不表達了作者溫柔敦厚、閒適輕鬆、安天樂命的處世哲學。琦君的散文沒有大起大落、激烈複雜的矛盾衝突，也沒有大喜大悲的感情糾葛，她是以一顆溫存的心去細細體味"生涯中的一花一木，一喜一悲"，從中閃爍著哲理的火花。即使是過去曾經歷過的痛苦和煩惱，她也能"化痛苦為信念，轉煩惱為菩提"。她將自己達觀開朗的人生態度完整地融進了創作之中。

琦君的散文素以淡雅雋永著稱。她的散文語言猶如行雲流水，樸素自然，沒有雕琢的痕跡。她又常在不經意中適當化用古詩詞，或營造意境，或渲染氣氛，或點化哲理，使作品在古樸中富有詩意，韻味雋永。如下面這一段夜遊西湖的情景描寫，讀後便令人流連忘返：

> 湖面上朵朵粉紅色的荷花燈，隨著搖盪的碧波，飄浮在搖盪的風荷之間，紅綠相間。把小小船兒搖進荷花葉叢中，頭頂上綠雲微動，清香的湖風輕柔地吹拂著面頰。耳中聽遠處笙歌，抬眼望天空的淡月疏星。此時，你真不知道自己是在天上還是人間。如果是無月無燈的夜晚，十里寬的湖面，鬱沉沉的，便有一片煙水蒼茫之感。[6]

琦君的散文中有大量的對偶句、排比句。她在回憶童年

---

6 琦君《西湖憶舊》。

生活時記述了外祖父的許多拆字巧對，頗為生動有趣。如
"此木為柴山山出，因火成煙夕夕多"，"哥哥門外送雙月
(朋)，妹妹窗前捉半風(虱)"，"一點兩點三點冰冷酒，百頭
千頭萬頭丁香花"[7]，等等。琦君用詞很講究形象、貼切、準
確、生動，顯示出錘鍊語言的深厚功底。如"那些有趣的好
時光啊，我要用雨珠的練子把它串起來，繞在手腕上"；
"院子裡各種花木，經雨一淋，新綠的枝子，頑皮的張開翅
膀，托著嬌豔的花朵"(《下雨天，真好》)，既富於想像，
又蘊含著濃郁的詩意。對琦君的散文語言，羅家倫曾作過這
樣的評價："文字清麗雅潔，委婉多彩。寫風景有詩意，寫
動作頗細膩，寫人物頗富於溫柔敦厚的人情味。"[8]這是頗為
中肯的。

　　當然，琦君的散文也並非盡善盡美。如她篤信佛教，因
此對人生的感悟常常變成對佛教教義的詮釋；她的溫柔敦厚
思想也往往成為不分是非的慈悲的菩薩心腸。又如在她筆
下，舊時代的農村被描繪成恬靜安逸的世外桃源，幾乎看不
到時代的影子。思想內容上的這些缺憾，在一定程度上損害
了琦君散文的藝術感染力量。這是我們在閱讀琦君的散文時
不能不看到的。

7　琦君《琦君小品・我的童話時代》。
8　羅家倫《菁姐・序》。

郭楓散文論

　　在當代台灣文壇，郭楓是一位卓爾不群的獨行客。1949年，郭楓踏上台島，正式開始了文學生涯。如果說大陸是醞釀他文學夢的搖籃，那麼台灣則是他實現文學理想的天國。辛勤耕耘幾十年，郭楓出版了散文集《早春的花束》、《九月的眸光》、《老家的樹》、《永恆的島》，詩集《郭楓詩選》、《第一次信仰》、《海之歌》，論文集《高舉民族文學的大旗》，等等。郭楓作品儘管數量不算豐碩，但內容堅實，意蘊豐富，呈現出他在文學道路上的酸甜苦辣和對人生的獨特思考。尤其是散文創作，完整而系統地展示了其人生之旅和心路歷程。

一

　　散文家最可寶貴的品性，在於能以優美的筆觸記錄情感的律動，向讀者赤誠袒露自己的心扉。抒情散文家尤需如此。作為一名散文家，郭楓創作最成功之處就在於以飽醮深情的筆墨，營造了純樸、優美的散文世界，忠實地記錄下了自己數十年的心路歷程。

　　郭楓的人生之路是極為坎坷的，命運之神對他似乎過於嚴苛。孩提時代，父親早逝，母親遁入空門，親人師長相繼離散，他過早地品嚐了生活的艱辛和嚴酷。少年時代的流浪生活，又使他認識到世態的炎涼和人間的不平。爾後在台灣艱苦掙扎，慘澹經營，倍受折磨，甘苦自明。特別是在文學上的孜孜不倦，不懈奮鬥，更使他吃盡了苦頭。然而，在經過長時期的掙扎、奮鬥之後，他對人生、對事業、對文學依然那麼執著，那麼認真。儘管有過難耐的彷徨、苦悶，經受過淒風苦雨的摧殘、打擊，但他始終不改初衷。他響亮地宣告：“所願在紅塵。”這種強烈的入世精神成為貫穿郭楓散文創作乃至整個生命的主線。

　　郭楓出生在大陸，那遼闊的黃淮平原上的故鄉深植著他賴以生存的根，他的理想、希望以及導引他奮發向上的力量源泉都是由此而生的。海峽兩岸的政治隔絕割斷了他與故鄉的現實聯繫，卻割不斷他與故鄉的精神聯繫。那裡有他無法忘懷的人和事，那裡蘊藏著他無窮無盡的夢幻和希望。與那些可以任意割裂傳統、背棄鄉土的“候鳥”不同，郭楓是個富有民族感和傳統意識的血性漢子，幾十年的隔絕沒有沖淡他對故鄉的懷戀和思念，恰恰相反，他深切地懷念著故鄉，他以手中的筆滔滔不絕地傾訴著滿腹的鄉愁：從北方吹來的風，縱使極輕，縱使極細，都會在他敏感多情的心靈裡彈奏出纏綿悱惻的鄉愁曲，“長年盤結在心頭的鄉愁，忽地就厚動起來，像蠶，吐出萬縷千絲緊緊地纏繞著我。纏繞著我，無日無夜，綿綿密密的細絲，把我網進遙遙遠遠的北方。”他深情地呼喚著：“北方，我想念你”，“北方，我母親的土地”。(《我想念你，北方》) 他想念北方，想念北方明明亮亮碧藍的天空、蒼蒼茫茫土黃的大地，想念老家極富有個性的樹木和純樸、善良、剛強的人民。"那搖曳出整個原野的妖媚，展示一片搖曳春光的柳樹"，"那燃燒一季，在痛苦和摧殘中茁長的榆樹"，"那飲著秋風，揚起高昂的聲調金屬一般的音響，在靜穆的曠野裡放歌的白楊"，"那挺立在山巒最高處，與白雲絮語，與天風唱和，在蒼茫的天地之間樹立起一種生命的風範的松柏"，都令他思念得如癡如醉，心口生疼。他懷念老家莽莽蕩蕩的大平原上茁長的樹木，更懷念老家的人。老家的莊稼人教會了他什麼是堅韌、踏實、剛強，什麼是廣闊的胸懷和無盡的奉獻，他禁不住地說道："想起那勞苦而沉默的人們，許多熟悉的面孔，就浮現在我眼前！那些與我血肉相連的親人，你們可好？三十多年的歲月，三十多年的變化，你們可好？知道嗎？今天，對你們，我是如何地想念！"他熱情地禮贊："要是沒有那些勞苦而沉默的人們，沒有那廣大的善良的人群，誰來撐起中國的天空！"（《老家的樹》）

郭楓懷念故鄉，懷念故鄉的人民。是故鄉及其人民給他上了人生第一課，使他懂得了作為一個有良知的中國人應該執著地熱愛鄉土，熱愛民族，為祖國和人民奉獻自己的熱和力。這使郭楓成為台灣文壇上極具社會責任感和民族意識的現實主義作家。在台灣生活了大半輩子，他的命運又與這個海島緊緊地聯在了一起。台灣幾十年的歷史變遷，國民黨當局的政治高壓，歐風美雨的肆虐衝擊，崇洋心態的滋長蔓延，金錢物欲的誘惑腐蝕，以及大大小小的社會風波，郭楓都親身經歷，親眼所見。他對民族的前途和命運產生了深深的憂慮。他的相當一部分散文便是他的憂思錄。

　　郭楓的散文對物欲橫流的現實社會進行了猛烈的抨擊。《拔掉虛偽的根》尖銳地批判了封建倫理道德和資本主義文明的虛偽，認為這是阻礙社會發展的絆腳石，人們只有"拔掉虛偽的爛根，以真誠相見，以愛心相待"，才能創造良好的社會關係，促進社會進步。《台南思想起》對寶島台灣在資本主義經濟衝擊下的畸變和沉淪感到無比的痛惜和憤慨。綠樹紅花、美麗清潔的文化古城台南，現在到處是污水垃圾，飛揚著灰塵和煙霧，找不到一點古樸的文化遺風。《魚》寫作者看到魚為了小小的餌被釣了上來，整個地送掉自己，由此引起聯想：這種悲哀的事，到底該怪誰呢？怪釣魚人，怪魚餌，還是怪魚本身？魚不貪餌當然就不會上鉤，但問題在於不貪餌的魚究竟有多少？作者由物及人，想到現實社會中，又有多少人不是為了那小小的"魚餌"把自己葬送掉了。這篇散文頗具哲學意味和社會批判力量。《有這樣的一座城》則站在歷史和現實的交匯點上，從更為開放的視野抨擊了資本主義文明，揭露了紙醉金迷的社會現實。作者用象徵和比擬的手法描寫了一座建築在海灘的浮沙上的城市種種瘋狂的情狀。摩天大樓肩並肩手把手，一棟比一棟高貴，一棟比一棟華美，它們驅走了綠色的生命，侵佔了小人物生存的空間，於是卑微的小人物們在樓宇的巨大陰影裡，每天螻蟻般地蠕動著，匆忙而又迷惘。而在摩天大樓的背後，卻擁擠著低矮、陰暗、潮濕的公寓，攀附著菌藻一般的違章建築，這些醜陋而低賤的小屋，撐起了摩天大樓的腰肢。城市是屬於黑夜的，當曖昧的夜色悄然掩來時，城市醒了，在黑色的掩蓋下，在霓虹燈興奮的光暈裡，千百種見不得陽光的醜惡冠冕堂皇地登場了。這是一個金錢的世界，物欲的世界，城市裡流行的哲學便是“能瘋狂時，且盡情瘋狂”。於是，“滿城的靈魂，除了金錢，不再認識別的！金錢，金錢，親愛的，超越一切”，千千萬萬生靈成為拜金主義的信徒。而這些又成為橫掃一切的狂風，所有能刮走的，都席捲而去，失去了理想的人們，“你跟著我，我跟著你，茫茫然在一個固定的圈子裡轉來轉去。彷彿大家沒有什麼可思考的，彷彿大家只是跟著自己的腳走”。在這篇散文中，郭楓以生動的形象憂憤深廣地揭示了被資本主義文明異化了的荒謬的現實世界，表現了他對社會現實冷靜、深刻而又沉重的思考。

　　郭楓對腐敗、墮落的現實世界顯示出頑強的反叛精神，他的一系列批評性散文充分表露出對荒謬現實的不滿和厭棄。他苦悶，他憤慨，但他沒有絕望，沒有失去信仰，更沒有像那些善觀氣色的“候鳥”一樣一走了之。他身在紅塵之中，深深植根於民族的土壤，而不能像“候鳥”那樣無牽無掛。他剖析自己：“每當我享受著寧靜之樂，興起避世的遐思之際，總是被無情的現實刺痛而瞿然驚醒！我，是一個不能對俗世忘情的人。雖然，我想學一學隱逸詩人的恬淡，瀟瀟灑灑地生活在自己開創的領域，天塌下來也別管，卻沒有辦法參透命運的禪機，斬不斷人際的關連，還是要走回十丈紅塵中。”（《冬日獨語》）他明白地宣告：“我愛台灣，愛這永恆的島；儘管台灣的天氣，陰晴變幻，常常讓人不可捉摸……我將固執地守著，永不改變。”（《永恆的島》）他堅信，儘管現實世界一片迷茫，但“在歷史的道路上，前面，總是呈現著光明的遠景……任何混沌的歲月，都經不起時間的沉澱。任何荒謬的故事，都逃不過時間的改編"。(《有這樣一座城》)他知道自己是平凡的，也知道個人的力量是渺不足道的，但他樂於獻出自己渺小的力量。他甚至願意做一塊木炭，"一生沒有閃亮的光焰，卻靜靜地燃燒著，燃燒著，最後，只剩下一堆灰燼"。(《所願在紅塵》)這是一個殉道者無法擺脫的悲劇，其中包含著多少難以言喻的對於塵俗社會的哀和樂！

二

寄情於十丈紅塵，而又能不為物欲橫流的現實世界所淹沒，相反地卻以健全的理性執著地默默致力於有益世道人心之事，這一方面需要有積極進取的入世精神，另一方面也需要有豁達開朗、耽於寂寞的人生品格。在喧囂嘈雜的台灣現實社會中，郭楓正是一個"耽美於寂寞的人"。

寂寞，它是那麼幽微，那麼玄秘，那麼變化奇幻而不可捉摸，它以沉重的步伐，在古今多少人的心田裡踩出了深刻的印痕。有人讚美它，有人詛咒它，有人心甘情願地品嚐它，有人竭力逃避卻又只能無可奈何地啜飲它。在古人留下的詩文中，我們看到了無數寂寞的面容，在奔流不息的歷史長河中，我們也捕捉到了許多寂寞的影子。不甘寂寞的人總想擺脫寂寞的追蹤，寂寞卻始終如影相隨，割捨不掉。然而，卻也有人耽美於寂寞，創造了一種嶄新的人生境界。

在郭楓看來，"寂寞是一爐千年的溫火，把人的靈魂細煎慢熬，能熬煉出一些支撐天地的鐵骨，也能讓很多胸懷大志的新秀在無聲無息中漸漸消毀"。(《且飲一杯寂寞》)如果想有一個高遠的人生，必須要懂得寂寞，學會品嚐寂寞。郭楓非常崇仰擁抱寂寞的人物，羨慕他們創造了一個脫俗的世界。他認為那些推動時代前進的人，都有著寂寞的情懷，他們追求真理，悲憫人生，卻往往因與世俗相違而以寂寞至終，留下無窮的浩歎。儘管寂寞更多的具有悲劇的意味，但郭楓一次次地自勉又勉勵別人：且飲一杯寂寞。他願意享受寂寞，擁抱寂寞，成為一個耽美於寂寞的人。(《且飲一杯寂寞》)郭楓在喧囂騷動的社會中抵禦燈紅酒綠、紙醉金迷的誘惑而獨自開闢出一塊清新脫俗、格調高遠的天地，不圖虛名，不尚浮華，默默地然而卻又是極為堅定地實踐著自己的理想，走出了一條多難而奇幻的人生之路。

　　寂寞的況味，並不是任何人都能品嚐的。有些人在渾渾噩噩之中衣暖食絕別無所求，於是以無聊的感慨來填補精神的空虛，其實何嘗懂得寂寞。又有些人追逐名利愛慕虛榮，一旦遭受冷落便擺出可憐的姿態哀號呻吟，這更不是寂寞。只有胸懷大志、目標高遠的人，才能擁有真正的寂寞。郭楓對寂寞有著透徹的領悟。在大半生飽經憂患的途程中，他懂得了寂寞的滋味，懂得了寂寞在人生中的價值，因此，他豪飲寂寞，追尋那深沉苦澀中所蘊含的一份至美的甜。對郭楓而言，耽美於寂寞是一種積極進取、樂觀向上的人生態度，他決不是消極退隱無所作為的。郭楓不是佯狂高蹈的名士，更不是避人遁世的隱逸詩人，他無法忘懷人間的疾苦辛酸和貧病憂患去談玄說理，參禪悟道。他生活在凡俗的人間，生活在十丈紅塵裡。生活在喧鬧嘈雜中，然而他寂寞，寂寞而又耽於寂寞。這構成了郭楓獨特的人生態度，一種關懷現實卻又寂寞自守的人生態度。他願意讓寂寞的火焰在他的生命中燃燒，向世界恒久地發射熱力，恒久地傳送出自己的溫暖。這成為郭楓不少散文的主題。

　　郭楓是寂寞的。他撐一傘細雨，踽涼在黃昏和黃昏的荒野裡，撐著風，撐著雨，撐起了一個寂寞的世界。在淒風苦雨的黃昏裡，在雨傘底下，他想起了春風碧波，想起了孤帆遠影，想起了江南淡煙疏雨的黃昏，獨自咀嚼著寂寞的滋味。（《撐一傘細雨》）而在凜冽的寒風中，他又以沉重的腳步叩詢每一寸道路，而那些路全都擺出淡漠的臉色冷寂地迴蕩著他的跫音。"除了那風，誰還關心他？除了那風，他還關心什麼？沸揚的市聲即使擊破了耳鼓也不能形成音樂。"然而，他卻固執地走遍每一道街，去尋覓春天的消息。（《躑躅在風中》）在以上兩篇散文中，作者借"細雨"和"寒風"含蓄地表現了自己寂寞的心態，以及尋找理想實踐理想的固執而堅定的信念。他把寂寞當作冶煉自己靈魂的爐火，大膽啜飲著人生的寂寞，為自己營造了一個寂天寞地的生存世界，最大可能地超越功利的物欲的現實，從而保持了精神世界的更多的完整性和純粹性。"就這樣，我獨坐在文學天地中，微笑著面對這七彩的人生。任關注我的人歎息，任懂得我的人沉默，任嫉妒我的人譏諷。"（《生命的一抹》）郭楓在物欲橫流的現實世界裡，以寂寞為利刃，探索出了充滿主體意識的人生道路。

三

　　"我是山嶽的崇拜者，我愛山。我愛山嶽的雄偉莊嚴，也愛山嶽的恬靜淡遠。我多麼喜歡山中無爭的歲月!要是能在巨峰環列中，做小小的陵岡，朝夕瞻仰那些巍峨的風采，真是我最大的心願。"（《山》）山，是郭楓最喜歡描寫的對象。在他的筆下，山各有其不同的風采和個性，"山"成為郭楓散文獨具特色的藝術形象。

　　郭楓喜歡山，崇拜山，這並不僅僅因為山的雄偉莊嚴和恬靜淡遠，更主要的是他從山的身上領悟到了生命的意義，並由此形成了自己的生命哲學。黃淮大地蒼鬱的青山，使他感受到生命的壯闊和悲愴；阿里山輝煌的日出，使他懂得了唯有剛毅與火熱的生命，才能熬過黑暗；而在苗栗獅頭山，面對大自然，他則真正領悟到世俗之愛何其蒼白！在山的強有力的感召下，郭楓努力學習做一座山，學習山的沉默、渾厚、堅強，學習山的恬靜、安閒、沖淡。他真誠地表示："崇仰山的雄偉，我們該有嚮往的心願，我們該低下頭來，以岩石般的真實去學習山嶽，讓生命成為莊嚴的存在。"（《山》）郭楓正是以岩石般真實、純樸的精神去學習山，在山的懷抱中，他的精神世界獲得了昇華。他的生命哲學中融注著山的精神、山的意識，他的血脈裡有山的呼喚，他的胸腔裡深藏著的是永遠崇拜著山嶽的赤誠心靈。

　　郭楓的生命意識是極為強烈的。他的生命和山嶽緊緊聯繫在一起。在他很小的時候，從故鄉蒼黑的山嶽和山嶽般沉

鬱、堅韌的莊稼人身上，他開始懂得了生命的意義。他體驗
過家鄉的人們瑟縮在嚴冬的冷漠中暗淡的心情，看到過他們
春荒季節掙扎在饑餓中挺下去的情狀。從莊稼人的身上他真
正感受到了生命的力量，認識到了那如山嶽般頑強的生命意
志。他明白了作為一個人應該克服一切艱難險阻，勇敢頑強
地活下去，這成為他一生基本的生活信念。他以山一般堅毅
的性格譜寫著一支沉鬱而昂揚的生命之歌。

　　坐對一山青，向著一個絕俗的世界把心靈開放，郭楓形
成了自己的生命哲學。勇敢而頑強地生活於十丈紅塵，孤傲
而寂寞地面對世俗社會，如泥土般樸實、謙遜，如山嶽般博
大深沉，如白楊般挺拔、剛勁，如松柏般在蒼茫的天地之間
樹立起一種生命的風範，這構成了郭楓生命哲學的基本內蘊。
他曾寫過《山的哲學》，這首詩正是他的生命哲學和精神世界
形象而又生動的寫照：

> 昂然抬頭以不可攀登的倨傲
> 刺向青天。只為了觸及
> 那一片，一片令人顫慄的，藍
> 總是屹立在風雨中
> 忍受陰霾的訕笑
> 無端而至的冰雹的襲擊，以及
> 沸騰在心中的火底的楚燃
> 總是，以不眠的靈魂佇守
> 升自天際的陽光
> 等到陽光踩過，也知道

　　必然，將淪入沉沉的黑
　　必然，將風化：為塵、為土
　　但冷過暖過莊嚴過
　　畢竟曾經，唉！成為一座山過

　　在這裡，山就是郭楓，郭楓就是山，山與人緊緊地融合在一起，構成了一個完整的生命集合體。《山的哲學》正是郭楓的生命宣言。

　　要學習做一座山，孤立於流俗之上，就要能忍受風狂雨暴，也要能耐住永恆的寂寞。郭楓執著地去追尋自己的理想，勇敢而堅定地走自己的路。在《第三等品格》一文中，他把知識份子分為三類：第一類是現實型物化的知識份子，第二類是甘於淡泊、隱遁在自我世界中的狷介之士，第三類是持著人道的理念，為人類的發展而奮鬥，始終不渝的傻子型。作者認為在這三類人中，只有傻子型的理想主義者才能犧牲自己帶動整個社會精神的上升，而世間的一切進步，也正是由傻子創造出來的。作者對這類富有理想和獻身精神的傻子進行了歌頌。在另一篇散文《歸屬》中，作者進一步謳歌了從自己的天地裡走出去，從家庭的溫暖中走出去，從高等的生活走出去，去尋找一份困苦、一份折磨、一份犧牲的那些特立獨行的人，這些人無視十丈紅塵中的榮華，在寂寞中傲然獨往，尋求那一份造福人類的快樂。《憨子》則具體生動地描寫了一位為理想不懈奮鬥的“憨子”。陳永興醫師放棄待遇優厚的工作，參加百達山地服務團來到貧窮的山區，從事捨己為人的工作，他忍受了現實社會中的種種痛苦，作出了

巨大的奉獻。正是這樣的"憨子"，才推動了時代和社會的
進步。

　　呼喚純真的人性、崇高的人格和造福社會的理想是郭楓
不少散文的主題。在這些作品中，他高揚生命意識，表現出
純樸堅韌、孤傲頑強、不屈不撓、積極進取的精神風貌。《船》
是其中較為突出的一篇。這篇散文描寫了一艘擱淺在礁石上
的船的形象。它雖然已經支離破碎，但巨大的龍骨仍然長鯨
般聳立，首尾翹起，向天空高舉著無言的抗辯，而天空卻退
縮得好遠好遠。這種境界與魯迅的《秋夜》是相似的，船的
精神與棗樹的精神也是相通的。作者以象徵的手法，歌頌了
承載時代苦難不畏強暴的英雄人物。船的形象實際上也正是
作者精神品格的凸現。他的堅韌、頑強、不屈不撓的生命意
志在這裡得到了充分的體現。

　　綜觀郭楓的散文創作，我們可以發現，郭楓高揚生命的
主體精神，獨立在蒼茫的天地之間，以自己對人生的獨特思
考和領悟，書寫出一種卓爾不群的、高遠的生命風範。他的
散文忠實而確切地記錄下了心靈的律動和情感的流瀉。正是
在這個意義上，我們可以將郭楓的散文稱為郭楓的"心
史"。

張曉風散文論

　　張曉風，筆名曉風、桑科、可叵，原籍江蘇銅山，1941
年生於浙江金華。1949 年隨父母到台灣。小學期間與同學成
立"綠野文藝社"。1952 年考入台北第一女子中學，後轉學
屏東女中。1958 年考入東吳大學中文系，畢業後留校任教。
1967 年以散文集《地毯的那一端》獲中山文藝散文獎。1975
年後任教於陽明醫學院。張曉風 60 年代中期開始文學創作。
早期以散文和戲劇並舉，發表了《畫愛》、《第五牆》、《武陵
人》、《自烹》、《和氏璧》、《嚴子與妻》等戲劇作品。1975 年
後則主要創作散文。張曉風的散文創作數量十分豐富，60 年
代以來先後出版了《地毯的那一端》、《愁鄉石》、《步下紅毯
之後》、《你還沒有愛過》、《再生緣》、《三弦》、《我在》、《從
你美麗的流域》等十多部散文集，在台灣文壇享有盛譽。余
光中說："張曉風不愧是第三代散文家裡腕挾風雷的淋漓健
筆，這枝筆，能寫景也能敘事，能詠物也能傳人，揚之有豪
氣，抑之有秀氣，而即使在柔腕的時候，也帶一點剛勁。"[1]
王文興則認為："張曉風的文字，其運用之靈活，在當今的
我國作家中幾不作第二人來想。"[2]

1　余光中：《亦秀亦豪的健筆》。
2　王文興：《張曉風的藝術》。

　　1964 年，張曉風開始了散文創作生涯。在《地毯的那一端》、《愁鄉石》等早期作品中，她以敏感纖細的心靈去感應自然和人生，寫出了許多謳歌大自然和讚美親情的篇章。在這一時期，張曉風的風格是真率熱烈的，猶如深山裡一株怒放的紅楓，又似飛濺直流的瀑布，作者或歌或號，大喜大悲，感情直露，作品具有強烈的感情色彩。

　　對大自然的熱情謳歌構成了張曉風早期創作的主要特色。張曉風以女性作家特有的細膩純真的情感去把握和捕捉大自然的美，在清風明月、山松野草之間馳騁想像，營造物我一體、情景交融的意境。

　　張曉風長期生活在現代都市社會，居住在水泥板和水泥板之間的狹小空間裡，她十分嚮往大自然，喜歡徜徉在山水之中。一旦置身於廣闊無垠的大自然，她便充滿喜悅，興奮不已，"赤著足在石塊與石塊之間跳躍著"，"恍惚以為自己就是山上的一塊石頭，溪邊的一棵樹。"一切世俗的煩惱消失了，胸中的愁悶隨著瀑布一瀉而盡，全身心感到一種徹底的放鬆。《魔季》和《歸去》等作品把這種對大自然的熱愛、眷戀表現得淋漓盡致，作者寫出了充滿生機和活力的大自然的春天。

　　伴隨著對大自然的謳歌、讚美，張曉風展開了豐富奇特的想像。"天空的藍箋已平鋪在我頭上，我卻又苦於沒有雲樣的筆。"(《畫晴》)這是何等的氣魄！"陽光的酒調得很淡，卻很醇，淺淺地斟在每一個杯形的小野花裡。"(《魔季》)這種想像不可謂不新穎！而在《歸去》中，作者把疾風中翻飛的翠葉比作是正在演奏的琴鍵，把整個山谷看作是如同大風琴的共鳴箱，這種想像簡直要直追盛唐詩人了。

　　描寫友情、親情、愛情，抒發對美好感情的眷戀和嚮往，這也是張曉風這一時期散文創作的一個重要內容。友情、親情、愛情，是文學作品亙古不變的主題。張曉風以她特有的方式向讀者抒發了對朋友的友情，對家人、兒女的親情，對丈夫的愛情，從而使讀者領略到其豐富多彩的感情世界。《到山中去》、《霜橘》、《光環》、《歸去》、《不能被增加的人》等都抒發了與朋友赤誠的友情。與友人相伴而遊的暢快、愜意，相濡以沫的體貼、溫情，朝夕相處、同窗共讀的甜蜜、喜悅，這些成為張曉風反覆抒寫的內容。而在《綠色的書簡》、《回到家裡》、《初雪》、《初綻的詩篇》等作品中，作家則以溫馨的筆墨寫出了對家人的關愛。《初雪》和《初綻的詩篇》都是作者寫給兒子詩詩(一個多麼富有詩意、蘊含愛心的名字)的，表現出母親對孩子深摯、熱烈的愛。有些人把孩子作為擺設來滿足自己的虛榮心，以孩子的健康、美麗向人炫耀，張曉風對此很憤慨，她響亮地喊出：“詩詩，如果我們驕傲，是為你本身而驕傲，不是為你的健康美麗或者聰明。你是人，不是我們培養的灌木，我們決不會把你修剪成某種形態來使別人稱讚我們的園藝天才。你可以照你的傾向生長，你選擇什麼樣式，我們都會喜歡 —— 或者學習著去喜歡。”這是更高層次上的母愛，包含著對孩子的充分信任和理解。作為一個妻子，張曉風在作品中也表現了對丈夫熾熱的愛情。《地毯的那一端》從兩人相識開始寫起，寫到他們的相戀相愛，一直寫到自己決定踏上鋪滿花瓣的紅地毯，與地毯那一端所信賴的人一起，共同走過漫長的人生之路。作品寫出了對丈夫的愛戀和信賴，寫出了陶醉在愛情海洋裡的甜蜜和幸福："我們活在夢裡，活在詩裡，活在無窮無盡的彩色希望裡。記得有一次我提到瑪格麗特公主在她婚禮中說的一句話：'世界上從來沒有兩個人像我們這樣快樂過。'你毫不在意地說：'那是因為他們不認識我們的緣故。'我喜歡你的自豪，因為我也如此自豪過。"

　　藝術無止境。一個有個性、有獨特風格的作家，需要不斷地開闊視野，擴大題材，豐富和發展自己的個性與風格，使藝術走向成熟。從《步下紅毯之後》開始，張曉風的題材和風格發生了明顯的變化。從內容上來說，她的作品由過去著重抒寫"小我""私愛"轉向抒寫"大我"之愛，表現出對人世的深切關注和對民族文化的強烈認同。從風格上來說，早期創作中的那種大喜大悲減少了，注重營造意境，嚮往生命的深沉和嚴肅，筆墨老辣，風格明朗雋永，被余光中譽為"亦秀亦豪的健筆"。

　　作為炎黃子孫，張曉風周身湧流著黃河、長江的激浪，割捨不了深植於民族土壤的赤子之情。每當想起祖國、民族的悠久歷史和燦爛文化她便"血脈賁張"，神采飛揚，激動不已。"望著那猶帶中原泥土的故物，我的血忽然澎湃起來。走過歷史、走過輝煌的傳統，我發覺我竟是這樣愛著自己的民族、自己的文化。"（《細細的潮音》）強烈的民族自豪感和認同感使作家無條件地摯愛著我們的土地、我們的民族，關懷著故土上的萬事萬物。《河出圖》中寫作者去看關於黃河的攝影展，圖片上猝然橫向天際的黃河使她靈魂震顫，產生了強烈的愛國熱情："愛她，只有一個不成邏輯的理由——

只因河出圖洛出書自山海經自禹貢自詩經自樂府自李杜以來,她一直是我們的河,是我們生命最原始節拍。"《你還沒有愛過》中的"愛"是指對國家民族的愛,這是一種"溫柔的、巨大的、堅實的、強悍的愛",誰如果沒有體會過這種情感,"誰就不能算真正愛過"。面對政治阻隔、國家分裂的現實,張曉風常常熱淚縱橫。不能親臨黃河,不能回歸故土,不能在"每個江南草長的春天回到舊日的梁前",這使她感到"五內挖淨似的空虛"。張曉風喜歡旅遊,到過不少國家和地區,可無論是在日本、南朝鮮、泰國,還是在印度、帕米爾、美國,她心裡想的始終是祖國,牽掛著的是故土的同胞。在那一篇篇域外遊記中,隨處可見對祖國和民族的關懷和熱愛。比如身在尼泊爾,她想的卻是一山之隔的中國:"一山相隔,山外有多綿長的一條路,有多悠長的一個故事,一段五千年的密密實實的起伏情節。而我,為什麼偏偏站在這一面看山?"(《遠端串門子》)從這些地方,我們可以真切地感受到作家對祖國和民族文化深厚的愛。這種民族情感深深地融進了作家的感情世界,成為其創作的基調。

這一時期,張曉風還寫了許多憶舊懷人之作,描寫了生動的人物形象。這些人物,有的是文化界的前輩,有的是文壇同仁,也有的是普通的山地同胞,在張曉風的筆下,他們都十分親切而又自然。

一般的散文作品寫人往往化整為零,即每篇只記述人物的一個生活片斷,寫人物性格的某一側面,很難表現完整的人物形象。張曉風的散文則不同,她善於運用小說筆法,準確、細膩地刻劃人物的外貌、心理和性格特徵,人物形象栩栩如生。《半局》中的杜公杜奎英"粗眉毛，瞪凸眼，嘎嗓子，而且還不時罵人"，有著鮮明的個性。作家擷取生活中的許多小故事構成了其完整的性格特徵。杜公愛恨分明，"看到不順眼的人或事他非爆出來不可"，不管是不是得罪人，因此很多人都覺得他"嘴刻薄，不厚道，積不了福"。杜公在學業上有獨到的見解，他"絕頂聰明，才思敏捷，涉獵甚廣，而且幾乎可以過目不忘"。這樣一位粗獷率真、脾氣偏執、憤世嫉俗、不拘小節的東北大漢，感情卻是很細膩的，"杜公談起戀愛，差不多變了一個人，風趣、狡黠、熱情洋溢"。作家抓住人物的性格特徵，維妙維肖地活畫出人物的靈魂。《一個東西南北人》則用素描的筆法勾勒人物，描畫主人公管管的種種奇事，使形象活現紙上。管管看到月亮；會說："請坐，月亮請坐。"看見春天，他會說："春天坐著花轎來。"過年，別人貼對聯，他卻貼詩。而寫起詩來，則不用"我"，專用"吾"。他才華橫溢，多才多藝。他是詩人，卻又會寫散文，而且寫得比散文家還好。在電影裡他演禪師，在家裡又爬在地上給兒子當馬騎。他吃喝享受樣樣精通，喜歡酒，喜歡辣椒大蒜，喜歡蟋蟀，喜歡松樹，喜歡松鼠，喜歡在槍上插一撮野百合或水薑花。他對畫有研究，又能拉起嗓子唱蒼涼淒緊的鐵板快書……作者最後感歎道："對於這天不管地不收的老孩子，這非儒非聖非仙非妖卻又亦人亦怪、亦正亦邪、亦柔亦霸的管管，你能把他如何呢？"全篇寫的妙趣橫生，使人忍俊不禁，給讀者以十分強烈的印象。其他作品如《看松》、《大音》、《她曾教過我》、《找個更高更大的對手》、《蝸牛女孩》、《江河》等也都描寫了生動傳神的人物形象。

　　張曉風寫人散文的最為成功之處在於她能夠從自身的體驗出發，結合人物的性格寫出自己的切身感受。她善於把握敘事角度，將人物的趣聞軼事依據一定線索貫穿起來，並將濃厚的感情融匯其間，這樣就擺脫了傳記的呆板，使形象鮮明生動，呼之欲出，頗有"傳神"之功。同時她又能依據人物身份性格的不同和主題表現的需要，安排不同的筆墨，把握住雅俗、文白、巧拙之間的分寸。這顯示了作家深厚的文字功力和精湛的表現技巧。

　　這一時期，記游寫景仍然是張曉風喜歡描寫的一個題材。與前一時期相比，這類散文的意境有了較大的開拓。泛舟喀什米爾夜晚的湖上，作者覺得像是在一只巨大的"地勺"裡，那只勺清可見底，甘冽可飲。抬頭望天，正好望見北斗七星——"勺子星"。這時作者便馳騁想像："不知這只瓢杓意欲舀些什麼，舀些玄思嗎？舀些光芒嗎？舀億萬年來人們的仰望嗎？在星子的天勺與大湖的地勺之間，我們的小舟也許是一隻小勺吧？只舀一小時的湖上良辰。我自己也是一隻小勺吧？舀一生或癡或狂的欲望。"（《地勺》）短短的一段文字，從天上說到地下，由世界說到自己，層層遞進，波瀾起伏，意境深邃。在這類散文中，《常常，我想起那座山》所取得的成就是十分突出的。它不僅是張曉風寫景抒情散文的代表作，也是台灣當代散文名篇，無論結構、意境、想像還是文字技巧，都堪稱一絕。請看這樣一段文字："山從四面疊過來，一重一重地，簡直是綠色的花瓣——不是單瓣的那一種，而是重瓣的那一種——人行水中，忽然就有了花蕊的感覺，這種柔和的、生長著的花蕊，你感到自己的尊嚴和芬芳，你竟覺得自己就是張橫渠所說的可以‘為天地立心’的那個人。”作者把紛至遝來的群山比作花瓣，水上的自己比作花蕊，想像奇妙無比，給讀者以十分強烈的美感享受。這是張曉風所特有的“豪喻”。再如：

> 剪山為衣，搏水為袽，山水的衣袽可授之何人？叩山為鐘鳴，撫水成琴弦，山水的清音誰是智者？山是千饒百折的璿璣圖，水是逆流而讀或順流而讀都可以的回文詩，山水的詩情誰來領管？

> 俯視腳下的深澗，浪花翻湧，一直，我以為浪是水的一種偶然，一種偶然攪起的激情。但行到此處，我忽竟發現不然，應該說水是浪的一種偶然，平流的水是浪花偶而憩息時的寧靜。

這簡直就是詩了。詩的想像，詩的情趣，詩的語言，詩的節奏，詩的力度，組成了一個完美的意境。能在寫景抒情散文裡揮灑詩才，營造優美的詩的意境，這需要散文家俱有詩人的才華。張曉風其實就是寫“不分行詩”的詩人。

在《再生緣》的後記裡，張曉風說白居易曾渴望別人認識他更多的層面，“氣的只是別人似乎已把‘完整的白居易’變成‘有限的長恨歌’。”同樣地，張曉風也希望別人對她有全面的認識。她固然不否定年輕時的自己及作品，但她更“喜歡歲月和風霜的感覺，……更心許的卻是今日的自己。”隨著人生經驗的增加，張曉風的創作層面不斷拓展，關懷面越來越廣，尤其是 1980 年以後，她在創作中更多地融進自己的人生經驗，感悟人生，努力探索人生真諦，使作品在抒情的同時帶有明顯的思辯和哲理色彩。這時的張曉風已不再是當年那個步上地毯步下地毯的青年了，而是"行至人生中途"，思想深邃，品嘗過人生五味的著名作家了。這一時期，她的創作表現出壯闊深沉的藝術風格。

　　在人生的旅程中，張曉風是積極進取的。她熱愛生活，執著地追求美好的人生。早期作品中那種如《我喜歡》所表現出的對生活和人生帶有衝動性的情感在"行至人生中途"的張曉風的作品中大為減少了。年齡的增長，境遇的變遷，心態的成熟，這在作品中留下了鮮明的印跡。成熟期的張曉風，更注重狀寫對人生深沉的思考，表現人生的種種複雜性。《我在》第二輯《矛盾篇》中所收的作品都是直接寫人生矛盾的。《矛盾篇》之一展示的是這樣一對矛盾："愛我更多，好嗎?"與"愛我少一點，我請求你"。一方面，作者渴望得到更多的愛，生命短暫，歲月匆匆，她希望用愛填補每一個空間；另一方面，她又不願意獲得太多的愛，"因為愛使人癡狂，使人顛倒，使人牽掛，我不忍折磨你。"她要努力地把"小我"之愛轉化為"大我"之愛。在《矛盾篇》之二中，作者列出了另一對矛盾："我渴望贏"與"我尋求挫敗"。在《矛盾篇》之三中，作者又圍繞"狂喜"和"大悲"這一對矛盾範疇來揭示生命的秘密。

　　優秀的文學家也應該是哲學家，他不僅要洞察人情，也要積極去探索人生真諦，對人生作出合理的解釋。由於種種原因，人們無法窮盡世界的奧秘，常常只能望洋興嘆。張曉風在創作中也顯示出這一情形。在用筆墨探討人生的時候，她常常現出無奈的心緒，使作品流露出悵然若失的情調。《我不知道怎樣回答》就比較典型地反映了這種心態。在複雜的人生面前，人們往往找不到一個確定的答案，然而又何必一定要苦苦去找呢？人生究竟有多少事情是可以說得清楚的呢？《只因為年輕啊》進一步闡明了這種思想。年輕人由於閱歷不深，人生經驗欠缺，喜歡對人生作一些簡單、膚淺的回答，作者無限感慨地歎道：這一切都只因為年輕啊！在《我要去放風箏》中，作者更是把無奈的心緒表現得淋漓盡致。這裡寫的是一個夢。作者在夢中要放風箏，卻不知道去哪裡放，也不知道該怎麼放，而且最要緊的是手裡根本就沒有風箏，然而“我”卻那麼快樂，一種只知道自己要去放風箏的快樂。這種情景與人生是何其相似！在漫長的人生道路上，因為受種種條件的限制，獲得成功的機會不多，但人們總是被理想所鼓舞，陶醉在虛幻的境界中，像放風箏一樣興致極高地去做某件事情，儘管到頭來也許一事無成。

　　在探討人生問題時，張曉風的人生態度是積極的。她注意到了人生的繁複性，揭示出人世的矛盾，但總的來說，她是信奉和諧美的，她的作品中極少見人生尖銳的矛盾衝突，更多的是對人生的關懷和熱愛。她用創作努力地去做一件有益於世道人心、完美自己、啟發別人的工作。

　　張曉風以她那枝生花妙筆在散文天地裡辛勤耕耘，結出了豐碩的果實。她從中國文學傳統中吸收了豐富的養料，同時又努力借鑒西方文學技巧，熔中西藝術經驗於一爐，形成了別具一格的散文藝術。張曉風的散文結構縝密，技巧圓熟，想像豐富，語言精美，意境雋永，情愫濃重，其關懷面之廣，內蘊之深，筆力之勁健，在台灣當代作家中是出類拔萃的。近年來，她又努力超越自己，大膽創新，文筆更加老辣，意蘊更為深邃。我們期待著張曉風在以後的藝術實踐中寫出更多更好的關懷人生的新篇章。

林燿德散文論

　　在 20 世紀中國文學史上，散文無疑得到了長足的發展。作為一種古老的文學樣式，散文背負著沉重的歷史因襲，正因如此，它所取得的成就也就更令人們珍視。早在"五四"時期，當中國現代散文剛獲得初步發展之時，學界便給予高度評價。魯迅認為："到五四運動的時候，才又來了一個展開，散文小品的成功，幾乎在小說戲曲和詩歌之上。"[1]然而，我們不能不看到，由於文類的特殊性，散文與小說詩歌戲劇相比，發展的步伐相對遲緩。就台灣文壇而言，60 年代以前的台灣散文承續"五四"散文的流風餘緒，仍然沉湎於周作人、朱自清、冰心、徐志摩等散文家的藝術模式和審美境界，缺乏開拓創新精神。而從 50 年代開始，台灣詩壇和小說界則相繼掀起現代主義文學運動，到 60 年代初，現代主義成為台灣文學主潮。在文學的其它門類發生重大變革之後，散文再固守先前的模式就越發顯出審美格局和表現形式的陳舊。在這一背景下，1963 年余光中發表了宣導"散文革命"的綱領性文獻《剪掉散文的辮子》，試圖用現代詩的藝術精神革新散文，使它在現代主義的旗幟下蛻舊變新，成為現代文學大家

1　魯迅：《小品文的危機》，《魯迅全集》第 4 卷，人民文學出版社 1957 年，第 442 頁。

族中新的成員。在余光中等人的影響和帶動下,台灣當代散文在繼承中有了較大的突破,出現繁盛的局面。

在台灣當代散文的發展過程中,林燿德的出現有著不同尋常的意義。

一

林燿德(1962-1996),輔仁大學法律系畢業,曾任《四度空間》藝術指導,《草根》詩刊編輯,《輔大新聞》主筆,《台北評論》主編等。林燿德的文學空間十分廣闊,在近 20 年的文學生涯中,他寫詩,寫小說,寫散文,也寫評論,對各種文類都有成功的嘗試。作為一顆過早隕落的文壇彗星,林燿德留下了較為豐厚的文學遺產。就散文創作而言,他從 80 年代初開始起步,在短短數年間便以前衛的、深具開創意識和實驗精神的成果,將台灣都市文學推進到一個新的天地。1987 年和 1993 年,他相繼結集出版了兩部散文集《一座城市的身世》和《迷宮零件》。這是台灣都市文學創作極為重要的收穫。

80 年代出現的都市散文是值得人們深切關注的文學現象。儘管寫作這一型散文的作家並不多,但由於它包含著全新的質素而使它在散文史上具有了革命性的意義。它對於 90 年代大陸出現的都市散文不無啟迪意義。關於都市文學的內涵,鄭明娳認為:"廣義的都市文學包含兩個層次:以城市生活為描寫題材的市民文學以及掌握社會變遷並運用新的思考方式創作的狹義的都市文學。"[2]這裡"以城市生活為描寫題材的市民文學"實際上指的是傳統的都市文學。巴金的《家》、《春》、《秋》、《寒夜》，老舍的《駱駝祥子》、《離婚》、《牛天賜傳》，茅盾的《蝕》、《子夜》，以及 30 年代新感覺派的許多作品，都可視作廣義的都市文學。而隨著時代的發展，城鄉之間的界線愈來愈模糊，由於資訊的發達、網路的普及，出現了迥異於傳統含義的都市。林燿德認為："都市文學不一定發生在都市，都市文學可能發生在海上，發生在荒野之中。"（《都市中的詩人》）這正說明了林燿德對新都市文學的深刻認識。與傳統都市文學關注更多的是城市風俗人情、市民生活大相徑庭，新都市文學的著眼點主要在於都市情緒、都市意識和現代觀念。"它應既具有從眾的、通俗的、消遣的一面，又具有與之相平衡的、個性的、高雅的、張揚著新的人文精神的一面；既具有讚賞著我們的都市化進程的一面，又具有著批判著這一進程帶來的新的弊病，新的危害的一面……"[3]因此，從本質上說，新都市文學著力表現的是現代的文化觀念、生活方式和都市意識；至於都市景觀和都市風情，倒不是主要的了。正如瘂弦所分析的："新都市文學，照林燿德的說法，主要是表現人類在'廣義的都市'下的生活情態，表現現代人文明化、都市化以後的思考方式、行為模式，它的多元性、複雜性以及多變性。"[4]也正是在這一意

2　鄭明娳：《現代散文現象論》，大安出版社 1992 年 8 月，第 60 頁。
3　金岱：《都市文學與「都市」象徵》，《學術研究》1998 年第 8 期。
4　瘂弦：《在城市裡成長》，《林燿德散文》，浙江文藝出版社 1999 年 3 月，第 3-4 頁。

義上，我們可以清楚地觀察到林燿德對台灣都市文學的發展
所作出的貢獻。

二

　　由於工商經濟的迅猛發展，20 世紀 60 年代出生的作
家，其故鄉絕大部分已是都市。作為生於斯長於斯，從小呼
吸著都市空氣的作家，林燿德對於都市的感受迥異於前輩作
家。他熱烈地擁抱和關懷都市，是一個完全接納都市的人。
他曾說過："整部人類文明史無疑將發展中的箭頭指向都市
化的路徑……與其說詩人在適應時代、向終端機投降，不如
說詩人正緊緊抓住時代的咽喉吧……他們進一步要擺脫千年
來的隱遁和懷舊心態，而昂然抬頭，以人的自覺去前瞻和關
切未來。"(《都市裡的詩人》)基於這一心態，他將自己置
於後工業時代的文化背景中，冷靜客觀地觀察都市，理解都
市，把握都市，既看到都市的正面，也注視其負面。在台灣
文壇上，林燿德是創作都市散文最力也最為引人矚目的作
家之一。他在後現代的文化語境中充分施展其藝術視角，作
品明顯呈現出後現代的書寫風尚，"林燿德的散文在很多方
面都顯示出他是國內鼓動後現代風潮的急先鋒之一，時代意
識十分敏銳。"[5]有的論者這樣評論他的小說風格：

　　　"特別是那涵蓋遠古至未來的廣闊時空幅度、對日益

---

5 吳潛誠:《游走在後現代城市的想像迷宮——重讀林燿德的散文創作》，
　《聯合文學》1996 年 3 月號。

迫近的後工業文明的敏銳感應以及作品的內容和形式均表現出的強烈的實驗性，構成林燿德小說與眾不同的獨特風格。"事實上，時空的廣闊性、感應的敏銳性和強烈的實驗性，同樣也是林燿德散文的鮮明風格。

從20世紀80年代初開始，台灣逐漸向後工業社會過渡。"隨著城市數目的增加和密度的增大，人與人之間的相互影響增強了。……正是這種對於運動、空間和變化的反應，促成了藝術的新結構和傳統形式的錯位。"[6]丹尼爾・貝爾據此對一種新的社會結構進行了描述，提出了"後工業社會"的概念。丹尼爾・貝爾所謂的"後工業社會""常常也被稱為消費社會、媒介社會、資訊社會、電子社會或'高技術社會'，等等"。[7]在向後工業社會過渡過程中，都市作為消費中心、媒介中心、資訊中心和高技術中心，其獨特的魅力正日益彰顯。

事實上，作為後工業化進程中的一個突出現象，都市化固然意味著現代人獲得了新的生活空間和生產方式，同時也意味著現代人的精神世界得到大大拓深拓展。"都市是現代精神的滋養地。都市將人性無情地放在急驟的競爭與演變中予以曝光。"[8]深刻變動著的都市故事、都市生活和都市人的

6 丹尼爾・貝爾：《文化：現代與後現代》，《後現代主義文學與美學》，北京大學出版社 1992 年 2 月，第 3 頁。
7 弗裡德利希・傑姆遜：《後現代主義或晚近資本主義的文化邏輯》，《後現代主義文學與美學》，北京大學出版社 1992 年 2 月，第 75 頁。
8 黃鶴：《南國作家對現代都市的闡釋》，《學術研究》2000 年 10 期。

精神世界，成為新都市文學勃興的主要動因。

　　林燿德將關注的目光投向現代都市人的生存狀態。他是"台灣社會從工業文明向後工業文明過渡階段的具有前瞻性時代高度的文學精靈。"[9]林燿德熱情地讚美現代都市的偉力，筆下不時出現這樣的文字："絢爛的朝陽正升起，都市的靚容顯露出爽朗豔麗的色彩和光澤，一座座矗立的建築好似正在晨禱，任是誰站在這碩大無言的都市里，都可深刻地感覺到：這一切正是文明的本身在說話。"(《靚容》)不過，林燿德更多的則是以現代意識對都市神話給予大膽質疑。都市是一個國家最富有現代精神和時代特徵的文化景觀，但與此同時，都市也存在著諸多局限。都市的發展隔開了人和土地的天然聯繫，水泥和柏油覆蓋著幾乎所有的土地。樓群之間的狹窄地帶成為大自然的象徵，"把一棵樹看作百棵樹，一朵花視作萬朵花，都市人把公園當作大自然濃縮成的藥片"(《靚容》)。為了能接近土地，都市人竟發出"住一樓真好"的感歎(《"住一樓真好"》)。作者清醒地意識到，在都市繁榮的靚容裡，蘊藏著難以解決的文明苦果，諸如人口膨脹、交通擁擠、環境污染，他禁不住感歎："都市呵，交織著文明和無明、交雜著希望和失望、交融著理性和謬性……"(《靚容》)他形象地把都市中到處棄置的垃圾稱為"無聲暴力"："相對於雜訊這種多聲道的前衛美學，平日觸目所及的垃圾不愧是一種無聲的暴力。"(《無聲暴力》)都市的孩子被關在狹小的空間裡，高樓上的鐵窗隔斷了他們與自由

---

9 朱雙一：《近 20 年台灣文學流脈》，廈門大學出版社 1999 年 8 月，第369 頁。

天地的聯繫，"三個不滿六歲的孩子被條紋鐵窗劃割成無數部分，六隻立體的小手戲劇化地伸出規整的框格，像一幅嵌在鋁緣中的超現實小品。"（《目擊者》）

在現代都市社會裡，緊張而機械的生活使人成為"都市符號"。《搜集者》寫出了都市人的異化。在現代都市社會中，人們悲哀地發現自己的存在是靠那些大大小小的證件證明著的，於是為了證實自己活在這個虛幻的世界上，都市人便被培養成證件的搜集者。《鑰匙》中寫到鑰匙這種金屬片實際上是人的權利和權力的象徵："每把鑰匙代表我們在不同團體和時空中所處的地位，爭了一世，也許只為取得另一把鑰匙，校長室的、院長室的、董事長室的……"《W的化妝》中，作者強調："化妝後的你才是真正的你，卸妝時的你只不過是一具空白的軀殼。"那個以優雅的姿勢淋浴，整裝，打粉底，上腮紅，畫眉，描眼影，塗唇膏，而後乘電梯去上班的女人，正是重重包裹中的異化了的都市人的象徵。在《幻》中，作者再次表示："化過妝的臉，才是這座城市的真正面目。"面對都市這座假面砌成的堡壘，人們深感生命的無依和無奈，莫名地產生異鄉人的感覺："以都市為故鄉的人，當他逐漸地成長，卻又矛盾地被都市這個妖嬈的女人烙上異鄉的胎記。"都市人之所以飼養寵物，是為了慰藉自己的心靈："在這種連弄臣都不再可靠的世紀，人類饑渴的性靈益加需要寵物來彌補情緒上的失落。"（《寵物K》）林燿德深刻地發現，都市人之間存在著嚴重的隔閡："嘗試去瞭解對方語言和發音後的真意成為一種奢侈而吃力的遊戲。"（《城》）

　　在自我與環境的異化過程中，人類的心靈閉鎖、疏離，處於深深的焦慮和不安之中。《自動販賣機》將霜淇淋小姐與自動販賣機並舉，自動販賣機克盡職守，取代了人的作用，而機器旁邊的販賣小姐卻沒有思想，沒有表情，淪為木然無心的機器。作者提出了一個發人深省的問題：顯示文明趨勢的販賣機"到底是都市的景，還是都市的人物"？作品通過販賣機的寓言深刻地嘲諷了現代都市人的異化。然而，機器畢竟無法取代人，人類的沉重悲哀和精神上的困惑、失落都無法由機器來取代。隨著物質文明的愈來愈繁榮，人類的精神困惑也與日俱增。林燿德在他一系列以貓為題材的作品中，以貓為象徵物，借助貓的本質特徵來揭示人類的精神世界，因為"它們那種看似高貴的冷漠，正是都市精神的所在"（《都市的貓》）。《樓頂的貓》借貓的形象表現現代都市人的孤獨。貓被豢養在與世隔絕低欄大樓的樓頂上，"等於是閉鎖在半空中的牢獄裡"，儘管衣食無憂，但樓頂的貓還是因忍受不了孤獨寂寞而失蹤了。《貓與布貓》則對現代人愛慕虛榮、崇尚即時文化的心態進行了揭露。現代人注重包裝，生活趨向平面化，這從人們在貓與布貓間更多的選擇布貓，便可窺見一斑。而在《寵物K》中，作者更將現代人的生存狀態加以高度抽象。作品敘寫一個人買了一隻烏龜回家當寵物，不久他發現養在盆子裡的烏龜也在飼養著寵物——孑孓。在這裡，人與烏龜，烏龜與孑孓都是飼主與寵物的關係。由此不難令人領悟到，人也常常扮演著寵物的角色。因此，寵物K事實上正指涉著人類自身。人類正像寵物K一樣時時面臨著既要被抉擇又要自我抉擇的困境。

　　處於深深焦慮中的人類為擺脫困境進行著艱苦的努力，林燿德也在不懈地探索著。他的《幻戲記》是這方面的代表作。作品的表層情節很簡單："我"為家中的白貓"H"找一隻黑貓為伴，結果失敗了。尋找黑貓的過程成為全文主要的情節線索。作品中的白貓被人豢養著，與文明同化了，而黑貓充滿著野性，具有反文明的原始力量，花貓則代表著一種混沌，一種被都市化了的動物，"在無數世代的混血之後，都長成一個模樣"。"我"不甘於白貓被都市豢養而失去本性，所以要尋找具有"柔和卻極為挺直的脊骨，不像那些患腸胃病的花貓有著凹陷的背部"的黑貓。白貓、黑貓、花貓都具有深刻的象徵意義。它們指涉的都是現代都市人。"我"尋找黑貓，實際上正是尋找自己遺失在都市文明中的自然天性，尋找迷失的自己。尋找的失敗，預示著現代都市人難以擺脫自身的精神悲劇。作品結尾，"我"對"H"許諾：下次一定替它找一隻最好的黑貓。這表明作者不放棄尋找的精神。這使作品雖然帶著悲哀的情調但並不絕望。

　　在林燿德的散文中，其它生物也有著深刻的象徵意蘊。在都市中，鼠是醜惡的、卑劣的活物。它們不分晝夜地縱橫於都市的地下網路，擁有各自的地盤，啃齧著腐敗的垃圾，泅浮在充滿各種化學物質和人體排泄物的污水中，過著人類所不齒的生活。作者由都市的鼠聯想到人："人類所有黑暗的思想和性情，會不會也像數以百萬計的醜惡鼠群繼續潛伏在都市的底層。"他進而展開更深一層的思考，將鼠疫與人類自身造成的災難進行比較："思想和瘋狂帶來的瘟疫，又比生物帶來的災難要可怕多少倍，幾場導源於地域擴張理念的戰禍，曾經成功地渡過鼠疫所無法穿越的山嶽和海洋，摧毀無數善良的都市和愛。"（《九百萬隻老鼠》）這一觀點頗為發人深省。誠然，瘋狂的思想在現代社會中造成的危害豈是醜惡的鼠群所能比擬？

林燿德對傳統的價值觀念進行了解構。作為新世代中思想前衛、深具創新精神的一員，林燿德在散文創作中對先前的諸多思想觀念進行了顛覆與整合。林燿德散文的現代性特徵突出地表現為他在面對都市主題時採取了一種靈活自如、遊刃有餘的創作態度。先前的都市文學作家往往表現出較為極端的文化立場，要麼排拒要麼擁抱，要麼憎惡要麼讚美。如沈從文以寧靜、自然、純樸的湘西世界來抗拒都市文明，老舍致力於都市病態人生的描寫，劉吶鷗則對光怪陸離的十裡洋場極盡讚美。就林燿德而言，他的都市觀念是頗為現代的，有排拒也有擁抱，有憎惡又有讚美。這是一種多元的文化立場。在現代資訊社會中，傳統的一元論的價值觀遭到徹底的顛覆。與此相聯繫，林燿德在創作中往往尋求新的表現，其目的是為了傳達一種強烈的不可表現之感，以便形成一種新的創作規則。在林燿德的筆下，動物都是有感情的。玻璃箱中的眼鏡蛇，"不停地對玻璃外的許多眼睛感到憤怒，劍拔弩張，一條條鼓起頸，昂首將毒囊中的汁液重複地放射"；有一條雖已剖殺但神經未死的蛇，"猶自扭纏著尾，每一動都似哭著冤，拂打過客的髮際，然而它畢竟漸漸鬆懈下去，終於也認同了其他夥伴，悠閒地在風中擺蕩。"而桶裡的鱉則是"遲鈍而無奈的"，"靜候人類進行血腥的處刑遊戲"。（《夜市》）這種感情與農業文明和前工業文明時期的作品中對動物的描寫有著本質的區別。這裡帶有更多的象徵、隱喻色彩。他又如此來消解華廈與廢墟、歡樂與痛苦之間的界限：建築工地上，"鋼筋、廢料和工人留下的泛黃汗衫四處散置，華麗大廈誕生前的情景，竟是如此接近廢墟；其實人生的至歡與至悲，看來也是相仿的，高潮中飽欲的面容和哭泣的臉孔又有什麼不同？"（《工地》）林燿德的散文體現了這樣一種創作原則："在現代的範圍內以表像自身的形式使不可表現之物表現出來；它本身也排斥優美形式的愉悅，排斥趣味的同一，因為那種同一有可能集體來分享對難以企及的往事的緬懷。"[10]他以令人震驚、直逼內心的藝術表現，顯示出新生代作家可貴的創作理性。

三

　　在散文形式上，林燿德也進行了大膽探索。他根據自己對生活的獨特感受，將大量科學用語和專門術語運用到創作中，增強了作品的表現力。《一座城市的身世》共收入 52 篇散文，其中，以都市的事物、人物直接命題的作品占了大多數，如《都市的貓》、《樓頂的貓》、《電梯門》、《夜市》、《六十巷》、《臨沂街十七號》、《自動販賣機》、《目擊者》、《搜集者》、《都市兒童》、《都市裡的詩人》、《挖路工人》等；也有一些是以都市中人們的活動為題的，如《保險》、《分期付款》、

---

10 讓—弗朗索瓦・利奧塔德：《何謂後現代主義》，《後現代主義文學與美學》，北京大學出版社 1992 年 2 月，第 52 頁。

《排名戰爭》等。這大大加強了文本的都市文化特徵，現代和後現代的色彩較為濃郁。

聖福德・斯克瑞伯納・阿莫斯認為："一個作家的語言會創造性地完成於各種有價值的結構中。"[11]對林燿德來說，他的散文語言既是形象化的，又是高度理性的，洗煉精緻，嚴密精確，從容不迫。為了鮮明準確地表現自己的都市理念，林燿德往往不喜用華麗的或含蓄的詩性語言，他擅長運用精確的科學的語言。分期付款是都市人時髦的生活方式，小到答錄機、百科全書，大到住房、汽車，都市人都以分期付款的方式消費著，然而人們也為各項預定開支深深苦惱著，林燿德一針見血地指出："分期付款所支付出去的根本是自己有限的人生。"（《分期付款》）又如《保險》一文先引用《魔鬼辭典》關於"保險"一詞的注解：短命者往往能以最低的保費換取最大的利益，然後便用精確簡練的語言描述投保的過程："來回車票式的厚紙卷，在一陣唧嚓唧嚓的機關運作後，瞬間自輸出口滑下，那陣短暫的聲音干擾，正足以勾起投保人不祥的聯想……紙卷的上聯是要保申請書，下聯是執據；撕下填妥的申請書，送進輸入口，保險契約便告成立，法律上一切生效要件已完備。"這種簡潔的語言、冷峻的敘事營造出客觀化的效果，形成了鮮明的語言特色。

林燿德的散文將感性和知性的內涵相互融合，而尤側重於理性的形而上思考，從而形成了獨具特色的冷峭、肅穆的散文風格。他的作品因其內容的前衛性和形式的大膽創新而

---

11 聖福德・斯克瑞伯納・阿莫斯：《結構主義、語言和文學》，《西方學者眼中的西方現代美學》，北京大學出版社 1992 年，第 458 頁。

不易被讀者接受。事實上，林燿德並不是那種只為自己寫作的作家，作為一個有著後現代創作傾向的作家，他的創作與傳統的"真正的藝術家只為自己寫作"[12]文學觀念相距甚遠。只不過由於他更傾心於都市文學的創作實驗，其文本與讀者的閱讀經驗似乎拉開了一段距離，也因此引起了一些人的誤解。

　　與主流散文相比，林燿德的散文缺少個性和情感的流露，比較接近小說中的寓言體。但他相當一部分作品中仍保持著可讀性，尤其是成串的妙喻，形成鮮明的意象，給讀者帶來了較多的閱讀快感。如他把連接在一起的大廈說成"連體嬰兒似的"，"如兩枚暗黑色的火箭矗立夜空"；將"正義"和"愛心"比喻為"白血球"和"紅血球"在"都市的血液裡帶來防衛和活力"。又如他把都會的夜市說成是"一杯混合了各種水果和霜淇淋的大聖代"，而老婆婆的臉則"如被揉皺的稿紙般的臉"（《夜市》）。都市人是缺乏信仰的，因此他寫道："上帝在都市裡，就像草原上的一頭鯨魚。"（《城》）年邁的祖父發音模糊不清，講的又是一些陳年舊事，作者如此來加以描述："祖父那時說話總像打翻了一隻籃子，裡頭滾出一些模糊而抽象的東西，一些超過半個世紀並且向上一個世紀緩緩延伸的神奇意象，帶著泛黃易脆的色澤。"（《臨沂街十七號》）這裡有動感，有色彩，有意蘊，內涵豐富而又意象鮮明。這些比喻令人拍案叫絕。

12　W・C・布斯：《小說修辭學》，北京大學出版社 1987 年 10 月，第 101頁。

　　需要進一步指出的是，與同時期其他作家的作品相比，林燿德散文的意象構成和意象內蘊更多的呈現出後現代傾向。他往往突破常規思維模式，採用誇張、變形方式營造出怪誕的意象。"耳語"和"蝶"本是風馬牛不相及的，但作者卻抓住了它們都會"飄"的特性把二者粘連在一起："流失的耳語飄出窗口，會不會幻化成蝶呢？"（《房間》）又由於蝶與蛹的因果關係，以及蛹和房間在外觀和功能上存在著某些相似性，作者便進一步營造意象："有的房間就像是蛹，亮著不變的燈光；但是總有些改變一切的決定，化成蝶，或者永遠蟄伏。"　（《房間》）他這樣來寫快樂："快樂是一種鏈球菌，一個月下來，足夠弄死一頭公牛。"（《城》）在林燿德的筆下，"火"是有思想，有生命，會說話，喜歡遊戲的："火在木棒上不安穩地佇立；在香頭輕輕地呼喚；在失火農舍的窗櫺上持續著它的思考；在森林裡漫無節制地玩耍嬉戲，一面咳嗽，一面從這個枝頭跳到另一個枝頭。火是哲學中所謂的普遍者，化身無數，並存世間。"（《火》）意象構造的這一情狀使林燿德散文表現出鮮明的感性和知性互相融會的特點。

　　綜上所述，林燿德的散文在台灣當代文學史上有著重要的地位。林燿德以感知性互滲而偏於理性的形而上筆法，深刻地呈現了現代都市人的生存狀態，表現了自我與環境的異化過程中都市人的精神焦慮。林燿德以鮮明的現代意識對都市神話給予大膽質疑，對傳統的價值觀念進行解構，對先前的諸多思想觀念進行了顛覆與整合，由此顯示出鮮明的後現

代主義傾向。他以令人震驚、直逼內心的藝術表現，顯示出
新生代作家可貴的創作理性。時空的廣闊性、感應的敏銳性
和強烈的實驗性，是林燿德散文鮮明的風格。這些富於前衛
性的、極具開創精神的創作，將台灣都市散文推進到一個新
的天地。

席慕蓉散文論

　　席慕蓉是當代最受讀者歡迎的大眾文學作家之一。據統計，她的第一本詩集《七里香》1981 年初版，至 1990 年已銷售 46 版，《時光九篇》1987 年出版後，至 1990 年也銷到 27 版，而《無怨的青春》1983 年出版後，在 3 年時間裡則銷至 36 版。[1]

　　席慕蓉本是位畫家，文學創作只是她的副業。席慕蓉在畫苑耕耘的同時，對文學創作有著濃厚的興趣，早在師範讀書時期便開始發表散文和詩作。她一方面用線條和色彩捕捉期待、緬懷和夢想，表現或興奮或喜悅或哀傷的情感，另一方面通過寫作來表現那些難以描繪、難以用可視的形象來傳達的事物和感受。不過，一直到 80 年代初，她的寫作才產生廣泛影響，那些"文圖並茂"的詩文以其清新、溫婉的風格贏得了廣大讀者的喜愛，除了詩集外，席慕蓉還出版了《成長的痕跡》、《畫出心中的彩虹》、《有一首歌》、《同心集》、《寫給幸福》、《寫生者》等散文集，成為詩文並稱的作家。

　　80 年代中期以後，席慕蓉的詩文作品在大陸出版，同樣受到讀者的熱烈歡迎，在出版界、文化界出現了令人矚目的

1　孟樊、林燿德主編：《流行天下》，時報文化出版公司 1992 年版，第 359 頁。

"席慕蓉現象"。

　　席慕蓉的文學創作在海峽兩岸持續走紅,這除了得益於大眾文化消費的升溫,更重要的還在於其內容和形式為讀者提供了難以替代的審美空間。

一

　　80 年代,隨著經濟的迅猛發展,台灣步入了消費社會,與此同時,台灣文學也走進了消費時代。在新的歷史條件下,傳統的文學價值觀受到質疑並進而被顛覆,取而代之的是消費的文學價值觀。受教育程度普遍提高的大眾迫切需要適合他們閱讀口味,紓解緊張情緒,娛悅身心的大眾文學作品。由作者、出版社、書商、書店、廣告、宣傳等共同組成的文化工業為滿足大眾的需求提供了可能。"席慕蓉熱"正是文化工業的成功範例。席慕蓉的詩文內容浪漫,格調溫馨,語言淺白,風格明朗,有力地拆除了先前的文學尤其是現代主義文學與大眾之間的樊籬,大大拉近了文學與讀者的距離。她不故作高深,不故弄玄虛,不充當讀者的導師,而努力以一顆平常心去貼近讀者。她說:"當我讀到一些文章,不斷用恨和譏笑的字句,來責備讀者準備的不足,並且把所有的責任都放在別人肩膀上的時候,我心裡總會有一種很深的疑惑—難道事實就真的只有這樣而已嗎?"進而反問:"詩,不應該是一種最抽象、卻又最能直指人心的語言嗎？"[2]因此，她把握現代人感情的脈動，尋求與讀者心靈的契合，在作品中呈現自己真實的靈魂。在《詩人啊！詩人！》（之二）一文中，她坦誠地寫道：

> 我們希望能夠看到一個真摯的靈魂。不管是為了要面對任何疑惑和任何方向，我們希望一個詩人首先要能夠真誠地面對自我。
>
> 我們希望他能夠對一個生命有著深沉與真確的認知，這種對自我深處的發掘，將必然會使得這個生命與其他生命的某一部分全然相同、全然相合。於是，我們讀他的詩，就彷彿在同時讀著他的生命與我們的生命，彷彿是一種內裡最誠摯與最自然的契合。
>
> 但是，這種共鳴與交融，必須是要在詩人並不自覺的狀態下自然發生的，才能使得我們這些讀者心悅誠服。若是在字裡行間有一絲造作，一絲誇張。若是讓我們感覺到了詩人在文字的後面藏有想要為自己定位的那種居心，整首詩就會馬上在我們面前頹倒下去，只剩下一些浮面和架構而已了。[3]

　　這實際上是席慕蓉的創作宣言。真誠地表現自我，熱烈抒寫人類的普遍情感，平易自然地取得與讀者的共鳴和交融，這正是席慕蓉創作努力追求的目標。 席慕蓉十分重視

2　席慕蓉：《詩人啊！詩人！》（之一），《席慕蓉精品集》（二），敦煌文藝出版社 1998 年版，第 125 頁。

3　《席慕蓉精品集》（二），敦煌文藝出版社 1998 年版，第 128 頁。

自我的感受，認為每個生命體的感受都是獨特的。她不追求大時代、大社會，而執著地抒寫"小我"。在她看來，那些埋首努力著的藝術家，"在他們一生的創作過程中，其實就是一種自我的發現與自我的追尋"。[4]在創作中發現自我、追尋自我，席慕蓉以此為出發點，開始了她的文學創作征程。

　　愛情是席慕蓉"自我"的極為重要的組成部分。"屬於我的愛是這樣美麗／我心中又怎能不充滿詩意／我的詩句像斷鏈的珍珠／雖然殘缺不齊／但是每一顆珠子／仍然柔潤如初……"（《自由》）席慕蓉熱烈地抒寫這"美麗的愛"，作品充滿著對愛的渴望和企求。作為一個永恆的文學母題，古今作家描寫過各種各樣的愛情，有的大喜，有的大悲；有的歡樂，有的痛苦；有的明朗，有的含蓄；有的熱烈，有的平淡；有的奔放，有的纏綿，形形色色，不一而足。席慕蓉筆下的愛情則以溫馨為基調，在深沉熱烈中夾雜著淡淡的憂傷。其中，《一棵開花的樹》是最為突出的一首：

> 如何讓你遇見我
> 在我最美麗的時刻　為這
> 我已在佛前　求了五百年
> 求它讓我們結一段塵緣
> 佛於是把我化作一棵樹
> 長在你必經的路旁
> 陽光下慎重地開滿了花

---

4 席慕蓉：《寫給生命》，《席慕蓉精品集》（二），敦煌文藝出版社 1998年版，第 229 頁。

　　　　朵朵都是我前世的盼望

　　　　當你走近　請你細聽
　　　　那顫抖的葉是我等待的熱情
　　　　而當你終於無視地走過
　　　　在你身後落了一地的
　　　　朋友啊　那不是花瓣
　　　　是我凋零的心

　　這首抒情名篇用獨白的口語，奇特的意象，直率地訴說隱藏的心事，表達了對愛情的熱烈祈求，感情描寫極為細膩生動。"求佛結緣""化樹開花""失意凋零"，這寫出了愛情的全過程。詩人將抽象的愛情立體化，產生了扣人心弦的藝術效果。

　　如果說席慕蓉在詩中抒寫的愛情帶著較多的憂鬱和感傷的話，那麼她散文中呈現的愛情則充滿著甜蜜和喜悅。在現實生活中，席慕蓉愛情幸福，婚姻美滿，她與劉海北的婚戀被台灣文壇傳為佳話。劉海北對她極為體貼、寵愛，給她的生活打開了"一扇美麗而光亮的窗戶"。席慕蓉對自己擁有的這一切十分珍惜，她的散文中隨處流露出一種滿足感、幸福感，表現了融融的愛意和甜蜜。《槭樹下的家》寫一個夏日的清晨，她躺在床上聽窗外小鳥的鳴叫和孩子們的歡唱，這時丈夫出來干涉："小聲一點！你媽媽還在睡覺。"丈夫的關懷、體貼使她的心裡充滿溫暖。她幸福地微笑著，"把臉貼近他的枕頭，呼吸著我最熟悉的氣息，枕頭套的布料細而光滑，觸到我的臉頰上有一種很舒服的涼意。這是我的家，我的親人，我熱烈地愛著的生命和生活。"

這是一種幾乎可以聽到、看到和觸摸到的幸福，它給作品點染上溫馨的暖色。自然，它純粹是屬於"小我"的，但其中蘊含著的對美好生活的嚮往則是人類共有的情感。至於《同心集》，則更是她與劉海北愛情的結晶。這是他們的夫婦合作而成的散文集，是在相互間心靈的呼喚中誕生的寧馨兒。

除了愛情，親情也是席慕蓉作品的重要主題。她從小生長在親人的關愛中，因此懷著知足感恩的心情來抒寫對親人的深摯感情。外婆是席慕蓉精神世界裡最感親近的人，她寫了不少散文懷念外婆，懷念之中充滿感激。《舊日的故事》寫外婆講述的故鄉河流的故事，寫外婆在香港對她的照料；《我的記憶》寫外婆對她的百般呵愛；《外婆與鞋》更把對外婆的感情融注在一雙極普通的鞋上，細膩入微地將鞋作為連接感情的紐帶。席慕蓉撿拾起舊時那非常溫柔的記憶，寫到每當把這雙鞋穿髒以後，慈愛的外婆便用她那溫暖而多皺的手一次次把它們洗乾淨，曬好，放在床前。她穿了以後便有一種特別溫暖和舒適的感受。以至於現在鞋早破舊了，顏色由淺藍變成淺灰了，仍捨不得扔掉，因為上面還有外婆的餘溫："每次接觸到它灰舊的表面時，便彷彿也接觸到曾洗過它的外婆的溫暖而多皺的手。便會想起在夕陽下的園中小徑，和外婆在客廳紗門後面的笑容。那麼遙遠，那麼溫柔，而又那麼肯定地一去不返。"《想您，在夏日午後》寫的則是對母親的思念，母女之間的深厚感情溢於言表。作者身在歐洲，遠離母親，她想像著在這夏日的午後，母親"正抬頭看牆上那一張我前年寄回去的油畫，畫上那一小片藍天，那一小朵白白的雲"；而那正是台灣家後長著相思樹的山坡上的那一朵。作者以雲為象徵物，傾訴對母親的感情："我就靠著那一小朵白白的雲彩，度過了那最難受的一段想家的日子。"她熱切地呼喚著："媽媽，我很想您，我很想回家。想家後那青青的山坡，那一小朵白白的雲又出現了，在這夏日的午後，飛過山坡，飛過大海，又飛到您女兒的心中了。"此外，《悲歡之歌》、《姊姊的歌聲》等寫姐妹深情，《愛的絮語》、《主婦生涯》、《母子》、《劉家炸醬麵》等篇寫的則是對兒女的母愛和小家庭中的親情。

席慕蓉的作品還抒寫了濃重的鄉愁情結。作為蒙古族後人，席慕蓉全身奔騰著的是這個古老遊牧民族的血脈。儘管直到知天命之年才有機會踏上那片陌生而熟悉的原鄉故土，但由於自幼時起便常聽家人講述故鄉和先人的故事，因此故鄉早已成為她精神的寄託。她寫了不少抒寫鄉情、鄉愁的作品，其中，詩歌有《鄉愁》、《長城謠》、《出塞曲》、《隱痛》、《命運》等，而散文則有《渴望》、《沒有見過的故鄉》、《飄蓬》、《夜渡戈壁》、《風裡的哈達》、《在那遙遠的地方》、《父母教我的歌》、《禮物》等。在台灣當代文學中，鄉愁本是最常見的主題之一。台灣長期孤懸海外，生活在那裡的同胞久經國破家亡之痛，代代相傳著對原鄉故土的嚮往。到 1949年，更有 200 萬大陸人背井離鄉，來到台灣。他們與親朋生離死別，夢想著能夠重返故鄉，普遍患了"懷鄉病"。鄉愁文學便應運而生。梁實秋的《雅舍懷舊》，梁容若的《塞外的春天》，林海音的《城南舊事》，聶華苓的《失去的金鈴子》，郭楓的《老家的樹》，琦君的《紅紗燈》，王鼎鈞的《左心房漩渦》，張拓蕪的《坐對一山愁》，張曉風的《愁鄉石》，等等，都是產生了較大影響的鄉愁文學作品。而余光中的那首題為《鄉愁》的短詩，因為道出了廣大台灣同胞的共同心聲，而被廣為傳誦。與上述作家相比，從小未曾在故鄉生活過的席慕蓉的鄉愁則附著於想像中的世界，帶有更多的詩意和浪漫情調。她也寫過一首題為《鄉愁》的詩：“故鄉的歌是一支清遠的笛/總是在有月亮的晚上響起//故鄉的面貌卻是一種模糊的悵惘/彷彿霧裡的揮手別離//離別後/鄉愁是一棵沒有年輪的樹/永不老去”這首詩鮮明生動地傳達了明月寄相思、短笛傳鄉情的主題。儘管故鄉對詩人而言如身處“霧裡”，只有“模糊”的感覺，但遠方的遊子一直懷念著故鄉，心裡深處始終留存著一塊聖潔、美好的天地，因而它“沒有年輪”，“永不會老”。詩人將月下思舊、笛中懷鄉的傳統情懷進行了現代闡釋。

　　席慕蓉的鄉愁意識強烈而又濃重，並深厚地沉澱在心靈深處成為精神世界的一部分。《渴望》寫在盧森堡蜜月旅行，嬉戲在綠草如茵的山坡上，丈夫的一句話便觸發了她埋於心底的鄉情，她感到“那傍晚青草的幽香”，是“只有在長城外的黃昏裡才有的幽香啊”，“只要一閉眼，就彷彿看見那蒼蒼茫茫的大漠，聽見所有的河流從天山流下”。《飄蓬》從四個側面來狀寫飄泊的無奈和失根的悲涼。身為蒙古族人卻不會說蒙語更不會唱蒙古歌謠；多想聽父親再講講故鄉的往事，心頭苦澀的父親卻不願再觸及這“隱痛”；父親的一聲

"這多像我的老家的草香啊！多少年沒聞過這種味道了"的歎息，在她心中襲過一陣極深的悲涼，以至於好幾年後也難以忘懷，終於化為一首《出塞曲》詩；別人的"牧羊女"筆名更撩撥起她的戀鄉情結和浪漫情懷，她覺得自己才真正是"牧羊女"："心裡一直有一幅畫面：我穿著鮮紅的裙子，從山坡上唱著歌走下來，白色的羊群隨著我溫順地走過草原，在草原的盡頭，是那一層又一層的紫色山脈"。

二

在《席慕蓉精品集》的《自序》裡，席慕蓉說："我一直相信，生命的本相，不在表層，而是在極深極深的內裡。它不常顯露，是很難用語言文字去清楚形容的質素，我們只能偶爾透過直覺去感知它的存在，像是從靈魂深處隱約傳來的呼喚。"謳歌愛情，讚美青春，表現親情，抒寫鄉愁，這些是席慕蓉創作內容的重要方面，但並非全部。其另一個重要方面是對生命本相的探索和領悟。如果說前一個方面顯示了作家的情感趨向和特徵的話，那麼後一個方面則表現了作家的理性思考力和清醒的生命意識。席慕蓉努力發掘那在"極深極深的內裡"的"生命的本相"，不懈地探尋人生的奧義。她的作品具有較為豐富的人生意蘊。

生命是極為繁複的現象，永遠索解不盡，席慕蓉常感到很矛盾："生命本身就是一個無法解答的謎。……我不能說生命不甜，我不能說生命不美，但是就是因為它的甜蜜和美麗，才使我心中充滿了憂傷。"[5]《花事》中描寫了一種叫羊蹄甲的花，花開時，整棵樹遠看像是籠罩著一層粉色的煙霧，總讓人覺得難以看清，近觀時，那一朵朵細緻如蘭花的花朵卻又完全是另一種樣子了，因此這種花很難畫好，近也不行遠也不行。作者由此生發感慨："在整個人生的長路上，不是都開著像羊蹄甲一樣迷迷朦朦的花樹嗎？往前看過去的時候，總是看不真切，總是覺得籠罩著一層縹緲的煙霧，等到真的走到樹下了，卻又只能看到一朵一朵與遠看時完全不同的單薄細潤的花朵。只要稍微遲疑，風就吹過來，把它們一瓣一瓣地吹散……"[6]這篇散文以羊蹄甲作譬，來說明人生的難以把握，頗為新穎，且富有哲理。《荷葉》也由對自然的發現昇華為對人生的領悟，表現迷惘的心情。缸裡的荷葉有的又肥又大，有的則細細弱弱，那些長得好的葉子必定是出水面長到某個高度才肯打開的葉子，而那些細弱的葉子則是在很小的時候就過早打開了的。作者寫道："太早的炫耀、太急切的追求，雖可在眼前給我們一種陶醉的幻境，但是，沒有根柢的陶醉畢竟也只能是短促的幻境而已"。然而，時機到底該如何把握呢？作者感到困惑："哪一個時刻才是我應該儘量舒展我一生懷抱的時刻呢？怎麼樣才能感覺到那極高極高處陽光的呼喚呢？"《霧裡》更採用象徵手法來表現人生道路上的矛盾和彷徨。那無邊無際遼闊深遠的霧的世界緊緊包圍著"我"，除了自己眼前的小小角落，對於其他的，

---

5 席慕蓉：《謎題》，《席慕蓉精品集》（一），敦煌文藝出版社 1998 年版，第 108 頁。
6 《席慕蓉精品集》（一），敦煌文藝出版社 1998 年版，第 157 頁。

"我"只能隱約感到一些模糊的輪廓。"在我的一生裡，也許永遠都沖不破這層濃霧"；"我並不清楚我在做的是什麼，可是，我又隱約地覺得，我想要做的是什麼"。當發現"真正的我竟然是藏在這些陌生的形象裡面"，"我"不禁流下了淚水。這種自我的失落和自我的尋找的矛盾正道出了現代人真實的人生處境。

對人生矛盾的深思感悟使席慕蓉的作品在思想內容上有了一定的深度。她是坦誠的，不迴避矛盾，不偽飾自己，那一聲聲來自靈魂深處的呼喚傳達出作者對快樂人生的嚮往，對真正自我的追尋。在《星期天的早上》一文裡，作者把對真正自我的尋找過程極為形象地比擬為剝菜心。包心菜的葉子一片片被剝開，一層比一層白，一層比一層脆嫩，一層比一層光潔，作者突然悟到"我也正一層一層地將我自己剝開"。於是她想知道，"到底哪一層才是真正的我"：

> 是那個快快樂樂地做著妻子，做著母親的婦人嗎？還是那個謹謹慎慎地做著學生，做著老師的女子呢？
> 是那個在畫室裡一筆一筆地畫著油畫的婦人嗎？還是那個燈下一個字一個字地記著日記的女子呢？
> 是那個暮色裡，手抱著一束百合，會無端地淚落如雨的婦人嗎？還是那一個獨自騎著車，在迂迴的山路上，微笑地追著月亮走的女子呢？
> 我到底是一個什麼樣的人？到底哪個我才是真正的我？

菜葉剝到最後，只剩下一個小小的嫩而多汁的菜心，一個赤裸裸的自我也終於被立體地呈現出來。

　　在追尋生命意義的過程中，席慕蓉漸漸形成了圓融通脫的人生態度。她達觀地面對人生矛盾，以超然的姿態況味生活的滋味。《一個春日的下午》表現了對"得"與"失"、"有限"與"無限"的深長思索。"我"在五歲的時候，拋棄了一塊"乳黃色裡帶著一種透明的光澤"的小石頭，從此"小石頭情結"便深埋心中，多年過去，儘管見過不少石頭，家裡也收藏著許多美麗的或奇怪的礦石，但卻沒有一顆可以替代或讓"我"忘記丟失的那一顆。那顆由於自己的過錯而被拋棄了的原本並不足為奇的石頭，成了心中的寶石，"我"進而想到："當年的我若是能在那個傍晚找回那顆石頭，在小小的五歲孩童的手中又能保留多久呢？還不是也會和那些早已被我毀壞被丟棄的童年時的玩具一樣，徹徹底底地從我的記憶裡消失，一絲痕跡也不會留下來的嗎？"但就是因為想找而未能把它找回來，"它因此反而始終不會消失，始終停留在我的心裡，變成了我心中最深處的一種模糊的憾恨，而它的形象也因為這一種憾恨的襯托反而變得更為清晰與美麗了"。"得"與"失"在這裡奇妙地獲得了辯證的統一："得"未必不是"失"，"失"未必不是另一種"得"。作者由此想到"離別"。人們通常把離別歸入悲愁和苦澀那一類裡面，有道是自古多情傷別離，然而，"如果在離別之後，一切的記憶反而更形清晰，所有在相聚時被忽略了的細節也都一一想起，並且在心裡反覆地溫習。你所說的每一句話在回溯時都有了一層更深的含意，每一段景物的變化在回首之時也都有了一層更溫柔的光澤"，那麼，"離別又有什麼不好呢？"確實，若能這樣豁達地想開去，離別中自然色孕著甜蜜的溫柔。同樣的，"有限"與"無限"也是辯證統一的。當"我"站在長滿了芒草的高高山坡上俯瞰近處的淡水和遠處的海峽時，鬱綠的河水和閃著金光的海水那麼迷人，每一根線條每一種顏色都讓"我"心動，"我"抗拒不了誘惑，"一定要把它畫下來"。然而，等"我"手忙腳亂畫起來的時候，卻感到無能為力，根本無法將如此美景搬到畫面上來，"我"認識到："原來畫了二十多年的我，也不過是一個有限的人而已，原來，這世間有多少無限是我永遠無法得到，也無法把握住的啊！"與大自然的無限相比，人實在是太有限了，"一切我所能得到的，我所能擁有的，在我得到和擁有的那一剎那裡，都終於只能成為一種有限的幸福與快樂而已。"然而，作者並不因此悲傷，她要將有限的生命匯入無限的追求之中，做一個現代的"西緒福斯"：那一切不能得到不能擁有的，"在我整整的一生中，不斷地引誘著我，引誘著我去追求、去探索、去走上那一條永遠無法到達也無法終止的長長的路。"這裡充分表現出積極樂觀的人生態度。

《生命的滋味》對生命的意義也作了富有哲理性的闡釋。生命裡充滿了大大小小的爭奪，有的為快樂，有的為自由，有的為財富，有的為權力，不一而足。"我"自然不能免俗，也急於想得到自己應該可以得到的東西，但現在終於明白："我以為我爭奪到的也就是我拱手讓出的，我以為我從此得到的其實就是我從此失去的。"由此她形成了新的價值觀：原來認為很重要的事情竟然不再那麼重要的了，而一直被自己有意忽略了的則不斷前來呼喚，如草葉間的風聲，海洋起伏的呼吸，以及那一地的月光。這種對生活的感恩和知足流露出老莊哲學的情懷。它與蘇東坡在《前赤壁賦》裡所表達的超然物外的人生觀是一脈相承的：「且夫天地之間，物各有主，苟非吾之所有，雖一毫而莫取。唯江上之清風，與山間的明月，耳得之而為聲，目遇之而成色；取之無盡，用之不竭，是造物者之無盡藏也，而吾與子之所共適。」《中年的心情》則更為細膩生動地抒寫了一種既複雜而又單純，既悲傷而又歡喜，既無奈而又無怨的中年的心情。作者以富有詩意的語言表達了人生長路上選擇的無奈——在人生的轉折關頭，無論選擇哪一個方向，總是有一個方向與之相背：「此刻，在我置身的這條路上，和風麗日，滿目蒼翠，而我相信，我在當初若是選擇了另外一個方向，也必然是有同樣的陽光，同樣的鳥語花香。只是，就因為在那一個分歧點上，我只能選擇一條被安排好的路，所以，越走越遠以後，每次回顧，就都會有一種莫名的悵惘。」然而，中年的心情是由不得隨意後悔的，她告訴自己：「要瞭解世間美麗與珍奇的無限，要安靜，要知足，要從容，要不後悔我所有的抉擇，所有的分離和割捨。」她要以全心與全力來等待和經營那些即將來臨的，還來得及把握的時刻，「無怨也無尤，只保有一個單純的希望」。在這些作品中，席慕蓉擺脫了尖銳矛盾的困擾，彌合了得與失、成功與失敗的界線，把痛苦昇華為永恆的歡樂，步入了繁富而美麗的人生境界。她透過複雜的人生頑強地尋找生命的意義，表現了一個熱愛生活的作家對真、善、美的不懈追求。

　　席慕蓉還有一些作品突破了人生的層面而進入社會的層面，具有較強的現實感和社會感。《成見》寫在布魯塞爾讀書時，有一家外國公司以豐厚的報酬來找中國留學生在晚會上扮中國苦力：戴長辮子假髮，貼八字鬍，穿清式服裝，並且自始至終要彎腰屈膝，不可抬頭。這件事深深刺激了作者。她為西方人對中國人的偏見而氣憤，並將這與中國一百多年來所受的屈辱聯繫起來，表現出強烈的民族尊嚴。《同胞》寫作者十六歲時在雜誌上偶然看到一張相片：“一個張大著嘴在號啕的婦人跪在地上，看樣子還很年輕，後面站著一些持刀或是持槍的人，婦人的前面有個很大的土坑”，相片下有說明：“南京大屠殺，日軍活埋民眾”，頓時全身的血液都凝固成冰，緊接著便狂亂地奔流，於是在那個本來只是關心功課、郊遊和新裙子的年齡，心裡便有了一份沉重的感覺，她將自己與整個國家的命運聯繫在了一起：“從那一刻以後，相片上婦人悲苦惶懼的面孔和整個中國的命運一齊刺進了她的心裡，從此再也無法拔起，無法消除，無法忘記。”《憂天三問》涉及的是“保持水土”“保護環境”的現實問題。在林木蒼鬱的山區，整座山林在很短的時間裡被砍伐殆盡，鋼筋和水泥佔據了整個山頭，然而兩三年過去，在紅土的山坡上，只有幾十幢沒門沒窗也沒有屋頂的水泥空架子豎在那裡──別墅終究沒有蓋起來；在如此偏僻的地方，即使蓋好了恐怕也不會有人住的。面對被破壞了的自然風景，作者忍不住責問：“我們原來的山林呢？我們原來那個樸實自然沒有白日夢的世界，他們是不是應該歸還給我們呢？”《婦人之見》則由呼籲保護環境轉向呼籲保護文化。儘管滿大街貼著標語："我們要復興中華文化"，"要建設成一個文化社會"，然而藝術在哪裡？文化又要從什麼地方來復興和建設呢？作者由此展開議論，對不重視真正的藝術、破壞文化的現實社會進行了批評，對那些帶領人們進入一種極美的精神境界的前輩藝術家表示崇敬和感激。"我們可以蓋很多'漂亮'的建築，可以在很多大門上掛上牌子，叫這個做'文化中心'，叫那個做'藝術中心'，而在作者看來，真正的藝術中心是每一個孜孜不倦地畫了五六十年的老畫家的畫室，在那裡，"藝術並不只是掛在牆上的作品而已，並不只是一種單純的色面與光影的組合"，"藝術是一種可以觸摸、可以感覺、可以學習、可以超越、可以實實在在地改變一個年輕人的心胸與氣質、可以崇敬可以感激並且可以輕聲向他道謝的實體"；而"國寶"也不應只是"那些放在故宮博物院玻璃櫥櫃裡的沒有生命的物質"，而更應是那些健在的老藝術家。《自由的靈魂》則表現了對少數民族文化的關懷和敬重。世代居住在阿里山的鄒族人"應著天神的啟示，以歌聲踐約，與天地對話"，一年一度舉辦展示偉大生命力的"凱旋祭"，高歌狂舞三天三夜。然而，當局以"破除迷信"為由在六十年代終止了這一祭典。數百年的傳統忽然斷絕，五千鄒族人的心中充滿了"斷了香火"的文化上的痛苦。作者沉重地思考著：

> 其實，民族與民族、文化與文化之間，所需要的，不過僅僅只是一種彼此的敬重而已。但是，這樣簡單的心態與行為，為什麼漢族周圍的其他民族卻始終無法

求諸於漢族的本體，始終得不到平等的對待？

難道關鍵真的就在於"多數"與"少數"的差別？

難道"多數"的族群真的相信"多數"就是唯一與全部？

是什麼樣的日積月累的教育，讓漢族的人習慣於保有如此固定的概念？

在平常的日子裡，在台灣這座島嶼上，如果是以一個漢人來對待一個其他民族的人，延續此交往的心態應該是完全平等的，甚至還可以互相欣賞，成為終生的好友。

但是，奇怪的是，為什麼當這個漢人融入了他背後的族群，以多數與少數來決定行止的時候，就會在忽然間變成了一個武斷與專橫的整體，毫不留情地造成了對周圍其他民族的傷害？

作者更進一步嚴肅地指出這種文化壓迫的實質：

是從政治或者宗教出發，若是有一個族群處心積慮地要將他種的文化加以撲滅與同化，其實卻也正是對自己文化的傷害與謀殺。[7]

由上述這些作品可以看出，席慕蓉並不是有些人所謂的"純情詩人""純情作家"。她的創作題材較為廣泛，且相

---

7 《席慕蓉精品集》（一），敦煌文藝出版社 1998 年版，第 259－261 頁。

當多的作品有著較為豐富的人生意蘊和較強的現實意義。她的創作有一個由 "小我" 逐漸向 "大我" 拓展的過程，早期作品較多地咀嚼一己的悲歡，而在中後期的作品中則顯現出明顯的對現實人生和社會生活的關懷，從而成為一個為大眾熱烈歌唱的抒情歌手。

<h2 style="text-align:center">三</h2>

從本質上說，席慕蓉是一個詩人。她的詩固然意象鮮明，情愫濃重，感觸細膩，她的散文也有著詩的感覺和意象，風格清麗抒情，文字富於表現力，是詩人的散文。

席慕蓉的創作具有濃郁的抒情風格。她寫無怨的青春和無瑕的愛情，寫少女的故事和中年的心情，寫親人的世界和成長的痕跡，真誠坦率地寫出了 "真我" 的情懷。正如台灣詩人瘂弦評論的那樣： "她的題材雖然呈多樣性，卻統攝在一個基調之中，充滿溫馨同情，是一個愛者的世界。"[8]她敢於說真話，抒真情，不隱瞞、不做作地把自己的悲歡哀樂向讀者娓娓訴說，甜蜜中帶著感傷，憂鬱中帶著喜悅，呈現出田園牧歌式的情調。她常由一花一草、一景一物揮灑想像，在自然隨意的抒寫中營造情景交融的藝術境界。

在抒情方式的選擇上，席慕蓉偏愛 "回顧式"。她說：

> 我是一個喜歡 "回顧" 的人。
>
> 走在山林裡，喜歡回頭，總覺得風景在來的路上特別

---

8 瘂弦：《有一首歌・序》，花城出版社 1997 年版，第 3 頁。

好看。開車的時候，愛看後望鏡，覺得鏡裡的景色另
有一種蒼茫之感。而在人生的道路上，每一個轉折，
每一次變換，都會使我無限依戀，頻頻回顧。
我喜歡回顧，是因為我不喜歡忘記。我總認為，在世
間，有些人、有些事、有些時刻似乎都有一種特定的
安排，在當時也許不覺得，但是在以後回想起來，卻
都有一種深意。我有過許多美麗的時刻，實在捨不得
將它們忘記。[9]

回首往昔，席慕蓉有一種明顯的感恩心理。她對於人生
道路上經歷的"每一個轉折"、"每一次變換"無限依戀，
因此才"頻頻回顧"。而在回顧的過程中，由於時間距離的
作用，過去的一切便顯得更加溫馨、美麗。事實上，她筆下
的生活是充分藝術化了的生活，包含著作者對人生的解釋，
它與過去的現實生活有著較大的差距。席慕蓉在散文中常常
藉由回顧的方式擴大作品的內涵，深化主題。《有一首歌》由
童年時學的一首兒歌開篇，抒寫幾十年的歷史滄桑。作者不
到五歲便進了南京一所小學讀一年級，當時"什麼都不會，
卻學會了一首老師教的歌"。歌詞內容為：

一二三四五六七，
我的朋友在哪裡？
在上海，在南京，
我的朋友在這裡。

---

9 席慕蓉:《回顧所來徑》,《席慕蓉精品集》(二),敦煌文藝出版社 1998
年版,第 29－30 頁。

在以後的多少年裡，這首歌與＂教室裡地板上溫暖的陽光，和窗外對著我微笑的外婆的笑容＂一起，融進心靈深處，成為永恆的美好記憶。後來有一天，她在新竹上幼稚園的三歲多的女兒回到家中唱了一首新歌：

> 一二三四五六七，
> 我的朋友在哪裡？
> 在台北，在新竹，
> 我的朋友在這裡。

　　聽著女兒那稚嫩的童音，＂刹那之間，幾十年來家園的憂患，所有的流浪，所有的辛酸都從我心中翻騰而出，我幾乎要失聲驚呼了＂，＂我一個人站在屋子的中間，發現熱淚已流得滿臉＂。女兒的歌聲勾起了她沉潛的記憶，尤其是原來歌詞中的上海、南京改成台北、新竹，更興起她的家國之思，幾十年家國、數萬里山河便突破時空的限制奔湧而至，歷史滄桑感油然而生。作者由此還寫到自己＂心裡最深最柔軟的一個角落＂一直有一首歌，＂我說不出它的名字，我也唱不全它的曲調＂，但每當特定的情景出現，那個緩慢而又熟悉的曲調便會悄然而至。那是一首只屬於流浪者的歌，是一種源自於血脈中的遊牧民族的基因而產生的對遙遠草原的渴盼和呼喚。作者在無拘無束的＂回顧＂中自由出入記憶的世界，靈活抒寫昨天的故事，今日的情懷。

　　席慕蓉散文的意象單純而又鮮明。在意象的營造上，她對富有傳統意蘊的意象情有獨鍾。借助於那些靈動著民族文化情韻的象徵意象，席慕蓉抒發了她對青春、愛情、理想、生命的嚮往與追求。

在中國文學中，"荷"（蓮）是一個深具古典情韻的意象。從古代《採蓮賦》、《西洲曲》、《愛蓮說》，到朱自清的《荷塘月色》，再到余光中的《蓮戀蓮》、《鬼雨》、洛夫的《一朵午荷》，"荷"（蓮）作為有人性有靈性的植物，受到歷代文人的讚頌。在席慕蓉看來，荷是生命的象徵，青春的象徵："蓮房藏著蓮子，蓮子之中又藏著蓮房。整片荷田，整個夏季，一切的紛紛擾擾都是為著這一場孕育。……荷的亭亭，荷的嬌美，荷的芳馥，都只是為了一個目的——生命的延續。"[10]因此，她常常借助於荷的意象來謳歌青春和生命，寫下了諸多關於荷的篇章。《池畔》中的"我"是一個酷愛畫荷的女孩，她背著畫具來到荷池前，想畫盡這千株的荷，但她每次到來，都是近午的時候，而這時荷的最美的時刻已經過去。強烈陽光一來，"開得再好的荷也會慢慢攏起來，不肯打開了。等到第二天清晨，重新展開的花瓣，無論怎樣努力，也不能再像第一次開放時那樣的飽滿，那樣充滿了生命的活力，那樣肆無忌憚了"，到第三天，等待它們的便是枯萎而死的命運。但女孩並不甘心，非要把千朵萬朵荷花都看遍，去尋找"那一朵從清晨就開始在等待著我的荷"，不肯與它錯過。她知道如果不作這番努力，自己錯過的"將不只是一個清晨而已，我還錯過了一個長長的下午，錯過了一個溫柔而又無怨的靈魂整整的一生了"。而在尋找過程中，"我也真的常會在奇蹟一般的時刻裡，與它相遇"。作品充

10　席慕蓉：《荷田手記》（之二），《席慕蓉精品集》（二），敦煌文藝出版
　　社 1998 年版，第 146 頁。

分表現了對生命及青春最美麗時刻的追尋，作者渴望在漫漫人生長路上如荷花盛開般有完美的時光。《荷田手記(之一)》裡，作者為了欣賞日出時荷的明豔動人不可逼視的剎那，特地在黎明前驅車十幾公里趕往郊外的荷田。她靜靜地等待著，終於，"在那日出的瞬間，水色幾乎就是燦然的光，讓一叢叢的蓮枝荷葉都成了深色的剪影，彷彿是刀刻出來的黑白分別。而在這之間，只有落單的荷花，花瓣在逆光處雖然薄如蟬翼，卻還能帶著一點透明的粉紫，既是真實又如幻象，讓人無法逼視。"此時此刻，她的靈魂與荷獲得了契合，"心中空無一物，卻又滿滿地感覺到了那所謂'美'的極致"。從荷的身上，她領悟到了一種高遠的美學風範，而這種美學風範又正是充滿活力的詩意人生的寫照。唯其如此，席慕蓉才會在那個刮著狂風的夏夜給自己所敬仰的久病的老教授送去一缸心愛的荷花。那缸荷花陪伴著老教授度過了生命最後的日子，它那亭亭的風姿和淡淡的清香給了老教授難能可貴的心靈慰藉。席慕蓉在那篇《夏夜的記憶》中寫道："在那個夏天的夜晚，她那樣全心全意地護持著一朵荷，除了是為著自己所敬愛的長者之外，恐怕還有那不自知的一部分 ── 是面對死亡、面對那就在前方任何人都無法躲避那巨大而又黑暗的帷幕時所激起的反抗與不甘罷。"在這裡，荷成為獨立蒼茫、卓爾不群的生命風範。

　　除了"荷"（蓮），"百合"也是席慕蓉詩文的重要意象。如果說荷是青春的象徵，生命的象徵，那麼百合在席慕蓉創作中則是理想的象徵。她說："當我面對著一個充滿了理想的可敬的朋友、一個有著豐沛才情卻拙於世故的藝術家、或者是面對著一個有著無限憧憬與熱情的年輕學生時，我就會一如面對著一朵百合花。"[11]因此，別人只要一提到理想，她就會首先想到那潔白無邪的百合花。在《意象的暗記》中，作者說人生在世，每個人都在為實現自己的理想苦苦奮鬥，或與自我或與社會爭戰，一如那在山坡上獨自頑強開放著的孤單而又潔白的百合花。她嚮往百合花在野地裡盛開所顯示出的蓬勃生機和活力，那種不事炫耀、淡泊名利的風格。正如《山百合》裡所寫的："與人無爭　靜靜地開放／一朵芬芳的山百合／靜靜地開放在我的心裡"。儘管沒有人知道它的存在，儘管孤獨，但它仍恣意開放著，以一季的潔白顯示了生命的價值。在《習題》中，詩人由野生的山百合寫到種植的百合，"在園裡種下百合／我在心裡種下一首歌／這樣就可以／重複地溫習"。詩人所種下的豈只僅僅是百合，而分明是理想和希望，心中的這首歌正是理想和希望之歌。它需要重複地溫習，"用一生來學會"。這百合是屬於大地的，無論是山野還是庭院，都有它附屬的一片土地。理想也是這樣，它需要腳踏實地，那種好高騖遠、空中樓閣式的理想是沒有生命力的，一旦脫離了實際，便會如離開了泥土的瓶插的百合，失去生命力。《鏡前》便借助於"瓶插的百合"的意象表現了"微微追悔"的心情。

　　曇花也是席慕蓉寫得較多的意象。曇花輕柔潤潔，花香襲人，但花期甚短，總在夜裡開放。席慕蓉通過曇花的意象說明生命短暫，時間易逝，表達珍惜青春、生命寶貴的主

---

11 席慕蓉：《意象的暗記》，《席慕蓉精品集》（二），敦煌文藝出版社 1998年版，第 89－90 頁。

題。在《月色兩章》中，作者更滿懷熱情地讚美曇花，讚美它有一種不顧一切向外綻放的狂野的力量，讚美它"明明知道只有一夜的生命，明明知道千里方圓都沒有人煙，明明知道無論花開花落都只是一場寂寞的演出，卻仍然願意傾盡全力來演好這一生。"

席慕蓉集畫家、詩人、散文家於一身，她的作品富有詩情畫意。她的散文語言真摯樸實而又潔淨雅麗，既有畫的匠心又有詩的意境，"在淺白的訴說裡，可以見出她的真淳，具有冲淡型散文的特點"。[12]

在語言表達方式上，席慕蓉擅長運用反覆的手法。她常常把一句話或一個詞反覆地說，而每次包涵不同的感情或表示不同的意義。例如《一個春日的下午》：

> 而今夜，孩子都睡熟了以後，在我的畫室裡，在燈下，我重新拿出那張畫來觀看，忽然之間，我的心裡有些什麼開始甦醒起來了。
>
> 是啊！我怎麼一直沒有發覺呢？我怎麼一直不能看清楚呢？
>
> 我怎麼一直都不知道呢？
>
> 我一直沒能知道，世間所有的事物在最初時原來都並沒有分別，造成它們以後的分別的，只是我們自己不同的命運而已。

---

12 瘂弦：《有一首歌·序》，花城出版社 1997 年版，第 3 頁。

　　作者在“是啊”後面一連用了四個“一直”，這四個句子意思基本相同，但用詞、語氣有所變化，對“世間所有的事物在最初時原來都並沒有分別⋯⋯”這一個長句起到了充分強調的作用，且形成了抑揚頓挫的節奏，具有一詠三歎的藝術效果。再看該篇接下來的一段文字：

> 是不是這樣？生命是不是就只是一種不斷的反覆而已呢？
>
> 有誰能告訴我？
>
> 有誰？有誰能為我試去那反覆流下的淚水？為我清除那反覆出現的悲傷？
>
> 為什麼我昨天錯了，今天又會再錯？為什麼我一定要一次一次地自己去試、自己去問、自己去碰？然後才能逐漸而緩慢地知道該怎樣地去面對、去生活？

　　這裡用了一連串疑問句，語義層層推進，不斷強化，語氣急迫熱烈，不容讀者細細品味，而把讀者引入富有感染力的人生境界。台灣散文家王鼎鈞很推崇這種反覆的表現手法，並稱之為“反覆回增法”，他認為：“‘說了再說’容易，要人家聽了不嫌重複並不容易，要產生‘一唱三歎，繞梁不絕’的效果更是很難，可以說，我對散文中的‘反覆回增’最敏感，最有興味，也最希望有人能成功地加以運用。”[13]

13　王鼎鈞：《有書如歌》，楊光治《溫馨的愛》，花城出版社 1998 年版，第 247－248 頁。

三毛散文論

　　1974年6月6日，一篇寄自遙遠的撒哈拉沙漠作者署名"三毛"的作品在台北《聯合報》副刊上悄然出現。此時，恐怕無論是報紙編輯還是作者本人都不會想到，由這篇《沙漠中的飯店》而開始引發的"三毛熱"會在海內外讀者中迅速蔓延開來，形成一個頗發人深省的文學乃至文化現象。

一

　　三毛的創作並不始於《沙漠中的飯店》。早在十餘年前，她已步入文壇。只不過，那時還不叫三毛。

　　三毛原名陳平，祖籍浙江定海，1943年3月26日出生於重慶。1949年隨父母移居台灣。1957年在台北第一女子中學讀至初中二年級休學。在此後的7年時間裡，她自習唐詩宋詞、英文小說，閱讀大量古今文學名著，並隨名師學習繪畫、彈琴。1963年進入中國文化學院成為哲學系旁聽生。三年級時因情感受挫去西班牙，此後相繼在西班牙、德國和美國等國遊學。1971年返回台灣，在文化大學任教。1973年再度赴西班牙，隨即與荷西在撒哈拉沙漠結婚。1979年荷西潛水喪生。1982年三毛回台定居，任文化大學中文系副教授。1991年1

月3日在台北榮民總醫院自縊身亡。

上述這份簡要的經歷自然難以全面概括三毛大起大落、坎坷不平的一生，也無法具體透露其豐富複雜的內心世界和情感歷程，更不能立體呈現其一生的榮辱成敗。但從這份簡歷中可以捕捉到三毛命運的幾個重要轉捩點，尋找到三毛神話形成的基本路向。

三毛最初的創作開始於她剛剛經歷的人生雨季。初二時數學老師的斥責和侮辱在她稚嫩的心靈上留下了極深的創痕。她把自己封閉起來，囿於自設的精神囚牢，甚至與父母親人都無法溝通。在經歷數載自閉生涯後，她嘗試著用筆傾吐心聲，表達自己的感傷和苦悶。60年代初陸續發表在《現代文學》、《皇冠》等報刊上的《惑》、《月河》、《雨季不再來》等作品，正是三毛此時精神世界的具象反映，它們集中表現了一個慘綠少女自卑自憐的憂傷情緒。儘管正如三毛自己所說的，這些作品"在技巧上不成熟，在思想上流於迷惘和傷感"[1]，其影響也微乎其微，但其中傳達出的資訊對日後三毛的創作產生了深遠的影響。一是這些作品大抵以作者的情感和生活為題材，顯示出鮮明的表現自我的特色；二是流露出自戀的傾向。後來，三毛將這一時期的作品結集為《雨季不再來》出版。

從1974年開始，在文壇沉寂十年之久的陳平以"三毛"為筆名發表浪跡天涯的系列作品。在這十年裡，她經歷了數不清的旅程，從歐洲到美洲又到非洲，無盡的流浪和情感上的

1　三毛：《當三毛還是在二毛的時候》，《三毛全集》，灕江出版社 1995 年版，第 72 頁。

坎坷大大豐富了她的人生經驗。三毛在人生觀和心境上擺脫了頹廢與悲苦，走向成熟。在遙遠的撒哈拉，她的靈魂得到了寄託；在平靜而清苦的沙漠生活中，她發掘出人生的情趣；在與荷西的婚戀中，她找到了愛的真諦。三毛把自己的情感和諸種體驗通過筆墨具體生動地傳達了出來。

　　《撒哈拉的故事》出版於1976年。這是三毛的第一部著作。全書共有12篇作品。按題材的不同大致可以將它們分為兩組。其中一組作品主要以作者和荷西的婚戀為題材，描寫他們充滿情趣的婚姻生活，展示其豐富而熱烈的內心世界，如《沙漠中的飯店》、《結婚記》、《荒山之夜》、《素人漁夫》、《白手成家》等；另一組作品則以沙哈拉威人為描寫對象，如《沙漠觀浴記》、《娃娃新娘》、《愛的尋求》、《芳鄰》等。在前一組作品中，三毛縱情抒寫她與荷西平凡而又不平淡的夫妻生活，筆端充溢著幸福感和滿足感。《白手成家》寫的是如何以勤勞的雙手和智慧的心靈創造了美的生活。來到沙漠，首先面對的是物質的匱乏。狹小的租住房，室內是高低不平的水泥地，電燈線上停滿了密密麻麻的蒼蠅，水龍頭裡沒有一滴水，家的正面是一大片垃圾場，再前方是一片波浪似的沙谷。兩個人在一無所有的情形下開始"白手成家"。他們用棺材外箱板做成書架、桌子、掛衣櫃、小茶几；自己動手將房子裡裡外外刷得雪白；用空心磚、棺材外板、海綿墊、彩色條紋布做成長沙發；舊的汽車外胎製成人人爭著坐的圓椅墊；到總督府偷來"綠意"——花；省吃儉用買來答錄機——"沒有音樂的地方，總像一幅山水畫缺少溪水瀑布一樣"。一年以後，他們的家"成了一個真正藝術的宮殿"：書架上排列著皇冠叢書及其它大卷現代版書，書架頂上則安放著駱駝的頭骨；桌子鋪上白布，上面再壓上細竹簾卷，牆上掛著龍飛鳳舞的中國書法；深綠色的大水瓶裡，插著一叢怒放的野地荊棘；此外還有羊皮鼓，羊皮水袋，皮風箱，水煙壺，沙漠人手織的彩色大床罩，奇形怪狀的風沙石，以及中國的陶土茶具，中國棉紙糊的燈罩等等。在這樣一個自己創造的天地裡，主人公"好似一個君王"一樣感到十分滿足。在其它作品中，三毛也擅長把平凡的婚姻生活寫得興味盎然，情趣橫生。《沙漠中的飯店》寫的本是極普通的飲食，但由作者那支生花妙筆寫來卻趣味十足。作者抓住與丈夫在文化、風俗上的差異大做文章，對他極盡善意的調侃、捉弄之能事。明明是"粉絲煮雞湯"的"粉絲"，她卻偏偏說成"春雨"，"螞蟻上樹"中的"粉絲"則被戲說成釣魚用的"尼龍線"，而"合子餅"中的"粉絲"又被當作"魚翅"，實在令對中國飲食一竅不通的荷西丈二和尚摸不著頭腦。《素人漁夫》中寫夫婦倆本來是想到海邊捕魚好省出菜錢的，結果卻反而多出來許多開銷：魚是捕到不少，但都用來招待了同事朋友，還搭進大量的牛肉、菜、飲料。費盡周折才將捕來的魚賣掉，卻又到飯店用十倍的價錢吃自己賣的魚。讀者從這些"瘋子"的行動中讀到的是生活的情趣，體驗到的是主人公那種不按牌理出牌的快樂。

　　另一組以沙哈拉威人為描寫對象的作品則著力表現土著民族的風土習俗和民族性。撒哈拉沙漠是世界上最大的沙漠，面積八百萬平方公里。當初萌生去撒哈拉的念頭是出於一個很偶然的機緣："不記得在哪一年以前，我無意地翻到了一本美國的《國家地理雜誌》,那期書裡,它正在介紹撒哈拉沙漠。我只看了一遍,我不能解釋的,屬於前世回憶似的鄉愁,就莫名其妙,毫無保留的交給了那一片陌生的大地。"[2]當她飛越萬里關山踏上這片土地時,靈魂受到很大的震憾:

> 我舉目望去,無際的黃沙上有寂寞的大風鳴咽的吹過,天,是高的,地是沉厚雄壯而安靜的。
>
> 正是黃昏,落日將沙漠染成鮮血的紅色,凄豔恐怖。近乎初冬的氣候,在原本期待著炎熱烈日的心情下,大地化轉為一片詩意的蒼涼。[3]

在領略了沙漠的博大沉雄後,三毛對沙哈拉威人也有了感性認識。土著民族處於原始和半原始狀態的奇風民俗,與茫茫大漠的荒涼、古怪、神秘融合在一起,給了她鮮明而強烈的人生體驗。《娃娃新娘》寫的是沙哈拉成人的婚俗。十歲的女孩就得嫁人,聘禮是用羊群、駱駝、布匹、奴隸、麵粉、糖、茶葉等等來計算的,而婚禮的慶祝則持續六天。《沙漠觀浴記》更以獵奇的筆法寫沙哈拉威人洗澡的習俗:在所謂的浴室裡,每一個女人都用一片小石頭沾著水刮自己身體,除去污垢,這是洗外面的;而在海灘上,春天還要用海水灌腸子來洗內部。《死果》則充滿著神秘色彩。"我"無意間撿了一條用麻繩串起來的本地項鍊,卻不知其中有最毒最厲的符咒,結果引火焚身,遭受一場無妄之災,差點被要了命。據說這種符咒是拿人本身健康上的缺點來作攻擊的武器,它可

2　三毛:《白手成家》,《三毛全集》,灕江出版社1995年版,第55頁。
3　三毛:《白手成家》,《三毛全集》,灕江出版社1995年版,第56頁。

以將這些小毛病化成厲鬼來取人的性命。這實在是匪夷所思。而在與當地人的交往過程中，三毛感受到他們的質樸和善良，而對其自私、愚昧、骯髒邋遢的一面也有著切身體會。《芳鄰》中寫到的沙哈拉威人都有正當的職業，收入穩定而可觀。但他們都愛占中國鄰居的便宜，從一個燈泡、一個洋蔥、一瓶汽油、幾根釘子、一段電線到吃飯用的刀叉，他們都可以堂而皇之地來要或借。女人們要去紅藥水當化妝品，塗滿臉和雙手。至於把鞋隨便拿走，穿到不成樣子再送回來，更是常事。有人甚至搬來駱駝屍體要求放在小小的冰箱裡，遭到拒絕後竟憤憤地說：“你拒絕我，傷了我的驕傲。”真令人哭笑不得。作品主人公只得無奈地表示：“感謝這些鄰居，我沙漠的日子被她們弄得五光十色，再也不知寂寞的滋味了。”

《撒哈拉的故事》問世後，這些沙漠生活題材的作品以濃郁的異國情調和強烈的浪漫色彩在讀者中激起巨大的反響，作品中描寫的那個名叫“三毛”的中國女人與她的西班牙大鬍子丈夫荷西的愛情故事被人們廣為傳誦，“三毛”豁達、樂觀、幽默、溫柔、不畏艱難、富有情趣的性格在讀者心中留下了極為難忘的印象。不少熱情的讀者在讚歎感動之餘，把作品中的“三毛”與作者三毛本人自然而然地劃上等號。“三毛神話”遂初步形成。

隨後陸續出版的《稻草人手記》、《哭泣的駱駝》、《溫柔的夜》等作品保持了《撒哈拉的故事》的風格，藝術個性更為自由舒展。與荷西的愛情仍然是三毛抒寫的重要內容，儘管所占比重明顯下降，僅有《警告逃妻》、《大鬍子與我》等篇，但給讀者留下了深刻的印象。《警告逃妻》寫的是主人公突然生發思鄉念頭便匆匆踏上歸程，回到台灣父母身邊，而荷西在勸阻無效的情況下，源源不斷地給"逃妻"寫信，終於把她"騙"了回去。作品構思精巧，全篇由一連串信構成，以假託荷西書信的方式來抒寫夫妻間的感情，荷西的機趣、活潑、幽默而善解人意的性格躍然紙上，給人以難忘的印象。《大鬍子與我》記述的則是夫妻生活中的"流水帳"，原本無多少新鮮之處，但在作者似乎不經意的點染下，兩個各自保有鮮明個性且都崇尚心靈自由的男女組成的"開放的婚姻"便主體地呈現出來。在這樣的家庭中，雖因性情各異經常會產生碰撞、磨擦，也由於所受教育不同對事物的認識不時產生分歧，但兩個人的人格是平等的，彼此都沒有過份的要求，更多的是相互理解和尊重，因此這種婚姻關係是和諧的、開放的，也是值得人稱道的。這一時期，沙漠中的人和事仍是三毛關注的焦點，她從多種角度攝取那些異樣的人生。《收魂記》寫沙漠深處的沙哈拉威人的不開化。他們以為照相機和鏡子會收走人的靈魂。《啞奴》描寫了一個勤勞，善良，能幹，但卻淪為奴隸、失去人身自由的啞奴形象。《哭泣的駱駝》則以西屬撒哈拉急遽動盪的社會現實為背景，正面描寫了追求獨立的遊擊隊領袖巴西里和他的妻子沙伊達的悲壯人生，而人物的行動及其命運的變遷都是通過"我"的視角來表現的。這反映了作者對沙哈拉威人前途和命運的強烈關注。1975年西班牙強有力的領導人佛朗哥去世，遙遠的西屬撒哈拉頓時動盪起來，摩洛哥趁機佔領了這片土地，迫使西班牙人退出沙漠。但沙哈拉威人為了捍衛自己的土地進行了抵抗，巴西里和沙伊達正是他們的代表。《哭泣的駱駝》對這場鬥爭作了逼真的描寫。

三毛和荷西隨著撤退的人流來到大迦納利島，開始了新的生活。周圍嶄新的人和事引發起她新的創作靈感，她對人生也有了新的思考。這在這一時期的創作中有具體的反映，如《巨人》、《這樣的人生》、《溫柔的夜》、《石頭記》、《相逢何必曾相識》、《永遠的瑪麗亞》等。其中有對自己古道俠腸、熱情助人精神風貌的的抒寫，有對美好人生的禮贊，有對醜惡現象的鞭撻。《這樣的人生》描寫的是身邊幾個老人鄰居的故事。與以前聽說過的那些嚕唆悲傷、自哀自憐、寂寞無聊的老人不同，這些老人都活得快樂而充實。一位瑞典老人自願當清道夫，每天義務掃街，"這個美麗的社區清潔得不能穿鞋子踩"，一對八、九十歲的德國老夫婦每天散步，體力充沛，年輕的三毛走路竟走不過他們；一個失去老伴的老頭主動來幫三毛種花，他的語言中表現出的大智慧大勇氣令人折服；七十四歲的艾力克和七十歲的安妮的黃昏戀讓人充分感受到愛情的歡樂。這些老人身上體現出的正是對生命執著的熱愛和對明天不滅的希望，其中蘊含著的人生哲理發人深思。

1979年在三毛的人生和創作道路上是又一個重大轉捩點。這一年，荷西在拉巴馬島潛水打魚時不幸遇難。這給三毛以沉重的打擊。《背影》、《夢裡花落知多少》等作品集有不少篇章流露出作者深深的悲傷和哀痛。《夢裡花落知多少》一文以哀婉、淒清的筆調表達了對荷西的真摯愛情和深切懷念，情真意切，動人肺腑，催人淚下。如：

離去的時刻到了，我幾度想放開你，又幾次緊緊地抱住你的名字不能放手。黃土下的你寂寞，而我，也是孤零零的我，為什麼不能也躺在你的身邊？

父母在山下巴巴地等待著我。荷西，我現在不能做什麼，只有你曉得，你妻子的心，是埋在什麼地方。……

我愛的人，不忍留下你一個人在黑暗裡；在那個地方，又到哪兒去握住我的手安睡？

我趴在地上哭著開始挖土，讓我再將十指挖出鮮血，將你挖出來，再抱你一次，抱到我們一起爛成白骨吧！

　　荷西的猝然去世，迫使三毛對愛情、親情、友情乃至整個人生進行重新思考。《不死鳥》中寫她感悟到"我的生命在愛我的人心中是那麼的重要"，因此決心做一隻"不死鳥"，雖然"翅膀斷了"，"羽毛脫了"，"沒有另一半可以比翼"，但"那顆碎成片片的心，仍是父母的珍寶"，她要勇敢地活下去。

　　在經過一段時間心靈的迷航後，三毛重又振作起來。她飛赴中南美洲，寫出了遊記集《萬水千山走遍》，又出版了《送你一匹馬》、《傾城》、《鬧學記》等作品集。三毛的創作熱情不可遏止，她還編寫了毀譽交加，為她帶來更大是非的電影劇本《滾滾紅塵》。她幾乎是一路奔跑著走到生命的終點。

二

近年來，關於三毛爭論得最多的是其筆下人和事的真實性問題。有人甚至認為荷西是三毛虛構出來的本不存在的人物。馬中欣在其《三毛真相》一書中通過探訪知情者的方式對三毛和荷西的學歷、職業乃至愛情婚姻等方面加以質疑，認為三毛在作品中有種種誇張、偽飾的痕跡，甚至說："三毛的學歷經歷都是她自己'蒙'出來的。"[4]對三毛作品內容真實性的爭論引發出對三毛作品文體的討論。筆者在上一節裡有意迴避了對三毛作品文體的界定，現在予以專門討論。

首先，我們來看看三毛是怎樣談自己的文體的。

在《我的寫作生活》一文中，三毛說："我長大後，不喜歡說謊，記錄的東西都是真實的。"又說："我的文章幾乎全是傳記文學式的，就是發表的東西一定不是假的。"在《熱帶的港夜－－三毛對話錄》中，她更肯定地說："我的作品，只能算是自傳性的記錄。……我寫的其實只是一個女人的自傳。"從這些表述中顯然可以看出，三毛把她的作品是當作散文看待的。強調寫真實，這是散文的一個基本要求。而文學性的自傳或其它傳記文學也是散文的一種。可是在其它場合，三毛又把《哭泣的駱駝》等作品稱之為小說。這種矛盾的說法似乎讓人感到困惑。

同樣的，學術界對三毛文體的認識也很不一致。一部分評論者把它歸入小說："她的作品不同於那種帶有自傳意味的

---

4 馬中欣：《三毛真相》，西苑出版社 1998 年版，第 17 頁。

文學虛構，也有異於那些雖然恪守真實卻拋離了小說特質的傳記。三毛是把活生生的自己整個融進了小說。"[5]這些評論者鑒於三毛以私人生活和情感為線索，在個人的經歷中擷取材料，因此大多又把它明確稱為"私小說"："究其文體本源，依筆者之見，當屬最早萌於東瀛，'五四'前後傳入中國，後乃長期隱姓埋名的別一類型－－私小說。"[6]而另一部分評論者則把三毛作品稱為散文，甚至認為像《五月花》、《哭泣的駱駝》"這類有人物、有情節的作品，歸入小說固無不可，但稱之為敘事散文或人物散記又有何妨？"[7]白少帆等主編的《現代台灣文學史》及其它一些史著都曾列專章討論"三毛的散文"。

　　將三毛的散文稱為私小說，是一種值得商榷的提法。私小說原產於日本，五四時期傳入中國，它以大膽地自我暴露為主要藝術特徵，赤裸裸地表現為傳統習俗和觀念所不能容忍的人的自然天性、欲念與行為。田山花袋的《棉被》即為其代表作。五四時期中國的私小說的代表作家是郁達夫，他的《沉淪》等作品便鮮明地體現了私小說"不加掩飾地描寫美醜"的大膽暴露自我、表現自我的精神。然而，三毛是信奉和諧美的，不願意寫令人不愉快的場面，"始終強調婚姻的幸福和愛，我的文章挑不出一些一般人認為有深度的人性矛盾

5　王緋：《三毛的私小說論》（上），《文學自由談》1988年第3期。
6　黃曉玲等：《從虛構到紀實——三毛作品與私小說》，《當代文藝探索》1987年第6期。
7　白少帆等主編：《現代台灣文學史》，遼寧大學出版社1987年版，第774頁。

的地方。"[8]這顯然與私小說的精神相去甚遠。

其實，關於三毛作品文體爭論的核心在於：散文中可不可以有虛構成分存在？

與小說等虛構的文體不同，散文無疑應以真人真事為本。真實是散文的生命。然而，這真實並不是生活真實，而是藝術真實。藝術真實源於生活真實而又高於生活真實，這本是基本的文藝學常識。從表面上看，散文的真實性是通過對真人真事真景的描寫來體現的，但散文之所以為散文並區別於通訊報導的，恰恰就在於它表現的是超越於這生活真實之上的藝術真實。目前通行的文學理論教本對散文是這樣界定的："文學散文是一種題材廣泛，結構靈活，注重抒寫真實感受、境遇的文學樣式。"[9]顯然，與反映表面化的生活現象相比，散文更注重的是表現真情實感，真實地呈示作者的內心世界。那些表現了真性實感，熔鑄著深厚人生體驗的散文，具有更久遠的藝術生命。在這一前提下，散文應該允許存在虛構的成分。這不僅僅是理論問題，在文學史上確也有著許多明顯存在著虛構內容的散文佳作。蘇軾的《前赤壁賦》假託主客問答的形式來表現被貶黃州後的作者內心深處的矛盾和思想上的困惑，寫出了由"悲"轉"喜"到"樂"的思想情感發展過程。文中"泛舟游於赤壁之下"的"赤壁"並非是三國時赤壁大戰的"赤壁"，而是赤鼻磯，據分析是作者有意弄錯，以便借此興發歷史感慨。事實上，這樣的"虛構"非但無損於

8　三毛：《我的寫作生活》，《三毛全集》，灕江出版社 1995 年版，第 481 頁。

9　童慶炳主編：《文學理論教程》，高等教育出版社 1998 年版，第 174 頁。

作品的藝術魅力，反倒使作品的內容入情入理，增強了表達效果。朱自清在《荷塘月色》中所寫的"荷塘"在現實中只是清華園中一個面積狹小，雜草叢生，垃圾成堆，稀疏飄著幾片荷葉的小水池，遠沒有朱自清寫的那樣寧靜而美麗，但讀者並不認為朱自清筆下的荷塘是虛假的，而是都認可了這一種美。朱自清通過對美的意象和美的意境的著力渲染，構築了一個理想的世界，以對抗當時現實社會的黑暗與醜惡。他在這篇散文中所表達的情感是真實可信的，因此激起了萬千讀者的共鳴。

從另一方面來說，在散文的具體創作過程中，必然會出現某種程度的虛構。處於原生狀態的生活素材要轉化為藝術內容，需要進行藝術加工，需要去粗取精，提煉昇華。即使是再如實地反映和描摹生活，作家寫出來的生活與原來的生活素材之間也必然會存在距離。這藝術加工過程便包含著某種程度的虛構。楊朔的《荔枝蜜》、《雪浪花》，史鐵生的《我與地壇》，賈平凹的《醜石》等等，都一定程度上存在著對人物或事物虛構性的藝術加工。這種藝術加工，使作品內容更具深度，藝術情感更為真實。

三毛說："我之所以寫作，也只是有感而發。我的文章，也就是我的生活。我最堅持的一點是我不能放棄赤子之心，至於文章的好壞，毫不在意。"[10]她又說："只肯寫心裡誠實的情感，寫自己心理受到震動的生活和人物那就是我。……

---

10 桂文亞：《三毛——異鄉的賭徒》，《三毛全集》，灕江出版社1995年版，第133頁。

我實在寫不出假的心情來。"[11]顯然，三毛在散文中注重表現的是自己的人生體驗和真情實感，她所要努力展示的是心靈世界。神秘、遙遠的撒哈拉沙漠是她浪漫情感的寄生物，沙漠中的種種人和事都投射著她強烈的人生體驗。因此，在描寫過程中具體的細節可能與生活本身有些偏差，但三毛表現的是一種具有鮮明個人色彩的特殊的審美化真實。《結婚記》、《白手成家》、《荒山之夜》、《警告逃妻》等散文描寫一對具有健康、自由心靈的異國情侶平凡而又浪漫的婚姻生活，在熱烈、幽默、富有情趣的筆墨中，表現出作者對生活的熱愛，對伴侶的執著，對婚姻的全身心投入。這種真摯深切的情感很能激起讀者的共鳴，它反映了人們對美好愛情生活的嚮往追求。而在《夢裡花落知多少》等作品中，作者充分表達了失去愛侶的悲痛心情，那種撕肝裂膽、痛入肺腑的淒苦使讀者深切地體會到生離死別的滋味。也正因如此。三毛通過筆下的主人公的形象深深地贏得了讀者的心。《克里斯》、《啞奴》、《相逢何必曾相識》、《溫柔的夜》等作品中都有明顯的虛構的痕跡，但作者通過具體生活事件表現出的關心別人、幫助弱者的人道主義情懷是真實可感的。正如新加坡作家周粲所說的："我真懷疑這裡面（指《溫柔的夜》。引者注）所寫的事，完全是真實的。但是她卻又把整個事件的開始和結束，寫得那麼逼真，使人不敢懷疑它的真實性。如果你從來沒有讀過三毛的書，那麼，讀了這篇作品之後，你一定會喜

---

11 三毛：《一生的戰役》，《三毛全集》，灕江出版社 1995 年版，第 614 頁。

歡三毛的"。[12]

　　文學評論家錢理群認為："在我看來，文學就是'虛構'，它本質上是為了滿足'人'的超越性追求而產生的。"他接著說：'文學'在其本質與起源上，就要求最大限度地發揮人的想像力，創造出一個既與現實世界對立，又是陌生的'藝術世界'也即'烏托邦'世界，在這個意義上說，文學在本質上就是浪漫的、彼岸的。"[13]三毛的散文正是浪漫、彼岸的文學。她的藝術世界遠在天涯。她在現實生活的基礎上，以豐厚的人生經驗作為支撐，憑藉超拔的想像力，構築起"陌生的"藝術世界，給讀者以全新的藝術享受。這種至善至美的"彼岸"世界對生活於萬丈紅塵之中的讀者來說，無疑是一個難以企及的神話天地。"三毛神話"正是在這一閱讀心理的基礎上產生的。

　　自然，將三毛的作品統統稱之為散文也未必是妥當的。

　　有一小部分虛構較多，採用了較為明顯的小說化筆法的作品確實不宜於稱之為散文。對此，三毛自己便明確地將《哭泣的駱駝》、《天梯》、《匪兵甲與匪兵乙》、《五月花》等作品稱為小說，把它們從散文中分離出來，如她在《駱駝為什麼要哭泣》一文中談到《哭泣的駱駝》的構思時便說道："但是如像報導文學那樣寫的話，沒有一個主角，這件事情就沒有一個穿針引線的人物，於是我就把一個特別的事情拿出來，就是當時遊擊隊的領袖名叫巴西里的，他是我的朋友，他太

12　周粲：《我不是三毛迷》，《三毛全集》，灕江出版社 1995 年版，第 360 頁。

13　錢理群：《精神煉獄》，廣西教育出版社 1996 年版，第 5 頁。

太沙伊達是一個醫院的護士，拿他們兩個人的一場生死，做為整個小說的架構⋯⋯"[14]"我是開了好久的車子，才進去駕駛學校的。那個往事我寫成一個智鬥員警的短篇，叫做《天梯》。"[15]這些小說與三毛的散文相比，具有鮮明的特點，即重在敘述故事情節，刻畫人物形象。

　　三毛散文偶爾會露出明顯的虛構痕跡。這在一定程度上對其藝術真實造成了損害。尤其是有時對同一事件說法不一致，更是致命的損傷。如關於荷西與岳父母相處時間的長短三毛便有兩種說法。《一個男孩子的愛情》中寫道："我的父母本來是要去歐洲玩的，父親推掉了所有的業務，打了無數的電話、電報，終於見到他們的女婿，他們相處整整有一個月的時間。"而在另一篇訪談錄裡她卻又說："那一年，和我分離了十二年的父母到了西班牙，我們四個人一起過中秋節，第二天，荷西就死了。"[16]

三

　　根據看待生活、描寫人生方式的不同，大致可以將作家分為兩類。一類作家站在自身之外觀察和描寫人生，建造出一個精緻的文學殿堂，但自己既不生活在裡面也不介入其中，始終處於冷靜、理性的旁觀者的位置。另一類作家則是

14　《三毛全集》，灕江出版社 1995 年版，第 489 頁。
15　三毛：《經驗之談》，《三毛全集》，灕江出版社 1995 年版，第 832 頁。
16　陳怡真：《衣帶漸寬終不悔》，《三毛全集》，灕江出版社 1995 年版，第 624 頁。

直接從自身的生存環境乃至困境出發來表現人生處境和遭遇，他們所營造出來的藝術世界既是供人們欣賞玩味的，更是為了安頓自己的靈魂的。這一藝術世界成為他們的精神家園。由於有著深刻的認同性體驗，後者的作品便充溢著作家強烈的主觀情緒，張揚著其撼人心魄的自我人格力量。三毛屬於後一類作家。深刻的認同性體驗使她成為作品中生活的直接"參與者"和表現者。

　　三毛說："我是一個'我執'比較重的寫作者，要我不寫自己而去寫別人的話沒有辦法。我的五本書(指《撒哈拉的故事》、《雨季不再來》、《稻草人手記》、《哭泣的駱駝》、《溫柔的夜》——引者注)中，沒有一篇文章是第三人稱的。有一次我試著寫第三人稱的文章，我就想：我不是'他'，怎麼知道'他'在想什麼？所以我又回過頭來，還是寫'我'。"[17]這番話正道出了三毛創作觀的核心——"表現自我"。偏好第一人稱的視角只是表現形式，注意寫自己，緊緊圍繞"我"，突出"我"，塑造出完美的自我形象，這才是三毛創作的出發點。在自我形象的追尋、塑造過程中，三毛表現出濃重的自戀情結。

　　三毛曾經是極度自卑的。小時候，沉重的學習負擔壓得她幾乎喘不過氣來，她拼命追趕，但成績總是比別人差一大截。這使她深感自卑。而與姐姐在一起，她更自慚形穢："姊姊一向是學校裡的風頭人物，功課好，人緣好，模樣好，而且從小學一年級開始，始終在當班長。她又有一個好聽的綽

---

17 《兩極對話 —— 沉君山和三毛》，《三毛全集》，灕江出版社1995年版，第495頁。

號,叫做'白雪公主'。"[18]功課落後,相貌平平,各方面都不出眾的三毛因此懷有深深的"醜小鴨"情緒。這種情形使她在初二面對數學老師的羞辱時達到自卑的頂點。數學老師用墨汁在她的眼眶四周畫上大大的圓圈,讓她在同學面前示眾,以警告她常吃"鴨蛋",三毛自尊的天空徹底崩塌了。她陷入了自卑的深淵。休學在家的日子,她心靈的窗扉緊閉。她心虛、膽怯、脆弱,即使面對父母,也無法釋然。她曾經這樣敘述那段時間與父親的關係:

> 這一生,自從小時候休學以來,我一直很怕你,怕你下班時看我一眼之後,那口必然的歎氣。……怕得聽到你回家來的聲音,我便老鼠也似的竄到睡房去,再也不敢出來。那些年,吃飯是媽媽託盤搬進來給我單獨吃的,因為我不敢面對你。

> 強迫我站在你面前背古文觀止、唐詩宋詞和英文小說是逃不掉的,也被你強迫彈鋼琴,你再累,也坐在一旁打拍子,我怕你,一面彈'哈諾'一面滴滴的掉眼淚,最後又是一聲歎氣,父女不歡而散。[19]

面對父親,三毛感到自己是有罪的,因為是她讓父親傷心透頂。她越發自卑,自暴自棄,行為乖張,與姐弟不和,別人一句話,便讓她或痛哭流涕,或離家出走,或以自殺嚇

---

18 三毛:《匪兵甲和匪兵乙》,《三毛全集》,灕江出版社 1995 年版,第 637 頁。
19 三毛:《一生的戰役》,《三毛全集》,灕江出版社 1995 年版,第 613 頁。

人。她頑固地躲避在自閉的天地裡，在大量的閱讀中尋找感情的寄託、心靈的慰藉。當自卑感壓得她抬不起頭來時，自戀傾向便悄悄出現了。三毛開始走入幻想的世界，以自我幻化的方式驅除心中的陰影。因此，三毛的自戀既是抵禦自卑的有效手段，同時自戀又是自卑的變形，自戀情緒中包含著自卑感的成分。三毛以自戀為武器，走出了自閉的天地，跨過了人生的"雨季"，儘管內心深處仍留存著"一輩子消除不掉的自卑和心虛"，[20]但她畢竟站起來了，並逐漸走向人生的輝煌。

　　三毛的散文呈現出鮮明的自戀情結。她沉醉於自己的故事中，淋漓盡致地展示自我生命。她宣稱："寫作也不為別人，絕對為自己快樂。"[21]又說："我的寫作，完全是游於藝。是玩，就是玩，寫完了，我的事情也了結了。"[22]"第一篇《沙漠中的飯店》就是玩做菜，第二篇《結婚記》是如何結婚，扮家家酒，第三章寫在沙漠裡替人看病，也是玩，還有一篇很好玩的叫《沙漠觀浴記》，看當地的人如何洗澡。"[23]這種"游於藝"、自我娛樂的寫作觀使三毛的散文輕鬆自然，活潑灑脫，全然洗脫了"文以載道"的氣息，立體地活畫出一個完整、豐滿、自戀的自我形象。

20　三毛：《一生的戰役》，《三毛全集》，灕江出版社 1995 年版，第 613 頁。
21　陳怡真：《衣帶漸寬終不悔》，《三毛全集》，灕江出版社 1995 年版，第 626 頁。
22　桂文亞：《三毛——異鄉的賭徒》，《三毛全集》，灕江出版社 1995 年版，第 129 頁。
23　三毛：《我的寫作生活》，《三毛全集》，灕江出版社 1995 年版，第 480 頁。

　　"三毛"是一個有著俠肝義膽、無私助人的奇女子。《懸壺濟世》寫"我"為沙漠鄰居義務治病，從頭痛發燒到營養不良，"我"都能藥到病除，又寫到每次從沙漠深處旅行回來，都要把所有的食物和藥物留給窮苦的沙哈拉威人，儼然是濟公活佛。《啞奴》中寫"我"對那位失去了人身自由的啞奴充滿同情和憐憫，從吃的到用的送給他很多東西，並一直想尋找使啞奴獲得自由的辦法，儘管因此招來許多敵視、不滿的眼光。《相逢何必曾相識》中那位日本青年本與"我"素昧平生，只因他也是浪跡天涯的遊子，"我"便要幫助他，甚至暗地裡託人買下他叫賣一日賣不出去的貨。《搭車客》寫"我"驅車行駛在寂寥的荒原上時，每當碰到艱難舉步的路人，總要搭載他們，而從不考慮自己的安危。《克裡斯》中的克里斯是個窮愁潦倒、抑鬱不得志的作家，對這樣一個人"我"同樣伸出熱情的援助之手，籌了一大筆錢給他看病，編造善意的謊言安慰他，設法替這位異鄉人解除生活重負。《隨風而去》中的"我"在離開非洲返台定居前賤賣房子，廣送東西，仗義疏財，表現得極為豁達、大方。從這些作品中，三毛寫出了自我形象熱情、豪爽、善良、無私的一面。

　　"三毛"是一個外剛內柔，活潑開朗，富有生活情趣的賢慧妻子。《白手成家》中的"我"幹許多粗重的活；提著水箱去買淡水，汗流如雨，脊椎痛得渾身發抖；借來炭爐子生火，煙嗆得眼淚直流；叫上驢車往家里拉棺材外箱；調石灰水泥粉刷房子；油漆傢俱……，從而表現出其勤勞、能幹的一面。而把原本極簡陋的家變成"全沙漠最美麗的家"，則在能幹之外又增添了濃厚的生活情趣。《荒山之夜》突出了"我"的機智、勇敢。荒山遇險，既要對付兇悍的歹徒，又要救出身陷泥沼的丈夫，"我"終於順利地通過這場考驗，夫妻感情也進一步加深。《大鬍子與我》中的"我"並不信奉傳統的溫良恭儉讓，而是一個有思想、有個性、追求男女平等的現代女性，在夫妻關係中保持精神的自足和人格的獨立："我心靈的全部從不對任何人開放，荷西可以進我心房裡看看、坐坐，甚至佔據一席；但是，我有我自己的角落，那是：'我的，我一個的'。結婚也不應該改變這一角。"《夢裡花落知多少》則寫出了一個"愛過方知情重"的癡戀者形象。她忽而呼天搶地痛哭，忽而娓娓訴說，忽而強忍悲痛勞作；一個至情至性的未亡人形象活現在紙上：

> 向你告別的時候，陽光正烈，寂寂的墓園裡，只有蟬鳴的聲音。我坐在地上，在你永眠的身邊，雙手環住我們的十字架。我的手指一遍又一遍輕輕劃過你的名字——荷西·馬利安·葛羅。我一次又一次地愛撫著你，就似每一次輕輕摸著你的頭髮一般地依戀和溫柔。我在心裡對你說——荷西，我愛你，我愛你，我愛你——這一句讓你等了十三年的話，讓我用殘生的歲月悄悄地只講給你一個人聽吧！
>
> 我親吻著你的名字，一次，一次，又一次，雖然口中一直叫著"荷西安息！荷西安息！"可是我的雙臂，不肯放下你。……
>
> 我渴了，倦了，也困了。荷西，那麼讓我靠在你身邊。

　　再沒有眼淚，再沒有慟哭，我只是要靠著你，一如過
　　去的年年月月。

　　"三毛"又是一個孝順父母的乖女兒，一個任勞任怨的好
兒媳。《背影》著力描寫了對父母雙親深厚的感情，這正與朱
自清的同名散文相彷彿。荷西死後，父母陪伴她度過了那段
人生最黯淡，最艱難的時光。父母為她分擔憂愁和痛苦，照
料她生活的方方面面。那天，在海堤邊的大道上，她看到了
提著重物在海風中艱難行走的母親的"背影"："母親腋下緊緊
的夾著她的皮包，雙手重沉沉的各提了兩個很大的超級市場
的口袋，那些東西是這麼的重，使得母親快蹲下去了般的彎
著小腿在慢慢一步又一步地拖著，她的頭髮在大風裡翻飛
著，有時候吹上來蓋住了她的眼睛，可是她手上有那麼多的
東西，幾乎沒有一點法子拂去她臉上的亂髮。"從憔悴的母親
的背影中可以清楚地看到母親對女兒的關愛，同時我們從這
段描寫中也能明顯的讀出女兒對母親的滿腔深情，正因為她
深深地愛著父母，所以儘管荷西的去世使她痛不欲生，她想
以自殺的方式結束自己的生命，但終於挺過來了，她明白：
"我的生命在愛我的人心中是那麼的重要。"因此，在《不死
鳥》中寫道："我願意在父親、母親、丈夫的生命圓環裡做最
後離世的一個，如果我先去了，而將這份我已嚐過的苦杯留
給世上的父母，那麼我是死不瞑目的，因為我明白了愛，而
我的愛有多深，我的牽掛便有多長。"《這種家庭生活》《親
愛的婆婆大人》等作品則表現身為兒媳的艱難和不易，寫她
怎樣兢兢業業、任勞任怨地討婆婆歡心，使小姑滿意，努力

做個好兒媳，但委實做得太累了，身心交瘁，一肚子委屈。

"三毛"還是一個性格開朗、深受朋友歡迎的好夥伴，無論出現在哪裡，都會有一群情投意合的朋友。《如果教室像遊樂場》寫"我"初到美國，在一個國際同學的班級裡學習，很快便和來自各國的同學交上朋友，於是"學校生活開始蔓延到外面去。那阿雅拉首先忍不住，下了課偷偷喊我，去參加她家的猶太人節慶。日本同學下了課，偷偷喊我，去吃生魚片。伊朗同學下了課，偷偷喊我，來家裡嚐嚐伊朗菜。南斯拉夫同學下了課，偷偷喊我，回家去聊天。巴西同學下了課，偷偷喊我來喝巴西咖啡。月鳳下了課，偷偷喊我，給我五個糯米團。愛琳下了課偷偷喊了又來一本好書。咖啡飯的那一群散了會，偷偷喊我我們今晚上華盛頓大學聽印度音樂再去小酒店。"濃濃的友情瀰漫在字裡行間。

"三毛"還不忘誇耀自己美麗："那時的我，是一個美麗的女人，我知道，我笑，便如春花，必能感動人的任他是誰。"3足的；作家充分自信，讀者才會相信"。[24]三毛的藝術人格，便是飽滿而充足的，也正因如此，她贏得了許多讀者的熱愛。這是"三毛神話"形成的主要原因。只不過一般的讀者不會想到，三毛在散文中自塑的形象有著太多的自戀色彩。她以自我欣賞、自我陶醉的筆墨來美化自己，掩飾自己的缺點和弱點。她所表現的是與實際人生相距甚遠的理想化的人生。對三毛有較多瞭解的台灣作家季季便指出："三毛的作品一向被讀者認為'坦誠相見'。許多讀者也許永遠不會知道，三毛

---

24 余光中：《論朱自清的散文》，《余光中選集·語文及翻譯論集》，安徽教育出版社1999年版，第40頁。

作品的‘坦誠相見’，有一大部分是出於‘自我幻化’。"[25]三毛不斷地"自我幻化"，把自己一步步推上神壇。她為此付出了極為沉重的代價。

四

在《雨季不再來》自序中，三毛寫道："我常常想，命運的悲劇，不如說是個性悲劇。我們要努力度過自己的一生，固執不變當然是可貴，而有時向生活中尋找樂趣，亦是不可缺少的努力和目標。如何才叫做健康的生活，在我就是不斷的融合自己到我所能達到的境界中去。我的心中有一個不變的信仰，它是什麼，我不很清楚，但我不會放棄這在冥冥中引導我的力量，直到有一天我離開塵世，回返到永恆的地方。"三毛這番自白包含著豐富的資訊。它可以成為引領我們走入三毛人生和創作，理解三毛悲劇的一把鑰匙。三毛忠實於自我，注重精神生活，沉溺於虛幻世界，陶醉於自己創造的神話，她從中找到人生的"樂趣"。她也因此而樂此不疲，在這股"冥冥中引導我的力量"作用下，"離開塵世，回返到永恆的地方"。正如三毛自己所說的，她的悲劇，與其說是命運的悲劇，不如說是個性的悲劇。是其獨特的個性，造就了其獨特的藝術風格；也是其獨特的個性，造成了其不同異常的人生道路。

三毛曾直言，她創作的電影劇本《滾滾紅塵》中的三個

---

25 季季：《紅塵滾過生命》，《風中飄逝的女人》，學林出版社 1992 年版，第 201 頁。

男女全是她自己個性的一部分[26]。沈韶華是該劇女主人公，出生於名門望族，但從小生活在專制的父親的陰影中，性格孤僻任性，"極度敏感"，精神世界豐富。沈韶華一生的追求，不外乎兩件事情："一、情感的歸依，二、自我生命的展現。"她先是與小健初戀，但這種盲目的愛情在家庭的竭力阻撓和壓制下破滅。後與章能才相識，再次墜入情網。章能才是汪偽政府文化官員，務實穩健，懂得生活，沈韶華並不在乎他的漢奸身份，把所有的情感都交給了他。在這場亂世戀中，沈韶華一直缺乏安定感，悲觀憂鬱，富有自我犧牲精神，並最終犧牲自己，讓所愛的人脫離險境。從沈韶華的人生經歷中可以看到，她一直在尋找情感的歸屬。因為從小沒有得到愛，所以潛意識中一直渴望外來的情感，當章能才給了她從未得到過的關懷體貼後，她乾涸的心田得到滋潤，這就促使她不顧一切，無限執著地向他獻出自己全部的愛。但這份愛的基石由於章能才的漢奸身份而始終不夠穩固，這就註定了沈韶華情感的永恆的痛苦。沈韶華自我生命的展現則主要是通過創作來完成的。她借助於筆墨來發洩人生的無奈，描寫理想化的人生。正像沈韶華那樣，三毛一生大致也在做這兩件事："一、情感的歸依，二、自我生命的展現。"然而，她也面臨著同樣的困惑，要做好這兩件事又談何容易！

　　《撒哈拉的故事》是三毛的成名作，也是她的代表作。她的整個寫作模式在這部書裡已基本定型。此後，她差不多一直未能走出它的框框。

---

26 夏婕：《三毛與〈滾滾紅塵〉》，《風中飄逝的女人》，學林出版社 1992年版，第 194 頁。

　　也正是從《撒哈拉的故事》開始，三毛的現實人生與理想人生、實際人格和藝術人格出現了大幅度的錯位。

　　隨著"三毛神話"的逐漸形成，三毛內心的矛盾也不斷加劇。她曾經遭遇過太多的挫折，精神上早已傷痕累累，為了換取一份安慰和珍重，她甚至多次採用自殺的手段。過於寂寞和自卑的三毛太需要別人的關注了。現在她終於成功了。她擁有了萬千熱愛她、欣賞她的讀者朋友。但她為此作出了巨大犧牲。孤身一人遠赴撒哈拉沙漠，這近乎浪漫的舉動既是自我逃避的結果，也有著孤注一擲的意味。難以想像的極為匱乏的物質生活，空虛無聊的精神生活，由於文化、性格、年齡的差異必然會出現諸多不和諧音符的異國婚姻生活，都是三毛必須要面對的。但她駕起想像的馬車，張開自戀的翅膀縱橫馳騁在那片廣袤的土地上。於是，單調艱苦的沙漠生活被描寫成色彩斑斕的理想樂園，庸常平淡的婚姻生活平添上浪漫熱烈的光環，而原本敏感、脆弱、自卑、孤獨、偏執、不喜應酬的三毛本人也被自我幻化成堅強、豁達、樂觀、孝順、樂善好施、朋友多多的奇女子。她的艱苦付出終於得到豐厚的回報。她在遠隔千山萬水的台灣、香港、東南亞成為名女人。收到從報社、出版社轉來的讀者來信，讀著那些崇拜、敬仰的語句，三毛無疑是得意的，她自己清楚："三毛從來沒有做三毛，你們都被我騙啦。我做我。"[27]從此以後，她躲在心造的幻影中不斷編織關於她自己的浪漫故事，這種情形原本可以一直持續下去，孰料荷西竟在1979年猝然辭世。

27　陳怡真：《衣帶漸寬終不悔》，《三毛全集》，灕江出版社1995年版，第626頁。

這整個地打亂了三毛的寫作計畫。她不得不重新考慮自己的人生道路和創作道路。《夢裡花落知多少》一文既是悲悼荷西的，也是悲悼自己的，她為自我幻化的理想樂園的破滅而痛苦；她埋掉的豈只僅僅是荷西，她同時也將自己苦心經營好的夢幻世界一起埋葬了。此後，她回到了台灣，終於以實體的形式出現在廣大讀者的面前。這時，她必須直接面對公眾，一場接一場的演講，沒完沒了的應酬，經久不息的掌聲，這一切固然使她得到快慰，但為了維繫她的魅力，滿足他人，她不得不在公眾面前努力扮演溫柔、多情、樂觀、仁慈、博愛、孝順的角色。而這與她真實自我反差甚大。尤其是為了保有青少年偶像的地位，她付出了極多的關懷和愛，這種長期的付出超出了她身心的承受能力。她反覆表示："我實在是太累了。" "我只是太累了。"[28]她甚至公開指責："愛我的朋友，你們不知道，你們的電話鈴吵得我母親幾乎精神崩潰，吵得我永遠不敢回家。吵得我以為自己失去了禮貌和不通人情。事實上，是你們我的朋友，不懂得君子之交淡如水的道理，要沒有在我的付出和使命裡給我過尊嚴、看重和支持。你們只是來搶時間，將我本當交給教育的熱忱、精力和本份，在一次又一次沒有意義的相聚裡耗失。失禮的是你們，不是我。"[29]然而，不甘寂寞的三毛確實又太需要人們的關注了。她甚至設想過連死也要死在眾目睽睽之下，死得

---

28 三毛：《不覺碧山暮，但覺萬壑松》，《三毛全集》，灕江出版社 1995年版，第 596 頁。
29 三毛：《有話要說》，《三毛全集》，灕江出版社1995年版，第594－595頁。

精彩：

> 我很方便就可以用這一支筆把那個叫三毛的女人殺
> 掉，因為已經厭死了她，給她安排死在座談會上好了，
> "因為那裡人多"她說著說著，突然倒了下去，麥克風
> 嘭的撞到了地上，發出一陣巨響，接著一切都寂靜了，
> 那個三毛，動也不動的死了。大家看到這一幕先是呆
> 掉了，等到發覺她是真的死了時，鎂光燈才拼命無情
> 的閃亮起來。有人開始鼓掌，覺得三毛死對了地方，
> "因為恰好給他們看得清清楚楚"，她又一向誠實，連
> 死也不假裝──[30]

　　處於公眾視線焦點之中的三毛就像一只上緊了發條的鐘
錶，只能不由自主地走向生命的終結。

　　三毛的母親，這位深切瞭解女兒的老人，早在《撒哈拉
的故事》剛受到各方矚目時就滿懷憂慮："像捧明星一樣，並
不是好現象。"[31]在生命最後幾年裡，三毛的創作明顯在走下
坡路，人們從中只能依稀看到一些昔日大漠俠女的風采。三
毛也很苦惱。一面依然不停地演講，繼續努力維持偶像地位，
一面數次遠赴大陸，以尋找新的關注。她花費很多心血創作
了電影劇本《滾滾紅塵》，投入了大量情感。但三毛自視甚高
寄予厚望的這個劇本因涉及對漢奸的評價問題而招致許多批

30　三毛：《雲在青山月在天》，《三毛全集》，灕江出版社 1995 年版，第
434 頁。
31　桂文亞：《飛──三毛作品的今昔》，《三毛全集》，灕江出版社 1995
年版，第 140 頁。

評。這對三毛是又一個沉重的打擊。

　　長期生活在實際人格和理想人格這二重人格矛盾中的三毛身心極度疲憊。她獨自一人在熱鬧中咀嚼著寂寞的滋味。沒有人能真正走進她過於自我封閉的心靈中，與她進行精神的對話。"她是一個總是在他人最寂寞、滄桑，最需要鼓舞、最安慰的時候奉獻她所有的愛的那種人，而自己所得到的卻是最少的。最後自己反而變成一個寂寞的人。"[32]她給人以希望，自己卻走向絕望；她給人以樂觀和信心，自己卻陷入悲觀的境地；她給人力量，自己則徹底喪失生存的勇氣。三毛主動結束了戲劇性人生。

32　沈君山：《強與弱之間》，《風中飄逝的女人》，學林出版社 1992 年版，第 198 頁。

思果散文論

　　在 20 世紀華文作家中，像思果這樣兼擅散文和翻譯且取得了卓越成就的作家是較為罕見的。他一生致力於漢語和英語兩種語言的探究，尋求語言的奧妙和魅力，在中英文之間架起溝通的橋樑；他更在文學的天地裡，以自然清暢、凝練純樸的中文構築了一個純粹的散文藝術世界。他的創作在漢語世界尤其在台灣文壇產生了顯著的影響，曾被評為“台灣十大散文家”。

　　其實，思果並不是嚴格意義上的台灣作家，既不是出生於台灣，其成長期與創作期與台灣也聯繫不大，其作品主要寫於香港和美國，但令人矚目的是，他的著作大都出版於台灣，他因此於 1979 年獲台灣中山文藝獎散文獎，1996 年獲國家文藝獎翻譯獎。

　　思果（1918—2004），原名蔡濯堂，江蘇鎮江人。小時念過私塾，後進入南京中央大學實驗學校小學部就讀。未讀完初中即輟學，進入上海中國銀行工作，開始學習寫作。到香港後先後任香港工業總會及科學管理協會編輯、《讀者文摘》中文版編輯及翻譯、香港聖修學院中文教授、香港中文大學比較文學與翻譯中心訪問研究員、香港中文大學校外進修部高級翻譯文學教授等職。1971 年旅居美國。1991 年又回香港中文大學任名譽訪問學人。思果抗戰時期開始在江西《正氣日報》投稿，勝利後曾在上海《申報》、《宇宙風》發表文章。著作以散文為主，主要散文集有《沉思錄》、《思果散文集》、《看花集》、《藝術家肖像》、《林居筆話》、《香港之秋》、《霜葉乍紅時》、《曉霧裡隨筆》、《河漢集》、《私念》、《沙田隨想》、《雪夜有佳趣》、《黎明的露水》、《橡溪雜拾》、《遠山一抹》、《想入非非》、《浮世管窺》、《林園漫筆》等。此外，還著有《翻譯研究》、《翻譯新究》、《譯道探微》、《功夫在詩外》等多種翻譯專著。

　　思果的散文具有強烈的入世精神。與那些注重表現風花雪月、描寫身邊瑣事、抒寫一己悲歡的作家有著顯著的區別，思果的散文生活關懷面寬，表現領域廣闊，對人生和社會的體驗與感悟深刻。他寫生、老、病、死，談夢想、年齡、交往、誘惑，描繪山水景物，追述歷史記憶，男人、女人、鄰居、朋友，別離、代溝、時間、退休，等等，莫不進入其散文關注和描寫的範圍。

　　思果是一個嚴肅的、富有社會責任感的作家，敢於直面社會和歷史問題，鮮明地表現出自己的觀點。《信用》一文談的是現代社會中一個嚴重的社會問題——信用問題。文章一開始便提出問題：有一天沒有一個人可靠，沒有一件事著實，我們活得下去嗎？接著從銀行、郵政、捐款、教育、夫妻關係一直談到國家關係，談到了人與人之間信用的缺失及其造成的危害。"現在膠丸裡有人放了毒，毒死了人。飲料裡也有人放了毒。兒童喝的橙汁裡沒有橙汁，只有橙味。"其結果只能導致人們互相之間的不信任，對社會的不信任。《誰該養誰》揭露了美國社會父母與子女關係疏離而引發的倫理問題。老人身邊沒有兒女照顧，過著孤獨無聊的日子，"老年如果喪偶，結果形單影隻，一直到死。常常有些老人死在家裡，無人知道"。而另一方面，由於父母在外面工作，"子女無人管教，也寂寞無聊，因此結交歹徒，變得放蕩、乖僻"。作者對美國社會存在的子女沒有義務養父母的老年，父母就只有只顧自己的現象提出了批評。《危機》一文從歷史寫到現實，對種種危機作出揭示。文章最後對潛在的危機的揭示，頗有警世作用："有種種潛伏的危機，要富有警覺的人才能預早提防。羅馬帝國不是一天衰亡的。漢、唐、元、明，也不是一朝一夕就崩潰的。大抵開國之君英明，後來的皇帝在深宮長大，不知道外面的事情，成了無道的昏君，忠良不獲在位，奸邪當權，於是民不聊生，國本動搖，敗象已經出現，這是真正的危機。有心人自然會大聲疾呼，不過根本已經壞了，回應的人不會多，大廈終歸要垮。墮落的人也一樣。他們看不到危機。人到了沒有危機的一天，也完了。"針對美國社會離婚率高，子女缺少良好的家教，從而引發一系列社會問題的情形，思果在《夫婦——五倫之首》一文中指出："婚姻不穩，社會的根基不固，誰也不會幸福。五倫之中夫婦一倫該居第一位。有夫婦才有父子、兄弟。夫婦一拆，父子就有一半沒有了，子女也做不成兄弟。如果是夫婦這一倫壞了，社會大亂，一點不算誇張；今天社會上很多毛病，不少和婚姻破裂有關，最重要的一項就是兒童受了父母離婚的打擊，創傷太深太重，不能做正常完善的人。"因此，作者提出："婚姻要慎於初，既然完成，就只有好好維護；不惜任何犧牲。"這一觀念看似保守陳舊，但其中包含著的對社會問題的憂心和思考是值得人們重視的。

　　長期生活在香港和美國，思果的觀念是較為開放而多元的。如《兩代到了美國》一文從書信、體育、語言、音樂、美術、服飾等方面對中西觀念和做法做了對比，見解辯證而又客觀。其中寫到："論損失，中國文學不能欣賞，中國的古書不能讀，是很大的損失。不過孩子能欣賞西洋文學，讀西洋書，也可以收之桑榆了。論倫理，孩子不懂得中國的禮教，卻有西方宗教的道德觀念，也不算差。沒有中國的醫藥照顧和養生之道，可是也把身體練好還不是一樣得益？"真可謂總結得入情入理。而總的來看，思果的觀念中居於主導地位的則是中國傳統的道德觀念和價值取向。這一觀念鮮明地體現在其散文創作中。

　　《今天的生活》在對中西文化的反思中表現出對民族傳統的認同。"現在中國的傳統正在受到考驗。……我們初初和西洋接觸，鑒於自己積弱，真想把所有祖傳的東西全倒進垃圾箱，接受西方的一切。"而現在，"喜歡中國的磁，甚於一切金屬、塑膠制的器皿；喜歡棉制的衣料，甚於呢絨；喜歡中國的蔬菜，甚於牛肉。"這裡形象地寫出了對民族文化的熱愛。《惜物隨想》以古人的"一絲一縷,恒念物力維艱"自勉，談到自己省儉已成了習慣，一件西服穿了三四十年還在穿，內衣穿舊了、穿爛了，還用來做抹布；"天生萬物是給人用的，不過我們有權用，沒有權浪費"。據此，作者對美國社會嚴重的浪費現象提出了批評。他最後指出，惜物並不是把自己變成小氣鬼，由於儉樸惜物，才能有物慷慨施與別人，范仲淹便是如此楷模，"這樣惜物，才高貴"。　《誰該養誰》在對美國社會的倫理問題進行了批評後，對中國的兒女侍奉雙親、老人體恤子女的倫理道德大加讚賞，指出：一代一代的人與人之間，有取有與，情換情，愛培養愛，互相幫助，這樣日子才過得幸福、歡愉。思果是虔誠的基督教徒，他還將中國傳統的道德觀念與耶穌精神結合起來，尋找共通之處。《心靈對肉身》中從文天祥兵敗求仁談起，認為中國的忠臣求仁得仁和基督教殉道是完全一樣的，其視死如歸的"正氣是我們民族的骨幹"；"有沒有好好用自己的身體，在我們自己。我們歌誦心靈的偉大，也得記住我偉大心靈忍受劇烈苦痛的肉身"。《讓牛》談了古人兩個"讓牛"的故事：漢朝劉寬坐著自己的牛車回家，有人失掉了牛，以為那牛是他的，劉寬就把牛給了他，後來那人找到了自己的牛，把牛送還給劉寬，劉寬恬然處之；無獨有偶，三國時劉虞碰到了相同的情況，他也採取了同樣的方法。思果認為："耶穌說，有人打你的腮幫子，把另一邊也湊過去。二劉的所作所為就近乎這個教訓了。不容易，可並不是做不到。"這番道理對於巧取豪奪、乘人之危、睚眥必報的社會無疑是有警示意義的。

思果對社會現實問題有著濃厚的興趣，又由於其生活閱歷豐富，善於思考，對人生觀察細緻，因此其散文作品往往能要言不煩，涉筆成趣，充滿智慧，頗具英美小品的神韻。

在涉筆現實社會諸層面的同時，思果也抒寫了大量關於"自己"的篇什。在這一類作品中，思果寫出了自己樸實、率真、有趣的一面，活畫出自己的真性情。《鏡子裡的我》以自嘲的筆法狀寫出一個可親可近的讀書人形象。書桌是最大的那種，一兩個月整理一次，但不出三天，東西堆得亂七八糟："有兩三種茶杯、郵件戳子、中英文常用字典、電話、傳真機、小刀、兩個釘書釘……文件打洞器、膠紙架、耶穌和聖人的像——永遠沒放好，常常看不見，餅乾盒、葵花籽、花生米盒、閱讀放大鏡等等。整理一次，費時不少，不消幾天，混亂還原。永遠在找東西。"書桌是這樣，其衣櫃也是如此，裡面總是一片混亂，常常忘記自己有什麼衣服，"有時找一件衣服，可以把一櫃的衣服全弄亂，像要逃難。總不肯慢慢地找，輕輕地放"；"每到換季，床面前地上堆滿兩三季衣服。有時一隻鞋不見了，一隻襪子會藏在褲腳管裡幾天找不到"。記性也不好，"放自來水總一開就太多，潑濺得很多在四周圍"；"物歸原處的教訓總記不住"。不知道要學多少東西才滿足，"七十多歲開始學西班牙文。從前學過法文，沒學下去。現在有個法國朋友約我去法國玩。又重新學。當然學不好，已經靠近八十了，這種人不自量力，貪學無厭，結果徒然叫人好笑而已"。自認為不算懶，"為了一個字音可以花一個鐘頭，查遍大小型字典、參考書，細細考訂。唱點平劇，為了一個音或腔，深入研究，其實成就平平"。在這裡，作者為我們活畫出一個執著於讀書、研究、寫作，不拘小節，不願為俗務所累的知識份子形象，寫出了一個活潑、智慧、幽默、開放的心靈。《買書小記》寫了作者在美國圖書館買書的經歷，透過這種經驗，表現了作者隨遇而安的心態："到這種地方買書，不可太緊張，要抱哲人態度，慢慢看去，好的就拿上手，不好的不去理會。揀了還可以坐下來細細看一看，不合意的擱下。隨遇而安，不強求、不存爭奪心，只當作消遣，否則太辛苦了。"而《我有個夢想》從自己年輕時夢想當一個作家、渴望娶心儀的姑娘寫起，寫到自己的夢想最終變成了現實，因而提出人要敢於有夢想，有了夢想才能有目標，才能有前進的動力，即使最終沒有實現，有個夢想也是安慰。他指出："除非年老志衰，活一天夢想都有成真的希望。只要不是不道德的，我們正不妨各抱夢想，過充滿信心的日子。"文章表現了作者積極進取的人生態度。

誠然，現實生活裡的思果也常常處於矛盾之中，有著這樣那樣的困惑。《得的幻滅》談的是得與失的矛盾。人們對自己擁有的往往不珍惜，只有失去了才深感懊惱後悔，這是一種情形；另一方面，人一旦突然有了金錢權力之後，隨之而來的卻又常常是無奈和幻滅。《得的幻滅》便留下了作者面對這一困惑進行思考的軌跡。文章開篇寫道："魂牽夢縈，夢寐以求的，一旦到手，當然歡喜如狂，不過人就是最不可理解的動物，不消多久，那種狂喜就漸漸淡了。靜極思動，又要別的新鮮事物才能刺激他的神經，引起他的喜悅。世上所有叫人貪戀的都遭同一命運。"接著引徐訏的話"美人一旦成了眷屬，美就不見了"，又引狄更斯《大衛‧考勃菲爾》中男女主人公的愛情悲劇，感慨"戀情像夕陽，美豔輝煌，只是那麼片刻，不久天色暗下來，一切光彩消失了"。與此相彷彿，華美的別墅、古人的名畫，也因擁有者不珍惜，它們便和塵土一樣被人忽略。作者又想像一個窮人忽然中了彩票成為有錢人以後的情形，那個窮人在擺脫了貧窮的同時卻犧牲了往日的舒適而陷入種種緊張不安之中。文章最後寫道："名、利、成就，世上一切的福分，都有刺，能學宗教家看淡，大有好處。"至此，作者對得與失就有了一個辨證、圓融的認識。

從上述分析中我們可以看到，思果的散文關注現實，關懷人生，每每在對社會現實人生的思考和抒寫中顯示出大境界、真性情，"其文多具有教育意味，主張以愛待人，關心世事"[1]。其散文作品立體地呈現出一個浸潤著豐厚的傳統文化情韻的克己、守正、純樸的抒情主體形象。

在散文藝術表達上，思果主張散文應明白曉暢，切忌晦澀，其內容最忌陳言，應言之有物；他又說散文不怕淡，只怕太濃。這些觀點貫徹在創作中，使思果的散文呈現出恬淡自然、儒雅溫厚、深入淺出的鮮明特色。思果曾長期生活在香港沙田，與宋淇、余光中、陳之藩、梁錫華、黃維梁等過往甚密，是沙田派的重要成員。其散文風格與沙田諸文友有不少相似之處。黃維梁認為："沙田諸文友的作品，雖各具風貌，卻有一個特色，就是文字清通且多姿采。比起不少握筆的人，沙田諸友的用詞造句，大抵相當嚴謹，甚少破綻；大家都不滿足於平庸單調的文字，而致力於辭藻的經營。"[2]這其中顯然已包括了思果。而事實上，思果在這方面是深具代表性的。余光中先生對思果的散文便作出這樣的評價："他

1 思果：《浮世管窺》，香江出版有限公司 1998 年版，封底。
2 黃維梁：《和詩人在一起》，《黃維梁散文選》，香港作家出版社 1995 年版，第 166 頁。

的散文清真自如，筆鋒轉處，渾無痕跡。"[3]

　　從總體上來說，思果是一位在中西方文化的碰撞和交融中成長和發展起來的作家。豐富的生活閱歷和從小所接受的傳統教育，使他傾向於傳統，對中國傳統文化和道德觀念有著深厚的感情，這使他的散文具有強烈的入世精神，現實感強。而長期身處於香港和美國社會，他對於西方的自由平等的觀念又有著深切的體認，這使他的散文創作又呈現出現代性和開放性。因此，思果的散文嚴肅而不浮誇，傳統而又不失現代，務實而又蘊含睿智，溫厚又不乏幽默。無論抒情敘事還是說理議論，思果一直將文學當作一件有益於世道人心的工作。他的散文作品在世風日下、人心淺薄、喧囂浮躁的現代社會中無疑是一劑清涼劑。

3　余光中：《變通的藝術》，《余光中集》第 5 卷，百花文藝出版社 2004
　　年版，第 239 頁。

輯　二

論尉天驄散文集《棗與石榴》

　　在台灣當代文壇，尉天驄是個有著傳奇色彩的人物。他早年創辦《筆匯》月刊、《文學季刊》、《文季》季刊、《中國論壇》，提倡文學關注社會、關懷鄉土、關心民眾，團結起一支志同道合的作家隊伍，產生了廣泛的影響。在七十年代的鄉土文學論戰中，他對鄉土文學的一系列重大問題作出了精闢論述，大力宣導建設現代鄉土文學，奠定了其作為傑出的文藝理論家的地位。他為人仗義，交遊廣泛，與統派領袖陳映真是多年的朋友，而曾經的獨派大老陳芳明也是他的座上賓；他以自己的真誠、熱情、豪爽得到了朋友們的認同。黃春明便稱："他在我心目中的權威和尊嚴，就是這樣建立起來的"。[1]

　　綜觀尉天驄的著述，當以文學評論為主。其《民族與鄉土》、《路不是一個人走出來的》、《理想的追尋》、《荊棘中的探索》等批評和理論著作，以其強烈的現實精神、鮮明的時代色彩、崇高的文學理想，對台灣文學的發展產生了較大的影響。從這些著作中，人們充分感受到一個思想深刻、理想執著的現實主義文學理論家的情懷。如果說尉天驄的文學評

---

[1] 黃春明：《牽著記憶的風箏》，《棗與石榴》，台北：印刻出版公司，2006年版，第 10 頁。

論令人領略到他的嚴肅、深邃、理性一面的話，那麼他的散文創作則更多地呈現出他的平易、樸實、感性的特點。《天窗集》、《眾神》等散文集，使讀者在娓娓道來的敘述中走進尉天驄的情感和心靈世界。而晚近出版的《棗與石榴》，更令人感受到尉天驄的率真和童心，他在對過往人生的梳理和抒寫中，傳達出一個身在別處、心在流浪、魂在故鄉的文化人的蒼涼情懷。

一

　　對於中國人而言，現代中國歷史是一個極為複雜的集合體。它承載著民族巨大的苦難和不幸，它包孕著鳳凰涅槃般的理想和希望。異族侵略的屈辱，連年戰爭的創傷，兩岸隔絕的悲憤，成為我們民族共同的歷史記憶。

　　作為一個出生在 1935 年的中國人，尉天驄的身世和經歷有著後世的人們所難以想像的艱難與痛苦。尚在呀呀學語，就要面臨日寇的槍炮和刺刀，他在連天的抗日烽火中學會奔跑和呼號，從身為遊擊戰士奮勇殺敵的父輩身上，他學會了無畏和堅強；剛剛品嚐到抗戰勝利的歡欣，他卻又在小學課堂的不斷遷徙中懂得了內戰的慘烈，個人在大時代浪潮中的無奈和無助。又在懵懵懂懂中，他從黃淮大地出發，踏上了流浪的旅程，在茫茫海上尋找著自己的歸宿。陌生的海島，不可捉摸的命運，無法預知的前程，使他漸漸懂得了他鄉是故鄉，應立足於現實，走出一條屬於自己的路。沉重的歷史感，無可推卸的社會責任感，成為尉天驄在文學道路上跋涉的助推器。

　　尉天驄在散文中表現了其深刻的歷史記憶。自然，散文創作與歷史著作甚至回憶錄有著顯著的區別。它不需要對歷史事實作精細的描述，也不需要時刻突出歷史的主線，它表現的是深藏在作者心裡的一些記憶，甚或是一些歷史碎片。隱藏在心靈深處的對故土親人的懷戀，對童年往事的追憶，對現實人生的不滿，在採用了種種方式難以排遣的時候，惟有通過筆墨來紓解。尉天驄的散文正是這樣，“在經過眾多人間的種種遭遇以後，更能看清哪些才是真正值得人們去珍惜的”。[2]

　　尉天驄散文中的歷史記憶聚焦在鄉土社會平凡的人事上。通過捕捉過往生活的種種點滴，他立體地呈現了三、四十年代黃淮平原的歷史風貌和鄉情民風，細膩地描繪出一個個鄉土人物鮮活的歷史面容。

　　《尚大爺》是“我”家的一個幫工，為人仗義、有趣，他會抓小鳥，會捉螞蚱，會用高粱稈子編鳥籠；在父親發脾氣打人時，尚大爺總會護著“我”：“二兄弟，二兄弟，打孩子能這個打法嗎？”因此，“我”喜歡尚大爺，喜歡和他一起睡在牛屋裡，聽他講鬼故事，幾十年後還關心著他，想念著他。作者通過尚大爺兒子結婚、戰亂中幫東家看家、動亂中照顧昔日東家等細節描寫，寫出了這一人物的善良、正直、義氣，呈現出一個可親可敬的鄉土形象。《秧大娘》寫的是“我”的奶媽，這是同村的一個遠房伯母。她嗓門大，沒

---

2 尉天驄：《棗與石榴》，台北：印刻出版公司，2006 年版，第 12 頁。

心眼，到哪裡都是人們逗樂的對象。和這樣一個沒心沒肺的奶媽在一起，"我"充分體驗到了童年的快樂。白天跟著她東逛西逛，晚上和她的兒子秧哥擠在一個炕頭上；她帶著"我"在池塘裡洗澡，講七仙女的故事、牛郎織女的故事，和"我"一起做遊戲，使"我"的童年生活多姿多彩，生動有趣。一直長到四歲，"我"才正式回到自己的家。而在這原本屬於自己的家裡，"我"卻一直感到自己是外人。讀到這裡，不竟使人想起艾青的《大堰河——我的保姆》，"我"的遭遇與詩中主人公的經歷何其相似。而秧大娘和大堰河的內心世界也是如此驚人的一致："有些人就說我憨，說從上到小真是秧大娘的兒子，而秧大娘比我更憨，憨到成天想像著我長大後討媳婦的樣子。她經常和我說要討個比自己大三歲的才好。"而深愛著乳兒的大堰河也在想著乳兒討媳婦時的情景："大堰河曾做了一個不能對人說的夢：／在夢裡，她吃著她的乳兒的婚酒，／坐在輝煌的結彩的堂上，／而她的嬌美的媳婦親切的叫她'婆婆'。"兩位乳母的結局也是同樣的不幸："大堰河，含淚的去了！／這四十幾年的人世生活的凌侮，／同著數不盡的奴隸的淒苦，／四塊錢的棺材和幾束稻草，／這幾尺長方的埋棺材的土地，／這一手把的紙錢的灰，／堰河，她含淚的去了。"而秧大娘則在大饑荒的年代，餓死在逃往青海投奔兒子的路上，其結局同樣令人感歎不已。在《老南瓜奶奶》中，作者則描繪了另一類型的鄉土人物形象。老南瓜奶奶是鄉人俗稱的巫婆，除了替人求神問卜，還經常給人治病，儘管只是紮扎針、放放血、拔拔罐，但在缺醫少藥的鄉下她給人帶來了溫暖。老南瓜奶奶長得黑壯黑壯，圓圓滾滾地像個道地的老南瓜。她不僅長相奇特，還特別能吃，自然也很能幹活，每天天剛一亮，就打著赤腳下田了，翻地、摘綠豆、拾棉花，她都比別人快，挑水、推磨、砍樹、挖溝，對她來說都是小事一件。當然，作為巫婆，她在做法事迎神的時候更能顯示出她的與眾不同。她敲著銅磬，時而念念有詞，時而失聲痛哭，進入一種無我出神的狀態。"如果說這個時候她的靈魂已經出竅了，倒不如說她已整個身心進入另一個高深莫測的世界；說她是老南瓜，倒不如說她是一尊道道地地的大菩薩。"在對上述鄉土人物的敘述中，作者傳達出濃濃的鄉思鄉情，這份情感沒有隨著時間的流逝而淡去，它倒更像窖藏的老酒，越陳越香醇。他對於鄉土人物命運的關注和敘寫，正表現出他對於曾經生養他的淮海這片土地的深摯感情。

淮海大地在經濟上欠發達，自然環境比不上江南富庶的魚米之鄉，歷史上經歷過數次黃河決口，且由於地理位置特殊，歷來是兵家必爭之地，戰火不斷。生活在這塊土地上的人們由此形成了知天樂命、堅韌剛毅的性格。尉天驄在散文中寫了故鄉的系列鄉土人物，表面看來，他是為了保存記憶深處的那些人和事，以慰藉鄉思鄉情，實質還有更深一層的意旨，他在抒寫鄉土人物的生命狀態的同時，努力表現他們的人生觀念和生命意志，挖掘那一片土地上的精氣神。

《眾神》寫了一群腳踏實地，為民眾做事的人。伯父和他的一些同學從城裡回到鄉下，他們不因故鄉的貧瘠、落後而逃離，而是帶著鄉親們為改變這種落後面貌而辛勤努力，他們把人的意義和價值加以擴大，因而成為家鄉的人們永遠懷念的人。伯父雖然在 28 歲就英年早逝，但他的名字一直在鄉間流傳著。作品寫出了一群社會脊樑的形象。作者感歎：「在那種沒有人關懷的年代，幾個少年憑著純真和不忍之心所做的一點小事，對那些掙扎在生活邊緣的人，有著多麼深厚的意義了。」《巨柱》勾勒了曾祖母平凡而又不尋常的人生。家道中落，兒子早亡，面對滿門未成年的孫子孫女，曾祖母獨自把家庭重擔扛起，家道又漸漸中興。這得益於曾祖母的善良、正直、豁達，她善於把自己的生活與四周的人、四周的事、四周的作息融合在一起，在千變萬化的世界中尋求和諧。這一種人生風範使作者大受教益，領會了「縱浪大化中，不喜亦不懼」的真正意義，「我漸漸領會到一股堅強的力量，在不斷地突破商品的汙塵而發芽、茁壯」。而在《老南瓜奶奶》中，作者從老南瓜奶奶身上同樣發掘出她的知天樂命、自由自在的人生態度：「平日裡，她真的活得很自在：窮，整不倒她；水災、旱災、蟲災整不倒她，就連兵災也折磨不倒她。她的堅韌和坦然，使人一見到她，就會聯想到：人世再苦，總有些東西讓人覺得應該活下去。」

　　與一般的鄉土散文、鄉愁散文不同，尉天驄的散文既沒有陷於對鄉土風物的迷戀和鄉土人物的歌頌，也未掉進傷情、濫情的窠臼，他自由出入於歷史與現實、記憶與感悟之間，對歷史記憶的書寫與對現實人生的省思相結合，形成了過往與當下的相互觀照，其人生意蘊也就越發豐厚。

二

在審美形式方面，尉天驄散文的一個鮮明特徵是強烈的傳奇色彩。

鄉愁曾經是 20 世紀五、六十年代台灣文學的一個重要主題。海峽兩岸的隔絕使許許多多身在台灣的大陸遊子親人離散，有家難回，感染上濃重的鄉愁。大量的文學作品抒發了這種難以排遣的鄉愁。這種鄉愁文學是旅居台灣的大陸人渴望重回故里葉落歸根、與親人團聚心理的藝術表現。何欣曾說："就題材而論，這二十多年(注：指 20 世紀五、六十年代)的文學作品有將近一半是具象化的鄉愁。由於對家鄉和往事固執的懷念，我們產生了一種獨特的民族文學。雖然講了有趣的故事，卻同時嚴肅地檢討了我們民族的特質。"[3]鄉愁文學因此成為台灣文壇重要的文學現象。在通常所讀到的憶舊懷鄉散文裡，作者往往著力描述自己童年時的種種趣事，流露出作者遠離故土的苦悶、惆悵，充分表達了思念家鄉、懷念親人的情感。琦君到台灣後曾寫過一首《虞美人》，十分典型地表現了這種心態："錦書萬里憑誰寄，過盡飛鴻矣，柔腸已斷淚難收，總為相思不上最高樓。夢中應識歸來路，夢也了無據。十年往事已模糊，轉悔今朝分薄不如無。"在台灣散文家中，同樣寫鄉愁，張曉風的散文顯得激情飛揚，情感外露，抑鬱中勃現著豪氣，每次回望故土，她都要心潮

3　齊邦媛：《司馬中原筆下震撼山野的哀痛》，《中外文學》二卷三期（1973年 8 月）

澎湃，"血脈賁張"，"心靈便脆薄得不堪一聲海濤"[4]，激動之情難以自抑。張秀亞的鄉愁散文情意繾綣纏綿，且多用象徵手法，筆墨含蓄隱晦，在繁複的意象中，潑灑著憂鬱色彩。張拓蕪從童年的記憶中撿拾一個個帶有夢幻色彩的美麗圖景，以赤子的火熱情懷和純真童心寫下了許多記述故鄉山水、民情民風和童年生活情趣的作品，在其心靈深處，故鄉的一塊酥糖、一片茶葉、一滴清泉、一尾琴魚、一座小山丘、一輛紡車……都被理想化、抒情化，染上了鮮明的思鄉懷親色彩，他的每一篇抒寫故土親人的散文，都散發著那份日思夜想、難以排遣的濃重鄉愁。而琦君，更多的是採用白描手法寫人敘事，在緩緩的敘述和具體描寫之中，傾吐出濃重的鄉愁，讀琦君的散文如同在濃蔭下品一杯清茶，心情恬淡輕鬆，偶爾也有一縷淡如煙絲的哀音潛入耳中，又使人若有所思，難以釋懷。

　　與上述作家相比，同樣寫鄉土風物和故鄉人事，尉天驄散文則另闢蹊徑。這其實源於作家對故土的新體認。少小離家，在外飄泊數十年，原以為這輩子再也回不到故鄉了，豈知世事難料，最終卻又回到了故土。然而，滄桑巨變，眼前的故鄉早已物是人非，令人徒增悲愴與無奈。"這種亙古未有的變化，豈是單純的'鄉愁'兩個字可以說得了的。……就這樣，我的寫作已經不是一般通常所說的寫作，而是一種想在無言的境遇中對過往的一切所作的追思。"[5]尉天驄進而

4　張曉風：《愁鄉石》，《曉風散文集》，台北：道聲出版社 1976 年版，第 171 頁。

5　尉天驄：《棗與石榴》，台北：印刻出版公司 2006 年版，第 236-237 頁。

說：“這些年，經歷過人世的滄桑以後，我漸漸覺得藝術的追尋應該是經由人間的種種經驗而超然於事件之上、情節之上、功利之上的沉思。”[6]因此，尉天驄賦予淮海這片原本高唱《大風歌》、民風剽悍、多慷慨之士的土地更多的傳奇色彩。

　　《馬鈴》中敘寫的老爺爺的傳奇，頗有鄉野傳奇的意味。老爺爺年輕的時候，朝廷取消了科舉考試制度，青年人的傳統上進之路中斷了，緊接著厄運不斷，莊稼歉收，水災、旱災、蝗災一波接一波湧進家門，隨之而來的是持續的社會動亂。為了保衛家園，老爺爺決定棄文習武，組織鄉民走上了造反的道路。在經歷了一場場殺戮、見過太多的犧牲之後，老爺爺崩潰了，他感到有很多鬼日日夜夜徘徊在自己身邊，他們的脖子上滴著血。老爺爺求遍了神仙和菩薩，靈魂絲毫不得安寧，沒過幾天，頭髮全白。他每天騎著馬，不停地繞著村子狂奔，於是人們習慣地聽到“呱噠呱噠”狂奔的馬蹄聲和“咣當咣當”激越的馬鈴聲，直到多年以後老爺爺從外鄉流浪回來去世以後，人們還常在夜裡聽到他的馬蹄聲和馬鈴聲。“他去世不久，那匹跟著他的馬也死了。但是很多人說，它沒有死，只是暫時跑開了，因為很多時候人們仍然聽見它在村子四周奔馳著，那麼焦急，那麼關注，那麼永不止息⋯⋯”作品將老爺爺的傳奇與動盪的社會和人們的願望相結合，緊緊抓住他組織鄉民造反、千里走單騎、愁白少年頭等傳奇性經歷加以渲染，著力表現他生前在多災多難中保衛著家園，在他死後，人們相信他還在守護著村莊。由此，蒼

---

6 尉天驄：《棗與石榴》，台北：印刻出版公司 2006 年版，第 237 頁。

茫的原野，樸拙的村民，"哐當哐當"的馬鈴聲，與無時無處不在的老爺爺的英魂渾融一體，構成了頗具神秘色彩的鄉野傳奇。

《血碑》更是組合了傳說、災難、愚昧、暴力、血腥、神秘等多種元素，展示了一個相對落後的鄉土環境中人們的生存狀態和苦難命運。在苦難中長大的大柱二柱兄弟走上尋親之路，卻遭到親人殺戮，只留給世人一塊無字的血碑。作者把各種人事置於抗戰這一時代背景下，但又盡可能地淡化時代色彩，更多地去表現鄉人原始的生命力，以及諸如親情與仇恨、尋親與復仇等複雜的情感糾葛。在這裡崇高與卑下，懷鄉與守望，苟安與殺戮，界線似乎沒有那麼涇渭分明，取而代之的是對人生無奈的感喟。作者將這些變成傳說，在對如煙往事的追思中，傳達出他對故鄉故土的特殊情懷。

這一審美特點在《井上》、《叫魂》、《那一盆爐火》、《邵蓮花》等篇中都有鮮明的體現。《井上》中的大頭二沒有大號，沒有人知道他的真正名字，但他是方圓幾十里人盡皆知的人物。作者突出表現了他的傳奇色彩，會趕馬車，會一套搓鞭子的絕活，會耍一手響聲比大雁的叫聲還要嘹亮和遼遠的鞭子，會唱包公戲，還有一個俊俏媳婦。然而這樣一個心地善良、人人喜愛的傳奇人物，去城裡辦事時被拉夫去了遠處，最後竟不知所終，其傳奇性的結局令人唏噓不已。而《叫魂》一開篇便敘寫故鄉叫魂的神秘習俗：只要左鄰右舍、家中親人出現上吊情形的，人們便會瘋狂地嘶喊，要用全村的力量把魂魄爭奪回來。接著，作品敘述三嬸子平常中又帶有些傳奇意味的一生，寫她因憂鬱病而上吊的前因後果，在一聲聲叫魂的呼喚中瀰漫著神秘氣息和蒼涼情調。

三

　　在回顧自己的散文創作歷程時，尉天驄說：「就這樣，我的寫作已經不是一般通常所說的寫作，而是一種想在無言的境遇中對過往的一切所作的追思。[7]

　　散文是於人生最貼近的一種文體。作者的生活、情感和人生感悟在散文中往往以輕鬆、自由的筆墨鋪陳開來。尉天驄在散文創作中傾注了極大的熱情去描繪故鄉人物、風土人情，在生動的敘述和具體的描寫中傳達著自己對過往歷史的記憶，營造出一個個帶有深厚文化積澱的鄉野傳奇。但尉天驄的散文創作還不止於此。在經歷了人生的種種遭遇之後，他更加明白了到底什麼是人需要珍惜的，什麼東西才能真正溫暖人心。他通過筆下的故鄉人事表現了自己對人生的思索和生命意義的追尋。

　　《棗與石榴》敘寫的是一個在村子裡最年長的老奶奶的人生。她經歷過白蓮教起義、紅燈照運動和八國聯軍入侵，見識多了就把人生的磨難看淡了，儘管丈夫早亡，兩個兒子正當盛年也都相繼離世，只留下一門孤寡，但老奶奶堅強地挺了過來，達觀地生活在自己的小天地裡。生活像節令一樣循環往復，但老奶奶卻能看見其中的成長和變化，感受到盼望和喜悅。「冬天的雪還沒有融化，她就在盼望著打春以後

---

7 尉天驄：《棗與石榴》，台北：印刻出版公司 2006 年版，第 13 頁。

杏花開得滿樹滿園了。孫子剛上小學，她已經在敘說著討孫媳婦的事了。”她每天必做的事就是給全家烙餅，她能把那些過往的舊事像過電影似的一遍又一遍地細細咀嚼，又一層又一層地和入麵中，一張一張地擀到烙餅裡去，她的烙餅“經過鏊子一烤，便整個院子都香甜起來”。老奶奶對周圍人事的關懷，對人生的積極態度，讓人看到了一種生命的風範，恰如淮海大地上白楊的高潔和榆樹的樸實。

《那一盆爐火》抒寫的是在動盪的年代，國破家亡的歲月裡，茅草屋的家中那一盆爐火的溫暖。一家人圍著爐火，交流著情感和資訊，這裡有濃郁的親情和久違的安寧。爐火正象徵著生活的希望，儘管外面動亂不已，但家裡即便再簡陋，它也是溫暖和幸福的港灣。作品傳達出平安是福的生活理念。而身為郵差的旺興小舅，雖然從小瞎了一隻眼，但他做事極為認真，鄉鄰託付的事無不盡力辦好，加上他連結著城市和村莊，傳遞著人們想要瞭解的各種資訊，他便得到了人們由衷的歡迎和信賴。從他身上，能充分體會到鄉下人的善良、踏實和自信。他在溫暖了別人的同時也極大地豐富了自己人生的意義。

尉天驄對故鄉的記憶和藝術表現，既是他個人的，有著獨特的視角和方式，同時也是時代的，寄寓著整整一代人的希望和夢想。他的散文也因此在平實的敘述背後，隱藏著沉重而深邃的主題，隱然勾勒出一顆孤獨、憂鬱而又略帶感傷的靈魂。

尉天驄的好友許國衡對他有過這樣的評價：“比起他的許多同輩作家，天驄可以說是得天獨厚，他沒有完全受到西化、現代化的影響，也沒有嘩眾取寵被市場化污染，他數十年如一日地寫他的濃冽的鄉土作品，就像他故鄉的驢子一樣，固執地獨自站在那棵棗樹下，默默地咀嚼著遍地皆是的棗子，甜甜的帶著一絲苦澀。"[8]這真可謂知人之論。數十年來，尉天驄經歷了歐風美雨的洗禮，西方文學藝術給了他許多滋養，但他沒有因此而走上西化的道路。與之相反，他以一個堅定的現實主義者的姿態，立足於本民族的文化立場，始終關注社會現實和文化鄉土，對西化觀念和媚俗的消費文化進行了抨擊，顯示了他與現實、與鄉土的血肉聯繫。散文集《棗與石榴》正充分呈現出他的這一價值取向和精神追求。他在歷史記憶和故土情結之間找到了散文創作的立足點，在對精神原鄉的藝術抒寫中傳達出悠長且深廣的文化情懷。

---

8 許國衡：《"驢子"與我》，《棗與石榴》，台北：印刻出版公司 2006 年版，第 20 頁。

論洛夫詩集《魔歌》

　　2018 年 3 月 19 日，世界華文詩壇久負盛名的一代"詩魔"洛夫永遠離開了他深愛著的詩壇，遽歸道山。

　　從 20 世紀 40 年代開始新詩創作，洛夫在此後七十餘年的詩歌生涯中，出版了《靈河》、《石室之死亡》、《魔歌》、《眾荷喧嘩》、《時間之傷》、《釀酒的石頭》、《月光房子》、《漂木》等三十餘部詩集。2009 年，普音文化出版社出版了《洛夫詩歌全集（1-4 冊）》，該書集洛夫一生創作之大成，充分顯示了其傑出的詩歌創作成就。洛夫曾經是台灣現代詩壇最具爭議的詩人，一生詩風多變，不斷尋求突破和創新，終於被稱為台灣現代詩壇最具震撼力的傑出詩人。台灣《中國當代十大詩人選集》如此評價洛夫："從明朗到艱澀，又從艱澀返回明朗，洛夫在自我否定與肯定的追求中，表現出驚人的韌性，他對語言的錘煉，意象的營造，以及從現實中發掘超現實的詩情，乃得以奠定其獨特的風格，其世界之廣闊、思想之深致、表現手法之繁複多變，可能無出其右者。"

　　在洛夫的詩歌作品中，長詩《石室之死亡》作為其早期創作的對於生死問題展開討論的代表作，由於其主題的深邃幽暗、意象的複雜紛繁，引發了人們廣泛的討論和爭議，長期以來一直是一個研究熱點。而 2001 年出版的三千行長詩、漢語新詩史上最長的詩——《漂木》，在震驚世界華文詩壇的同時，也得到了人們持續的關注和評論。相比較而言，1974年出版的第五部詩集《魔歌》，受關注的程度要低得多。而從洛夫的詩歌創作發展來看，《魔歌》其實有著極為重要的意義。吳三連文藝獎的評語對這部詩集有過高度評價："自《魔歌》以後，風格漸漸轉變，由繁複趨於簡潔，由激動趨於靜觀，師承古典而落實生活，成熟之藝術已臻虛實相生，動靜皆宜之境地。他的詩直探萬物之本質，窮究生命之意義，且對中國文字錘煉有功。"1999 年，《魔歌》被評選為台灣文學經典之一（共有 7 部詩集入選）。無論就詩集本身的藝術審美價值而言還是對於洛夫詩歌藝術發展的意義來說，《魔歌》都值得人們予以更多的關注和研究。

一

20 世紀五、六十年代的台灣文壇，是現代主義狂飆突進的時代。1953 年 2 月，紀弦創辦了《現代詩》季刊，在他的周圍很快集結了包括鄭愁予、羊令野、羅門、方思、辛鬱等在內的一批"現代派"詩人。1956 年 1 月，紀弦在台北發起召開第一屆詩人大會，宣佈正式成立"現代派"。他們提出了"現代派"六大信條："第一條：我們是有所揚棄並發揚光大地包容了自波特賴爾以降一切新興詩派之精神與要素的現代派之一群。第二條：我們認為新詩乃橫的移植，而非縱的繼承。第三條：詩的新大陸之探險，詩的處女地之開拓。新的內容之表現，新的形式之創造，新的工具之發見，新的手法之發明。第四條：知性之強調。第五條：追求詩的純粹性。第六條：愛國。反共。擁護自由與民主。""現代派"聲稱要"領導新詩的再革命，推行新詩的現代化"。1954年3月，覃子豪、余光中、鍾鼎文等在現代主義詩歌運動的推動下，成立藍星詩社，同年6月，創辦《藍星週刊》。1954年10月，洛夫與張默、瘂弦等在台灣南部海軍基地左營成立了"創世紀"詩社，出版了《創世紀》詩刊，也匯入了這股現代主義洪流。但與現代詩社的"新詩乃橫的移植，而非縱的繼承"的強烈西化傾向不同，創世紀詩社在成立之初的詩歌主張是較為溫和的。由洛夫執筆的《創世紀》第5期社論《建立"新民族詩型"之芻議》提倡的"新民族詩型"代表了該詩社的藝術傾向，文章提出"形象第一，意境至上"，主張"運用中國文字之特異性，以表現東方民族生活之特有情趣"。1959年，創世紀詩社進行改組，吸收了"現代派"和"藍星"的一些成員，如葉泥、商禽、葉珊、鄭愁予、葉維廉等，從而成為推動現代詩運動的中堅力量。這時，它放棄了"新民族詩型"的主張，轉而提倡詩的"世界性"、"超現實性"和"純粹性"，掀起了新一輪現代主義詩歌風潮。在這一背景下，洛夫走向"超現實主義"，創作了一系列意象繁複多變、艱深晦澀、充滿象徵歧義的詩歌作品。歷時五年完成的《石室之死亡》（1965）標誌著其超現實主義風格臻於極致。作品內容龐雜，意象繁複，氣勢恢巨，主題嚴肅，表現了對生命的深刻體認。詩人形而上地探討了人的存在、生死同構的主題，以白晝、太陽、火、子宮、荷花、向日葵、孔雀等意象來象徵生命，以黑、夜、暗影、墳、棺材、蝙蝠等意象象徵死亡。由於大量運用象徵、暗示手法，給作品蒙上了一層晦澀難懂的迷霧。因此，包括《石室之死亡》在內的洛夫這一階段的創作實踐在獲得不少掌聲的同時也深受詬病和抨擊。面對這種情形，洛夫在深深地思索，他感受到"超現實主義者都犯了一個嚴重的錯誤，即過於依賴潛意識，過於依賴'自我'的絕對性，致形成有我無物的乖謬，把自我高舉而超過了現實，勢必使'我'陷於絕地"。（《魔歌》自序）經過反思，他決心要努力探索出一條創作新路來。

《魔歌》正是這一艱難探索的突破性成果。

洛夫《魔歌》自序中詳細剖析了自己詩歌觀念的轉變過程。他說："近年來我的詩觀竟有了極大的改變，最顯著的一點，即認為作為一種探討生命奧義的詩，其力量並非純然源於自我的內在，它該是出於多層次、多方向的結合，這或許就是我已不再相信世上有一種絕對的美學觀念的緣故吧。換言之，詩人不但要走向內心，探入生活的底層，同時也須敞開心窗，使觸覺探向外界的現實，而求得主體與客體的融合。"也就是說，他不再將超現實主義作為自己唯一的美學原則，而是要去探索多種美學觀念的融合；他也不再將自己限於內心世界的開掘，而是要將內心世界與客觀世界相統一，尋求主體與客體的融合。這兩個融合意味著洛夫的詩歌觀念變得圓融通透。如果說早期詩歌創作中，他的審美觀念是"攬鏡自照，我們所見到的不是現代人的影像，而是現代人殘酷的命運，寫詩即是對付這殘酷命運的一種報復手段"的話，到了《魔歌》階段，他則偏向於從多個層面去探討生命的奧義，從多個角度挖掘生命、表現生命、詮釋生命。

　　在《魔歌》中，他開始崇尚"與物同一"，"贊天地之化育，與天地參"的境界。他認為："詩人首先必須把自身割成碎片，而後揉入一切事物之中，使個人的生命與天地的生命融為一體。作為一個詩人，我必須意識到：太陽的溫熱也就是我血液的溫熱，冰雪的寒冷也就是我肌膚的寒冷，我隨雲絮而遨遊八荒，海洋因我的激動而咆哮，我一揮手，群山奔走，我一歌唱，一株果樹在風中受孕，葉落花墜，我的肢體也隨之破裂成片；我可以看到'山鳥通過一幅畫而溶入自然的本身'，以聽到樹中年輪旋轉的聲音。"（《魔歌》自序）《死亡的修辭學》便很好地體現了這一藝術觀念：

> 槍　聲
> 吐出芥末的味道
>
> 我的頭殼炸裂在樹中
> 即結成石榴
> 在海中
> 即結成鹽
> 唯有血的方程式未變
> 在最紅的時刻
> 灑落
>
> 這是火的語言，酒，鮮花，精緻的骨灰甕，
> 俱是死亡的修辭學

> 我被害
>
> 我被創造為一新的形式

　　詩中的"我"可以與樹、與海相融合，"石榴"與"鹽"的意象便是把自身化為一切存在、"與物同一"的"真我"。詩人把主體生命契入客觀事物之中，客我渾然一體。這種主客體之間的契入與融合，逐漸成為洛夫慣用的一種創作方法："當我想寫一首'河'的詩，首先在意念上必須使我自己變成一條河，我的整個心身都要隨它而滔滔，而洶湧，而靜靜流走；扔一顆石子在河心，我的軀體也就隨著一圈圈的波浪而向外逐漸擴散，蕩漾。"《巨石之變》、《大地之血》、《清苦十三峰》、《裸奔》、《詩人的墓誌銘》等作品均採用了這種創作方法。

二

　　在追求"真我"的過程中，洛夫發現了"中國的禪與超現實主義精神多有相通之處。"（洛夫《超現實主義與中國現代詩》）儘管洛夫對超現實主義的局限性有清醒的認識，但他並沒有簡單拋棄超現實主義，而是依然"迷惑於透過一種經過修正後的超現實手法所處理的詩境"。他不否認自己是一個廣義的或知性的超現實主義者，"知性"與"超現實"固然是一對矛盾，但洛夫努力在詩中使其統一起來。此時他有意識地去學習中國傳統文化。當他從中國傳統文化和古典詩歌中尋求寫作資源時，發現了一種"無理而妙"、極富詩

趣的東西，一種空靈恒久之美。他感到這正與超現實主義非
理性的特質不謀而合。於是，他又努力探索將超現實主義紮
進中國傳統文化的沃土中，尋求二者的融合。他借助於超現
實主義對中國古典詩歌美學進行重新審視，力圖解構其格律
形式，保留其情趣、意境，重新賦予其現代的意象和語言節
奏，釋放並復活其意象的永恆之美。

　　由此，洛夫借超現實主義的方法寫了很多禪詩。需要指
出的是，固然像洛夫所說的，他的禪詩受到莊子與禪宗思想
的影響，本質上與中國的禪宗有著內在的關係，但洛夫的禪
和佛教的禪其實是有所區別的，他的禪更多的是生活的禪，
是生活中的一種禪趣，是一種生命的覺悟。他的禪詩寫的往
往是一種意象，一種風景，一個印象式的世界，這個世界很
接近禪趣、禪味。可以禪詩《金龍禪寺》為例：

> 晚鐘
> 是遊客下山的小路
> 羊齒植物
> 沿著白色的石階
> 一路嚼了下去
>
> 如果此處降雪
>
> 而只見
>
> 一隻驚起的灰蟬

　　把山中的燈火

　　一盞盞地

　　點燃

　　洛夫曾談到這首詩的創作背景："金龍禪寺的燈光一亮，所有的蟬聲突然停止，我才從迷惘中醒來。這時我恍然大悟，那萬蟬齊鳴中最令人感到親切的聲音，不就是傳說中的，而我一直渴望聽到的山靈的呼喚嗎？"（《山靈呼喚》）這表明洛夫在大自然中受到啟迪和感染，內心世界澄澈清明，與自然融為一體了。晚鐘、小路、石階、灰蟬、詩人，在這裡都成為天籟的一部分，無論是聽到的"晚鐘"，還是沿著石頭台階"一路嚼下去"的"羊齒植物"，還是將燈光"一盞盞地點燃"的"灰蟬"，主體與客體完美地融為一體，"與物同一"達到了禪宗的和諧之美。

　　《魔歌》中詩歌作品的風格是多種多樣的。由於洛夫不再將超現實主義作為自己唯一的美學原則，他努力地去探索多種美學觀念的融合，他寫戰爭，寫死亡，寫歷史，寫自然，寫性，寫"真我"的種種表現。他的詩便往往隨著題材和主題的不同，形成各種風格。而在多種風格中，有一種風格是他以往的創作所缺乏的。在這一類作品中，他在語言的經營中刻意求工，錘煉了精粹單純而鮮活生動的意象，篇幅也較為簡短。其中有《隨雨聲入山而不見雨》、《欲雨》、《舞者》、《有鳥飛過》、《床前明月光》、《石頭記》、《某小鎮》、《屋頂上的落月》等。如《床前明月光》：

　　不是霜啊

而鄉愁竟在我們的血肉之中旋成年輪
在千百次的
月落處
只要一壺金門高粱
一小碟豆子
李白便把自己橫在水上
讓心事
從此渡去

　　這首詩借用李白《靜夜思》的典故，而又獨具匠心，以
一壺金門高粱感時抒懷，語言俗白，意象單純，意境簡潔明
朗，與先前意象繁複的作品判若兩人。又如《隨雨聲入山而
不見雨》：

撐著一把油紙傘
唱著"三月李子酸"
眾山之中
我是唯一的一雙芒鞋

啄木鳥　空空
回聲　洞洞
一棵樹在啄痛中迴旋而上

入山
不見雨
傘繞著一塊青石飛

　那裡坐著一個抱頭的男子
　看煙蒂成灰

　下山
　仍不見雨
　三粒苦松子
　沿著路標一直滾到我的腳前
　伸手抓起
　竟是一把鳥聲

　　詩中寫上山時的景象是"啄木鳥　空空／回聲　洞洞／一棵樹在啄痛中迴旋而上"，這裡的"空空""洞洞"在聽覺上與"一棵樹在啄痛中迴旋而上"在視覺上共同營造出空寂靜謐的境界；而入山後，只見"那裡坐著一個抱頭的男子／看煙蒂成灰"，頗有歲月靜好之感；待到下山來，"三粒苦松子／沿著路標一直滾到我的腳前／伸手抓起/竟是一把鳥聲"，這苦松子也好鳥聲也好，代表的是自然風景，而其背後則是詩人怡然自得的心境。這種情調和意境真可直追唐代的田園山水詩。而"伸手抓起／竟是一把鳥聲"，則透露出詩人在向傳統回歸過程中依然保留著他"超現實主義"的基因。這也體現了超現實主義與東方詩學的融合，顯示出詩人在現代主義中國化方向上的努力。

三

　　《魔歌》中最令人震撼的作品是《長恨歌》。這是 20 世紀中國新詩的一個異數，對洛夫來說，具有革命性的意義。這首敘事長詩在 1972 年 9 月出版的《創世紀》第三十期發表後，引起了人們熱烈的討論。本文想要闡述的是，這首詩其實是洛夫在推動現代主義中國化發展過程中的一個十分重要的標誌性成果。

　　《長恨歌》原是白居易創作的經典名篇。詩歌抒寫了唐玄宗與楊貴妃的愛情悲劇，這一委婉曲折的動人故事以及詩中"在天願作比翼鳥，在地願為連理枝。天長地久有時盡，此恨綿綿無絕期"等名句，為歷代人們廣為傳誦。洛夫則對此進行瞭解構，並在解構過程中進行了新的建構，以超現實主義的藝術表現手法賦予這一中國古典題材以新的內涵和意義。

　　作為一首敘事長詩，《長恨歌》從第二節開始正式進入了敘述：

　　　　　　她是
　　　　　　楊氏家譜中
　　　　　　翻開第一頁便仰在那裡的
　　　　　　一片白肉
　　　　　　一株鏡子裡的薔薇
　　　　　　盛開在輕柔的拂拭中
　　　　　　所謂天生麗質
　　　　　　一粒
　　　　　　華清池中
　　　　　　等待雙手捧起的

泡沫

仙樂處處

驪宮中

酒香流自體香

嘴唇，猛力吸吮之後

就是呻吟

而象牙床上伸展的肢體

是山

也是水

一道河熟睡在另一道河中

地層下的激流

湧向

江山萬里

及至一支白色歌謠

破土而出

　　這一節介紹了楊貴妃的身世，入宮的經歷，其中的"天生麗質"、"華清池沐浴"直接承自白居易的《長恨歌》"天生麗質難自棄，一朝選在君王側"、"春寒賜浴華清池，溫泉水滑洗凝脂"。然而，這一節出現的性交意象和場景以及在全詩中初露端倪的嘲諷語氣則是原詩所沒有的。

　　接下來，詩人在第三節裡著力表現了一個耽於淫樂、不思進取的昏君形象：

他高舉著那只燒焦了的手

大聲叫喊

我做愛

> 因為
>
> 我要做愛
>
> 因為
>
> 我是皇帝
>
> 我們慣於血肉相見

　　這些赤裸裸的語言徹底顛覆了先前人們建構起的那個重情重義、愛江山更愛美人的唐明皇形象。而按下來的一節更充滿嘲諷：

> 他開始在床上讀報，吃早點，看梳頭，批閱奏摺
>
> 蓋章
>
> 蓋章
>
> 蓋章
>
> 蓋章
>
> 從此
>
> 君王不早朝

　　詩人把現代人在床上讀報的生活現象放在唐玄宗身上，以荒誕的手法來刻畫這位昏君形象，以看似寫實實為超現實的手段對“從此君王不早朝”進行了另類解讀。這也就很巧妙地過渡到後面的戰爭敘述：

> 他是皇帝
>
> 而戰爭
>
> 是一灘
>
> 　不論怎麼擦也擦不掉的
>
> 黏液
>
> 在錦被中

殺伐，在遠方

錦被中的戰爭和遠方戰場上的殺伐這兩種戰爭在這裡就很自然地銜接在了一起，而楊貴妃的命運也就漸漸浮出水面，她最終成為肉欲和戰爭的替罪羔羊：

一堆昂貴的肥料

養著

一株玫瑰

或

歷史中

一種絕症

詩歌最後，洛夫呼應了白居易《長恨歌》的結局：

時間七月七

地點長生殿

一個高瘦的青衫男子

一個沒有臉孔的女子

火焰，繼續升起

白色的空氣中

一雙翅膀

又

一雙翅膀

飛入殿外的月色

漸去漸遠的

私語

閃爍而苦澀

風雨中傳來一兩個短句的迴響

　　洛夫在這裡雖沿用了白居易"七月七日長生殿""夜半無人私語時""在天願作比翼鳥"的意象,但詩歌的意趣和情韻已全然不同,留下的只有苦澀、虛幻和歎息。

　　《長恨歌》意味著洛夫的詩歌創作完成了對傳統的回歸。洛夫從中國傳統文化和文學傳統中選取題材,以西方超現實主義進入東方詩學的深邃境界。他融匯西方現代詩潮和東方智慧,縱貫古今,在傳統與現代之間找到了支點,鍛造出一種以現代為貌、以中國為神的大中國詩觀,實現了向現代主義中國化的華麗轉身。

論王文興《家變》的文學史意義

　　在 20 世紀中國文學的發展進程中,《家變》是一部不容忽視的作品。1973 年,王文興苦心經營了七年之久的長篇小說《家變》由寰宇出版社出版,立即在台灣文壇引發了強烈的爭議。《中外文學》、《書評書目》等主流刊物接連發表評論文章,顏元叔、林海音、朱西甯、羅門、劉紹銘、歐陽子、張系國、張漢良、王鼎鈞、隱地、呂正惠等一大批作家、學者撰文參加討論,真可謂極一時之盛。在討論中,出現了兩種截然不同的聲音。譽之者認為:"《家變》在文字之創新,臨即感之強勁,人情刻畫之真實,細節抉擇之精審,筆觸之細膩含蓄等方面,使它成為中國近代小說少數的傑作之一。"[1] "無論在文字、結構和思想來說,《家變》是台灣文學二十年來最令人驚心動魄的一本突破性的小說。"[2]貶之者則認為:王文興是"'落後'的社會裡徹底西化的知識份子",不是"生錯了地方",就是"受錯了教育"[3];《家變》

---

1 顏元叔:《苦讀細品談〈家變〉》,《中外文學》第 1 卷第 11 期,1973 年 4 月。

2 劉紹銘:《十年來的台灣小說:1965-1975》,《中外文學》第 4 卷第 12 期,1976 年 5 月。

3 呂正惠:《王文興的悲劇》,《小說與社會》,台北:聯經出版公司 1988 年版,第 21 頁。

所宣揚的"完全是'弱肉強食''適者生存'的 西方哲學論調,中國人的渾厚圓熟,悲天憫人的情懷到哪裡去了?"[4]這場討論在台灣文壇持續了很長一段時間。

圍繞著《家變》進行的討論及其各種意見,正反映了人們對台灣現代主義文學的基本態度。20世紀50年代由詩人紀弦發起的台灣現代主義文學運動,到六七十年代達到高潮。對於這場文學運動,人們見仁見智,眾說紛紜,曾發生過多次論爭乃至論戰。而王文興是一個最為典型的現代派作家,其《家變》無論在思想觀念還是在藝術形式方面,都鮮明地體現著現代主義文學的精神。1999年,台灣《聯合報》舉辦了"台灣文學經典"的評選活動。此次活動規格高,規模大,參與面廣,影響深遠。包括10部小說、7部詩集、7部散文集、3部劇本、3部文學評論著作在內的一個世紀台灣文學中的30部作品最後入選"台灣文學經典"。曾經飽受爭議的《家變》這次也順利入選。今天,重新審視這部台灣現代主義文學的經典作品,我們應該把它放到20世紀中國文學的發展史中加以考察,只有這樣,《家變》的意義和價值才能充分地凸顯出來。

一

《家變》在思想內容上最為人詬病的是對"家庭"和"中國傳統文化"的顛覆和反叛。對於"家庭",小說主人

---

4 簡苑:《我對〈家變〉的一點感想》,《書評書目》第8期,1973年9月。

公范曄在日記中曾予以如此猛烈的抨擊：

> ——家！家是什麼？家大概是世界上最不合理的一種
> 制度！它也是最最殘忍，最不人道不過的一種組織！
> 在一個家庭裡面的人們雖然在血統上攸關密切，但是
> 同一個家庭裡的構成的這一撮人歷來在性格上大部
> 都異如水火！——怎麼可以不管三七二十一的把他們
> 放在共一個環境裡邊？強把一家三個人都迫他們集
> 中在一塊，就彷彿像是令三頭族類根本不相同的惡
> 獸——例如猛虎，戾獅，怒豹——齊囚在小小一隻獸
> 監底裡面。[5]他憤怒地發誓：我將來，我現在發誓，我
> 不要結婚！假使我或者背叛了是一誓矢的話，我也一
> 定斷斷不會去生養小孩子女出來！我是已經下定了
> 決心不再去延續范姓的這一族線的族系流傳了——[6]

　　范曄的這種家庭觀念引發了人們的擔憂，也遭到了一部
分讀者的激烈反對和批評。"《家變》使我們害怕，不敢一
讀再讀，理由可能是這本書揭發了不少做人兒子的連對自己
也不敢承認的隱私。"[7] "《家變》告訴我們，在西化的最
高峰，台灣的知識份子是如何反叛他們自己的文化傳統的。"
[8]凡此種種，評論界有相當一部分人把《家變》當作了西化的

5　王文興：《家變》，台北：洪範書店 2002 年版，第 221 頁。
6　王文興：《家變》，台北：洪範書店 2002 年版，第 224 頁。
7　劉紹銘：《十年來的台灣小說：1965-75》，《中外文學》第 4 卷第 12 期，
　　1976 年 5 月。
8　呂正惠：《王文興的悲劇》，《小說與社會》，台北：聯經出版公司 1988
　　年版，第 25 頁。

典型文本來加以批評。他們的批評帶有濃厚的意識形態色彩。評論者一是把小說主人公范曄的思想意識視作王文興的觀念，認為作者通過《家變》充分表現出反對中國文化、排斥傳統道德的西化傾向，因此《家變》是大逆不道的。二是以傳統的倫理觀為標準，認為范曄這種不講孝道、不要家庭的逆倫行為產生了消極的社會影響；而在他們看來，中國傳統的家庭制度和倫理觀念在西化的浪潮中是需要守護的。

　　20 世紀六七十年代，台灣正處於由傳統的農業社會向現代工商社會的轉型期，中西文化、新舊價值觀念產生了激烈的交鋒。這一時期盛行的現代主義文學其根本的精神即是顛覆和反叛，顛覆傳統，反叛現存的觀念。王文興就認為現代主義文學的特色主要有兩個：“第一，是一種質疑的精神，或者說是一種否定的精神；第二個特色是濃厚的思考精神。”[9]《家變》故事開始的時間是 1966 年 4 月[10]，這正是西化浪潮席捲台灣思想界、文化界之時，一大批有著現代主義精神的知識份子對現實存在狀態產生了懷疑，他們以反叛的姿態抨擊現有的社會規範和社會秩序，探索新的生命意義。范曄虐父、逐父行為的背後正反映出對傳統倫理和禮教的反叛與顛覆。

　　從文學史的角度來看，早在五四時期，伴隨著啟蒙主義思潮的興起，新文化運動的推動者和參與者就開始質疑和顛覆中國傳統的倫理觀、孝道觀與家庭制度。

9　王文興：《異鄉人 —— 存在主義文學的特色》，康來新主編：《王文興的心靈世界》，台北：雅歌出版社 1990 年版，第 127 頁。

10　王文興：《家變六講》，台北：麥田出版社 2009 年版，第 38 頁。

　　1917年，吳虞在《家族制度為專制主義之根據論》一文中對家族制度進行了攻擊，倡議反對孝道。他認為，對雙親和祖宗的忠孝泯滅了個性，因而為專制主義所利用，家庭制度使四億中國人成了"無數死者的奴隸，因此無法奮起"。1919年，魯迅在《我們現在怎樣做父親》中，運用進化論理論，批判中國的家族制度是"反自然"的。他寄希望於父輩一代的啟蒙者：自己背著因襲的重擔，肩住了黑暗的閘門，放他們到寬闊光明的地方去;此後幸福的度日,合理的做人。他把吳虞對父權的攻擊，發展為要把孩子從孝道中解放出來。同年，傅斯年則在《新潮》創刊號上發表《萬惡之源》，控訴了封建家庭對青年人個性的壓制和摧殘，對傳統倫理道德進行了譴責："《大學》上說，'修身然後齊家'。在古時宗法社會,或者這樣。若到現在,修身的人,必不能齊家;齊家的人,必不能修身。……咳！家累！家累！家累！這個呼聲底下,無數英雄埋沒了。"[11]傅斯年之後，顧頡剛對家族制度作出了進一步的批判。他在《新潮》第1卷第2期上發表《對舊家庭的感想》，指出："我們長期暗自忍受著痛苦，根源在於舊家族制度的三個主義：名分主義、習俗主義和宿命主義。"與吳虞等抨擊父母權威不同，顧頡剛則重在揭露長期順從父母權威而形成的心理基礎，深入地剖析了妨礙青年個性發展的深層次原因："為什麼年輕一代不要求個性發展，其原因在於長輩們已使他們習慣於敬奉而不表達自己的觀點;他們能從'父子'、'兄弟'、'夫婦'的名分中，獲得

---

11 傅斯年：《萬惡之源》，《新潮》第1卷第1號（1919年1月）。

安全感。"[12]葉聖陶在同一期《新潮》上，發表了《女子人格問題》一文，譴責了中國家族制度對女子人格的侮辱。葉聖陶認為，儒家提出了"賢妻良母"的倫理觀，用"貞操"觀念來束縛婦女，在儒家倫理道德觀念的影響下，婦女普遍缺乏自我意識。這是中國婦女缺少獨立人格的根源。葉聖陶熱誠地希望："女子必須取回自己的人性，因為她們畢竟也是人類中的一部分……如果今天的女子還缺乏一種更積極的認同感，那便是她們自己的過失了。"[13]

面對中國傳統的家庭制度，面對父權，中國現代作家在文學創作中運用多種藝術形式進行了生動的描寫和無情的揭露。魯迅在《狂人日記》中通過狂人的形象揭露了禮教吃人的本質，抨擊了封建家族制度，發出了"救救孩子"的吶喊。這篇小說對於傳統倫常關係進行了大膽的消解。艾青在《我的父親》一詩中，通過"我"和地主"父親"的種種關係，表現了與"父親"的對立，對於"父親"予以深刻的揭露和否定。詩人這樣概括他父親的"一生"："他是一個最平庸的人；／因為膽怯而能安分守己，／在最動盪的時代裡，／度過了最平靜的一生，／像無數的中國地主一樣:/中庸，保守，吝嗇，自滿，／那窮僻的小村莊，／當做永世不變的王國;／他的祖先接受遺產，／又把這遺產留給他的子孫，／曾減少，也不曾增加！"詩句中包含著對"父親"的鄙視和對父權的否定。曹禺在劇本《雷雨》中寫生性怯懦的周萍，

12　顧頡剛：《對舊家庭的感想》，《新潮》第 1 卷第 2 號（1919 年 2 月）。

13　葉聖陶：《女子人格問題》，《新潮》第 1 卷第 2 號（1919 年 2 月）。

當初和繁漪陷入情網是基於兩人都恨周樸園："你說你恨你的父親，你說過，你願他死，就是犯了滅倫的罪也幹。"周萍深切地感到："周家的空氣滿是罪惡……在這樣的家庭，每天想著過去的罪惡，這樣活活地悶死麼？"因此，他要離開這個罪惡的家庭去開始新的生活。對封建家族制度和家長專制制度進行更全面、更系統、更深入的藝術表現的，當推巴金的長篇小說《家》。作者將人物的關係和命運置於五四時期這一特定的時代背景中加以表現，描寫了在高家這個四世同堂的大家庭裡年輕一代和封建家長之間的矛盾和鬥爭。四世同堂乃至於五世同堂原本是中國傳統的理想家庭模式。在這樣的家庭結構中，家長處於金字塔塔尖的位置，他是家庭的最高統治者，安排和支配著家庭成員的命運。《家》裡的高老太爺就是一個這樣的角色。他的名言是："我說是對的，哪個敢說不對？"《家》裡發生的大大小小的罪惡幾乎都和他有關。於是，在高家內部，受到五四新思潮影響覺醒過來的年輕一代為了個性解放和婚姻自由，勇敢地反叛大家庭，對封建家長進行堅決抗爭。高覺民抗婚的成功和高覺慧離家出走，標誌著青年人對傳統的顛覆和對家庭的反叛取得了決定性的勝利，同時也象徵著封建家長統治地位的動搖乃至喪失，封建家庭秩序的破壞以至於毀滅。

　　因此，從中國現代文學史的角度來看，顛覆傳統、反叛家庭、反抗父權、批判舊道德舊倫理，早已在五四以後的啟蒙理論和創作實踐中得到了充分地表現。中國現代作家在這一問題上顯示出了極大的勇氣和決心。《家變》所表現的對傳統的家庭觀念和孝道的反抗，並不是前無古人的創舉，而是五四以後前代作家基礎上的一個繼續。只不過在較為強調中國傳統文化的 20 世紀 70 年代的台灣社會，其鮮明的反叛傳統的色彩使人們感受到了驚世駭俗的意味。

二

儘管顛覆傳統、反叛家庭早已是五四以後現代文學重要的表現內容，但《家變》在這一主題的表現上有著獨特的意義和價值。

作為一部現代主義的文學經典，《家變》在文學觀念和精神特徵方面是充分現代主義的。以現代主義的觀念和精神質疑現存的家庭秩序，反叛傳統的道德觀念，探索人生新的意義，追尋個體生命的本質，這使《家變》與文學史上以往同類題材作品有了顯著的區別。

《家變》中具有濃重現代主義色彩的離經叛道的思想內容是通過作品主人公范曄的成長，漸次表現出來的。范曄成長的歷史是一部反叛傳統倫理、質疑家庭、消解父權的歷史。

在范曄五、六歲還和父母在大陸時，父母有次一起拿他開玩笑，說他將來是個叛逆兒子。這段情節極富有意味：

> "他奉養你？別做夢噢，幾個兒子真的奉養過父母親的？"

> "真是，真是，"父親傷色地搖頷，"都一樣，這孩子必也是那種叛逆兒子。"

他苦痛且哀傷，極辯說：

"我不會，不會的！"

"現在說容易，將來看會不！那時侯安得不是嫌父母
醜陋，礙目，拖負，把父母趕逐出屋。我們這兒子是
不孝順的沒話說了。你注意他底相貌就是不孝的面
相，我們這個兒子准扔棄父母的了。這是個大逆、叛
統、棄扔父母底兒子！"

聽著父親預言的話，他眼睛注投地上，而含仇恨地盯
視他們。[14]

　　父母原本只是和兒子說說笑話，作為小孩子的范曄卻認
真了，極力為自己辯護。這說明他儘管還處於童稚期，但在
他幼小的心靈裡，已清楚地知道不孝是個很大的罪名，他不
想做那種叛逆兒子，因此，對於說他"是個大逆、叛統、棄
扔父母底兒子"的玩笑話十分反感和惱火。也就是說，范曄
並不是天生就是叛逆兒子，在這一階段，他還是個以孝道為
本的孩子，所以他才會對"叛逆"、"不孝"如此反感。吊
詭的是，父母的這番玩笑話竟成為預言，最後這恐怕也是范
曄所始料未及的。

　　而事實上，范曄從小就表現出與眾不同的叛逆性。小說
敘述了范曄有一天因對母親有逆反言行而被父母用雞毛帚打
了一頓。小孩子有逆反心理、不聽話原本是正常的事，而父
母為了教訓孩子而打罵他們在中國的家庭裡也司空見慣，但

14　王文興：《家變》，台北：洪範書店 2002 年版，第 28-29 頁。

范曄卻表現出了異乎尋常的反應：

> 他是這樣恨他父親，他想殺了他：他也恨他的母親，但尤恨他父親！他想著以後要怎麼報復去，將驅他出家舍，不照養撫育他。這對待兒子不好的父親將來好好讓他受苦，等那時候從從容容對付他！[15]

遭到父母打罵產生怨恨情緒是很容易理解的，但這樣一個孩子，內心竟會對父母充滿如此可怕而惡毒的仇恨。他不但有如此強烈的仇恨，還有非常嚴密完整的復仇計畫，把復仇的步驟一步步考慮得很清楚，真令人感到匪夷所思。但結合范曄後來的反叛傳統倫理、質疑家庭的逐父之舉，我們可以理解，人物思想性格的發展變化其實是有其內在邏輯的。

范曄 11 歲的時候，在學校裡學會了一點點摔跤，他回到家就和父親較量，把父親攔腰一抱，用盡力氣要把他摔倒，但父親卻絲毫不動。范曄一次次地從地上爬起來，一心想把父親鬥倒。終於，他乘父親懈怠之機，伸腿一鉤，把父親絆倒在地。這一幕父子相鬥的遊戲其實是在普通家庭裡經常上演的，但像范曄這樣一心要把父親鬥倒，在角鬥的過程中"實在在心間恨透了其父親"；而父親也詫異，反覆地說"怎可以對你爸爸這樣"，這種情形在一般的父子間又是很少見的。這反映出范曄在骨子裡對父親權威的反抗性。范曄 12 歲時已自認為是個反神鬼的人，當母親在中秋節照例擺上祖宗的神位祭祖，他便與母親之間發生了一場關於神的惡吵，

---

15 王文興：《家變》，台北：洪範書店 2002 年版，第 62 頁。

他罵母親"虛偽！假道學！虛偽！虛偽！"儘管最終他還是給神位鞠了一個躬，但在心裡他對父母親的迷信已頗為不屑了。以後，當同樣的情形再次出現時，他總是以敷衍的態度對付，僵硬地給神位鞠躬，極不情願地給父親拜壽，他深深地為著剛才的鞠躬感到極大的"傷辱"，他氣憤：這一種的迷信根本不應當存在！這一種孝道也更不應當存在！他趁父母不注意，就出去把櫥台上神位前的兩枝蠟燭吹滅了。雖然因年少還無力正面對抗父母，但通過這些舉動，我們很清楚地看到范曄已把"孝""順"都拋棄了。儘管母親恐嚇他："我告訴你，你知若不'孝''順'的話，你的祖宗不會輕容你。一切不孝的人一定天誅地除！你給我可要當心！你不'孝'你的列祖列宗都要嚴罰你，叫你粉身碎骨，萬劫不復！"但他絲毫不為所動。他的反叛傳統倫理的叛逆性格此時已經形成。

　　隨著身體和心智的成長，范曄對父親的敬畏蕩然無存，對家庭的依戀和自豪也消失殆盡。有一天，他突然發現原來感覺很高大的父親原來是個個子奇矮的矮個子，而且是個拐了一隻腳的殘廢。父親的一些奇怪的生活方式竟然影響了自己十幾年，而現在他發現了其中的荒謬和可笑之處。到後來，當他知道了父親在工作單位的種種表現後，他對父親更是產生了強烈的鄙視和不信任感。對於家庭的感覺，也是如此。在他 16 歲的時候，父親與二哥、父親與母親之間發生了一系列爭吵，他感到家庭像地獄一樣。面對這樣的家庭，"他恨至了他的哥哥！""他由是乃恨透了他的母親。憎恨她的狡擅演戲。""他其時遂恨他的父親千百倍於恨他的母親！"

這是在精神上對家的憎惡、怨恨。而在物質方面，家的貧窮、簡陋、骯髒使他感到羞恥，"對於他周遭的環境他可以說是'惡'憎到極點"。他感到無法忍受下去了。他想過以自殺來擺脫，也用過自慰的方式來予以紓解，但都無濟於事。等到他成為 C 大歷史系助教，有了經濟能力，而父親這時又剛好退休缺少了經濟來源，他對父親的態度產生了鮮明的變化。他對家裡的錢財進行嚴格的控制，動不動叱罵父親，甚至不許他吃飯，關他禁閉，最終由虐父走向了逐父。父親忍無可忍，只得離家出走。

《家變》是一部現代主義小說，它在日常生活的描寫上是寫實的，但它在揭示人物面對家庭和父權、傳統倫理和孝道觀念等態度上，則充滿了現代主義的質疑和批判的精神。然而，僅僅有質疑和批判是不夠的，作品的不足之處正在於，在批判了傳統的家庭倫理和道德觀念的種種弊端之後，如何建立起一種健康的新型的家庭關係，在這方面卻未能作多少探索。

三

與中國現代文學史上的大量經典作品相比，《家變》的情節顯得較為單純，表層結構並不複雜。作為一部現代主義作品，其突出之處在於，作者致力於人物內心世界的開掘，揭示人物隱秘的心靈活動，形成了複雜的深層心理結構，細緻地敘述了范曄如何由一個天真幼稚的兒童成為一個虐父、逐父的大學助教的心理變化過程。在這方面，《家變》顯示出了心理分析小說的特點。其對人物內心開掘之深，對日常生活描寫之細，在現代文學中是罕見的。

王文興在談到現代主義的精神時，認為"現代主義的精神在於質疑和原始兩者"，而"質疑和原始，恐怕多半來自於尼采和佛洛伊德的影響。……佛洛伊德心理的探索，摧毀了外在秩序的世界，對於欲情（libidou）的體認，也與現代主義的原始崇拜息息相關。"[16]王文興充分運用佛洛伊德的精神分析方法，深入探索了范曄隱秘的心靈活動和複雜的深層心理結構。

范曄在童年時代，對父親有著明顯的原始崇拜。他喜歡和父親一起沿街漫步，年輕相貌的父親"溫敦煦融的笑著"，而他的"小手舒憩適恬的臥在父親煖和的大手之中"。五歲時，媽媽問他喜歡爸爸還是媽媽，"他走向了父親"。他和父親夜裡一起睡，特有安全感："他皆臥睡臨牆之邊，父親睡外周。這是個安適恬寧的角隅。他彷彿臥在人間最最安全的地域，父親偃臥之身像牆垛般阻住了危險侵害。"在范曄幼小的心中，父親是高大的："父親的身幹在他看來非常高，他只及父親的腰間"；父親是多才的："父親喜於憩閒時詠唱詞曲"；洗澡時，父親純白而結實的裸體使他驚駭："他的裸身純白得像百合花，且從來少有見過這些圓而結實的肉肌"；父親留學巴黎的經歷，"他聽了覺得異常驕溢"。這樣一位溫和、高大、有學問、有教養的父親，令兒子感到和父親在一起充滿了溫暖和安全。

---

16 王文興：《現代主義的質疑和原始》，《書和影》，聯合文學出版社 1988年版，第 183 頁。

　　小說也充分地寫出了范曄小時侯對家的依戀、對父母的愛。有一次他在課堂上學到一篇《我家真正好》的課文，便馬上想起"媽媽淺淺的笑貌"和"爸爸溫藹和善的顏面"，竟鼻子一酸哭了起來，"他極想還家"。而在回家的路上，他卻突然擔心家不存在了，於是一路狂奔：

> 他在接近家的時候不知為甚麼突間想到家可能已經不在，在他離家的時辰家可能遭逢了場巨火，已成為平曠，他速迅向前飛跑，想即刻看到究竟。他奔沖途中跌了兩次跤。他心快要跳出咽腔來了，他就要看到了！那房子安然如舊的座落那裡，他舒了一大大口氣。他閉上眼瞼默想他什麼都可以失掉不在意，只要是這個家尚在。[17]

　　這段文字將范曄的心理活動過程寫得十分細膩，把他對家的依戀和珍惜表現得淋漓盡致。那種來自於心靈深處的緊張、恐懼、焦灼、欣喜，被立體地呈現了出來。

　　范曄看到鄰居家在辦喪事，他感受到了死亡的氣息。當他意識到父母有一天也會死去時，他頓時感到很害怕，要是父母死了，誰來照料他？他祈禱："請千萬別讓爸爸媽媽那樣早死掉，觀音娘娘，假如爸爸媽媽那時死掉他才只十歲，他將怎麼好？誰照料看呼他？他恐要在街上流亡當乞食。千萬別任爸跟媽媽那樣早死掉吖，他還甚需他倆，他還需要他們的照養和煖愛。……天啊，菩薩 ah，觀音大娘啊，請別讓

---

17 王文興：《家變》，台北：洪範書店 2002 年版，第 37-38 頁。

我所親愛的爸和媽早死，讓我還能很久很長的跟他們一齊，哦，我是多愛多愛他們噢，淚水迷朦了他的視覺……"[18]這裡把小學時代的范曄對死亡的恐懼和對父母的愛以及對自己生存的現實考慮融合在一起，寫出了人物複雜的情感和心理，他的不捨父母死亡既有對父母的感情因素，也包含著對個體生命的理性考量。

然而正是這樣一個孩子，在遭到父母打罵後，卻產生了極為強烈的報復心理。他想"殺"了父親，以後要"驅他出家舍，不照養撫育他"，"將來好好讓他受苦"。此時，作者把范曄內心對父母的"怨恨"，計畫實施報復的"舒暢"具體地呈現了出來。接著，作者進一步揭示人物的心理活動，寫他在意識層面的報復計畫：

> 他想他或者應該現下即從家裡離去，離了這所家——他走得遠遠遠遠的，讓他們找他。讓他們後悔鞭打了他搞得他如今走勒。他將怎樣也不回家，他將從一處流浪到另處，而以後也許他將在一家什麼遠處都市裡頭底辦公機關裡擔任一個小當差。不保定他生起病了！他一人睡在小房間中，沒有人照護顧看他。他也不通知他們！也許他遂死掉勒！他直到死都和他們沒有任何的關係。他感到悲傷的某種滿足與快樂。[19]

計畫之縝密，心思之細膩，心理之陰鬱，既反映了一個處於逆反期的孩子真實的內心世界，也表現出范曄異於一般

---

18 王文興：《家變》，台北：洪範書店 2002 年版，第 44 頁。
19 王文興：《家變》，台北：洪範書店 2002 年版，第 62-63 頁。

孩子的特殊個性。正是這樣的特殊個性，使他最終走上了虐父、逐父的道路。

作者對范曄成長過程中的叛逆心理有著細緻的連續的描寫。在經歷了父親與二哥衝突，父親與母親爭吵，父親為舊同事所騙、枉做了一場發財夢，父親在單位裡人際關係失當而遭至諸多負面評價等一系列變故後，范曄對父親的叛逆心理已發展到頂點。其極致的表現是范曄的夢境。范曄在夢中與父親發生了激烈的打鬥，最後竟手持鋼刀殺了父親。這一夢境正可以用佛洛伊德的釋夢理論來解析。范曄因在現實世界中無法實現其逐父的願望，便將“殺父”的欲望壓抑到潛意識之中，經過夢境的包裝，終於滿足了其內心將父親從生活中消失的意念。頗具意味的是，把范曄從夢境中驚醒的是一場“扭轉乾坤”的大地震，這預示著這個家庭正面臨著如“大地震”般的重大變故。

王文興充分調動了心理分析、象徵、隱喻等現代主義藝術表現手法，對人物的心理、性格、家庭的命運等進行了細緻的描寫和揭示，使《家變》呈現出鮮明的現代主義特色。

四

從文學史的角度來看，《家變》在文體上也有著重要的意義。

《家變》在《中外文學》連載時，其獨特的語言曾引發很大的爭議。據《中外文學》主編顏元叔介紹：“許多人說讀不下去，大可停刊。一位敬愛的朋友甚至來信怒罵，如此文字都不通的東西居然替他刊出。"[20]《書評書目》第 6 期（1973 年 7 月）發表了王鼎鈞、隱地、關雲等人六篇關於《家變》的評論文章，主要討論的也是《家變》的語言，批評這部作品文字的詰屈聱牙、冗長不順暢、不合規範。然而，也有的學者對《家變》的語言則給予很高的評價。顏元叔便認為："《家變》的特色有三：一是文字的精確；二是筆觸的細膩；三是細節抉擇的妥恰。"[21]而王文興 1978 年給新版《家變》寫《序》時，也對作品的語言頗為自得："《家變》可以撇開別的不談，只看文字……'我相信拿開了《家變》的文字，《家變》便不復是《家變》。"[22]

　　語言的變革是中國現代文學與古代文學在文體上的最主要區別之一。五四新文化運動的一個重要訴求就是語言改革。新文學先驅者們大力提倡白話文，反對文言文，其目的是要改變文學的思考方式和表達方式。相對於數千年的文言文傳統，白話文顯然體現出鮮明的創新精神，這也構成了文學現代性的重要內涵。然而，以反傳統為前提的五四時期的語言革命，在隨後不久就受到了質疑。周作人就說過："以口語為基礎，再加上歐化語，古文，方言等分子，雜揉調和，適宜地或吝嗇地安排起來，有知識與趣味的兩重的統制，才可以造出有雅致的俗語文來。"[23]可見，一味地強調白話文，

20 顏元叔：《苦讀細品談〈家變〉》，《中外文學》第 1 卷第 11 期，1973 年 4 月。

21 顏元叔：《苦讀細品談〈家變〉》，《中外文學》第 1 卷第 11 期，1973 年 4 月。。

22 王文興：《家變》，台北：洪範書店 2002 年版，第 iv 頁。

23 周作人：《燕知草·跋》，見《周作人早期散文選》第 352 頁，上海

固然在言說上能大體保持順暢，但對於如何更好地增強文學性，還有著很大的探索空間。

在回顧六、七十年代台灣現代主義文學運動的時候，王文興對"現代文學"的創新和實驗精神給予了很高的評價，並對其繼承和創新進行了深入的分析："然而它的新，事實上只限於對上一代的美學觀點的反其道而行而已，這一種創新並未脫離傳統，反而承繼了傳統，同時綜合傳統；它的抗衡只是針對上一代，往往還聯合上一代以前的許多上一代抗衡上一代。……因此，和傳統是一脈相連下來的。"[24]《家變》正體現了這一特點。它在語言上的突出特點便是大膽突破五四以後白話文的規範，注重文學的創造性；同時，這種突破和創新又來自於對傳統的繼承。王文興認為語言要從傳統裡頭來，同時也要接受西方的影響，要善於融會各方面的優點。他把白話、文言、方言和海明威小說體結合在一起，創造出一種迥異於慣常文體的新的文體風格。如：

> 五點鐘天亮了，晨光亮明了走廊，但見衣服狼藉於各向，廊邊的桌子上玻璃杯錯列著，還有一把銅茶匙，一條揉起的手絹。他走過父母親房間時窺見室中床褥整潔周正，沒看到睡過的痕跡。他們收輕手腳地移動，恐天亮即起的動況使鄰居生疑。[25]

文藝出版社 1984 年版。

24 王文興：《淺論現代文學》，《書和影》，聯合文學出版社 1988 年版，第 187-188 頁

25 王文興：《家變》，台北：洪範書店 2002 年版，第 8 頁。

　　在這段文字裡，"但見"、"狼藉"、"錯列"、"窺見"、"生疑"是文言文法，這些從傳統中走來的語言和口語、方言相結合，構成了頗具張力的語言結構。而很少有形容詞堆砌，多用動詞，盡可能選擇具體鮮明的語言來進行描寫，形成了極為簡潔、精練的語體風格，這帶有明顯的海明威小說體影響的痕跡。

　　王文興的小說語言是訴諸聽覺和視覺的。"語言已經變成音符、色彩、形狀這樣的元素，作家就像畫家、音樂家一樣，他要把這些元素重新組合。"[26]王文興在反覆閱讀中體會節奏、韻律，選擇色彩，最終確定作品的文字，創作極為艱難，每天定稿僅為 30 字[27]。為了加強閱讀效果，他選擇怪字、不尋常的助詞，甚至自創新字。對此，張漢良予以高度評價："《家變》最成功的地方便是文字的應用，這可分三方面來討論，第一，作者更新了語言，恢復了已死的文字，使它產生新生命，進而充分發揮文字的力量；第二，他把中國象形文字的特性發揚光大；第三，為了求語言的精確性（主要是聽覺上的），他創造了許多字詞。"[28]王文興在繼承中有了創新，形成了自身獨特的語言風格。

　　王文興在鑄造小說文體的過程中，還善於向其它文學藝術種類借鑒其藝術特點。

　　對於現代主義文學的美學實驗和藝術創新，作為親歷者

26　王文興：《家變六講》，麥田出版社 2009 年版，第 28 頁。
27　參見王文興《家變六講》，麥田出版社 2009 年版，第 43 頁。
28　張漢良：《淺談〈家變〉的文字》，《中外文學》第 1 卷第 12 期，1973 年 5 月。

和實踐者的王文興曾進行過這樣的概括："我們這一個時代的‘現代文學’的特色究竟在哪裡？換句話說，我們這一代的‘現代文學’的新的美學試驗是什麼？我想最簡捷了當的說法應該是：散體文學寫得像詩，詩則又寫得像散體文學。……上文說的詩，意指抒情詩，不包括敘事和戲劇體的大詩。抒情詩的特點歷來都偏重：輕人物、輕故事，重結構（如重複，整齊分段），重語言（濃縮，多意象，句法新創）。小說之詩歌化，也就是採納了上述抒情詩的特點。"[29]誠然，這是夫子自道。王文興化用了詩歌的象徵、隱喻等藝術手段，使《家變》意象豐富而多義，語言凝練而有韻味，意境幽渺而深邃。其實，王文興在《家變》中不僅僅融入詩歌的特點，他還借鑒了話劇等的藝術表現手段。《家變》在結構上安排了"過去"和"現在"兩條時間軸，"現在"用英文字母 A 到 O 來表示，共分十五節，敘述的是整個尋父的過程；"過去"則用數字 1 到 157 來表示，敘述范曄從小到大的成長歷程和心理變化軌跡。因而，在小說中"過去的故事"和"現在的故事"同時展開，形成了勻稱、均衡的結構。這種結構形式與曹禺的話劇《雷雨》很相似，很有些鎖閉式結構的意味。不僅如此，《家變》中有大量的場景描寫，為了揭示人物性格的發展變化，作者善於將前後場景對照起來進行描寫，如"家"的外觀和內部陳設佈置，幾次颱風的場景描寫，等等。這些都是作者有意識地借用了舞台佈景。《家變》中人物的對話和獨白也十分精彩，作者充分借鑒了話劇的表

---

29 王文興：《淺論現代文學》，《書和影》，聯合文學出版社 1988 年版，第 188-189 頁。

現特點，使人物的語言充滿著動作性、抒情性，又蘊含著
豐富的潛台詞。詩化的語言，戲劇化的結構，豐富多義的意
象，《家變》由此形成了獨特的文體特徵。

　　綜上，作為一部充滿著現代主義藝術實驗精神的小說，
《家變》的思想內涵和藝術追求既體現著對五四文學精神的
繼承，也有對新的文學思潮的呼應，顯示出創新的特質。它
所表現出的顛覆和質疑、創新與實驗，在 20 世紀中國文學
的現代性征程中，在現代小說藝術的發展史上都有著重要的
意義。

論高陽的歷史小說

　　在20世紀世界華文文學界，以俗而能雅的話語系統復活歷史、重現歷史，並且取得卓越成就的，首推高陽。在20世紀後半期的三十餘年時間裡，高陽沉潛於歷史風雲和小說迷宮之中，以廣博的歷史知識和超拔的藝術想像力，創作了六十餘部長篇歷史小說。高陽歷史小說"部部膾炙人口，兼及史實與趣味，品質之豐美，堪稱現代歷史說部第一人"[1]。與一般的通俗文學作家不同，高陽反對將小說當作遊戲和消遣的工具，自覺地把歷史小說創作看作是與歷史對話的過程。他曾坦陳自己的創作動因："知識份子逐漸瞭解自己除了關心政治，還有傳播知識和文化的使命，海禁開後，更有探索世界、貢獻國家的抱負……到了清末，一連串戰爭之後，對知識份子刺激非常深，大家認為失敗的成因就是政治不清明、老百姓太愚昧。因此，如果能透過小說改革政治、破除迷信、啟迪民智，不僅發洩了牢騷，也完成了使命感。"[2]他的歷史小說正是在這種憂患意識和使命感的驅使下催生出來的。

1　《中國時報》1992年6月7日，第19版。
2　張寶琴：《高陽小說研究‧序》，聯合文學出版社1993年版。

一

　　走進高陽的小說世界，撲面而來的是恢宏的歷史感。鮮明的時代色彩和卓越的史詩品格是高陽歷史小說最為突出的特徵。

　　早在創作歷史小說之前，高陽便對歷史產生了極為濃厚的興趣，並品嚐到了沉潛於歷史煙雲的快樂。儘管沒有成為專治史學的學者，但他對歷史、對歷史與小說的關係有著深刻的體認："歷史與小說的要求相同，都在求真。但歷史所著重的是事實，小說所著重的是情感。"並進而提出："以虛構的人物，納入歷史的背景中，可能是歷史研究與小說寫作之間的兩全之道。……但是虛構歷史上的人物，也不是件容易的事。歷史小說應合乎歷史與小說的雙重要求，小說中的人物，要求其生動、突出；歷史小說中的人物，還得要求他或她能反映時代的特色。"³高陽在歷史與小說之間找到了支點，由此建構起頗具張力的歷史小說藝術殿堂。他的歷史小說描寫了數以萬計的人物形象，這些人物活躍於五光十色的歷史語境之中。從先秦的荊軻，到漢代的王昭君，唐代的李世民，宋代的趙匡胤、曹彬，明代的唐寅，直至清代的康熙、雍正、乾隆、慈禧、曹雪芹、胡雪巖……以這些人物為核心，高陽在宏偉的歷史框架中注入了豐富的歷史內涵，其作品依次展開從先秦到北洋軍閥時期中國社會

3　高陽：《歷史‧小說‧歷史小說》，《台港文學選刊》1992年第8期。

的巨幅畫卷。兩千多年的歷史滄桑和社會變革，歷代人民的
生活狀態和精神風貌，被高陽化作三千餘萬言的鴻篇巨著。

　　台灣評論家尉天驄曾把高陽比擬為法國小說大師巴爾扎
克[4]，他正是在史詩性上找到了兩位作家的共同點。巴爾扎
克有意識地去完成法國社會的 "編年史" 和 "風俗史"，
"作品聯繫起來，調整為一篇完整的歷史，其中每一章都是
一部小說，每一部小說都描寫一個時代"[5]。《人間喜劇》
全景式地展示了資本主義上升時期法蘭西社會的壯闊生活畫
面，具有深廣的社會內容和豐富的歷史容量，被譽為不朽的
史詩性傑作。與此相類似，高陽也想為歷史畫像，中國歷史
上出現過的眾多歷史人物使他血脈賁張，他要寫出他們的音
容笑貌，復活其藝術生命。"桓溫、唐太宗、劉仁軌、范仲
淹、戚繼光、清世宗、胡林翼、喻培倫等等，常會出現在我
的腦中。因此，我一直想嘗試著寫一寫歷史小說"[6]。於是，
我們在高陽的小說中看到了從歷史故紙堆裡躍現出的一個個
鮮活的面容，體驗到歷史人物背後變幻的歷史風雲，領略到
各個朝代的風俗禮儀、典章制度、社會風貌。上至皇帝太后、
將相名士，下至販夫走卒、奴婢僕役，三教九流的各色人物
無不在高陽筆下煥發了藝術生命。高陽以淵博的學識和豐富
的想像力啟動了一部中國社會的變遷史。

　　在各個朝代中，高陽對大清王朝情有獨鍾。他以清朝生

4　高陽：《我寫歷史小說的心路歷程》，《聯合報》1992年6月7日，第
　　25版。
5　巴爾扎克：《人間喜劇·前言》。
6　高陽：《歷史·小說·歷史小說》。

活為題材的作品占了全部創作的三分之一有餘。其中有《慈禧全傳》6部8冊，《胡雪巖》3部7冊，"紅曹系列" 4 部12冊，此外還有《乾隆韻事》、《狀元娘子》、《再生香》、《清宮冊》等。作品廣泛涉及政治、經濟、軍事、外交、文化等眾多領域，描寫了諸多重大歷史事件，勾勒出蔚為壯觀、氣勢壯闊的清代社會立體圖景，成為反映清王朝從興盛到滅亡的極具形象性的 "編年史"。在這一系列作品中，《慈禧全傳》是頗具代表性的力作。

《慈禧全傳》包括《慈禧前傳》、《玉座珠簾》（上、下）、《清宮外史》（上、下）、《母子君臣》、《胭脂井》、《瀛台落日》，共6 部8冊， 計270萬字。這部鴻篇巨著以恢宏的氣勢真實地再現了 "辛酉政變" 前後到20世紀初清王朝波譎雲詭的政治風雲和豐富複雜的社會生活。文本以慈禧太后的地位和命運變遷為主線，從宮廷生活寫到疆場廝殺，從京城王公寫到邊地黎民，從縱情享樂寫到亡命出逃，從垂簾聽政寫到維新變法，從太平天國寫到義和團，從圓明園寫到避暑山莊，從 "辛酉政變" 寫到 "辛丑降約"。這裡既有驚心動魄的政治鬥爭，也有刀光血影、戰火硝煙；既有統治集團內部的矛盾衝突，也有帝國主義列強與中華民族的尖銳對立；既有慈禧與恭王、慈安的鬥爭，也有慈禧與同治、光緒的衝突。小說全方位地描寫了以慈禧太后為核心的清末統治集團在內外交困的形勢下不斷分化、重組，最終難逃覆滅的命運，從而從歷史角度對清末中國社會的積貧積弱進行了深入的探索。文本引用極為豐富的歷史事實，正面描寫了許多重大事件，諸如太平天國運動、捻軍起義、中法戰爭、洋務運動、戊戌變法、八國聯軍攻佔北京等等,繪聲繪色地再現了歷史風貌,栩栩如生地寫出了近代史上一系列深具影響力的人物形象:慈禧、肅順、恭王、曾國藩、李鴻章、左宗棠、張之洞、榮祿、袁世凱、李蓮英、譚嗣同、康有為、光緒等。其中最為突出的當數慈禧太后的形象。

歷史上的慈禧太后是一個精明強幹、擅長權術、心狠手辣、窮奢極欲的封建王朝統治者。自辛酉政變登上政治舞台,在四十餘年的政治生涯裡為了維護清王朝統治,為了鞏固自己的專制地位,她對內實行高壓政策,先後鎮壓太平天國運動和撚軍起義,將戊戌變法扼殺在搖籃中;對外則步步退讓,接連簽訂喪權辱國的條約,苟且偷安。她重用親信、扶植黨羽,打擊政敵,大肆揮霍,甚至挪用海軍鉅款大興土木修建三海工程和清漪園(頤和園)。高陽將慈禧置於深廣的歷史背景中加以描寫,作品中的慈禧形象與歷史人物的經歷、性格是一致的。不過,儘管歷史研究和歷史小說都要求真實,但歷史看重的是史料的真實,而歷史小說著力追求的則是情感的真實。作為歷史小說家的高陽,在塑造慈禧這一形象時,更注重挖掘人物的心理世界、把握人物情感的律動,從而寫出了一個情感細膩、內心豐富、性格複雜的人物形象。

當慈禧太后還是懿貴妃的時候,她便"恃子而驕,居心叵測",喜歡干預政事。對於大清的皇位,她看得很清楚:至多不出三年,體弱多病的咸豐皇帝便會駕崩,而皇位自然會落到自己年幼的兒子也是唯一的皇子載淳身上。屆時,她必須"幫助"兒子治理天下。她利用替皇帝批閱奏摺的機會瞭解內外局勢,熟悉朝章制度,研究馭下之道。咸豐駕崩後，慈禧果然"母以子貴"，被封為太后。但死對頭肅順卻成為顧命大臣，大權獨攬，桀驁不馴，藐視太后的權威。慈禧內聯慈安，外結恭王，發動辛酉政變，實行兩宮聯合垂簾聽政。宮廷政變初步顯示了慈禧剛毅果敢、工於心計的性格。初掌權柄，慈禧有一種實現了政治欲望的滿足，對自己只花了一個月便將朝局整個翻過來感到十分滿意，但她沒有陶醉其中。為了緊握住自己取得的大權，她翻檢古籍，研究列祖列宗以及前朝的賢君女王如何處理政務、駕馭臣子，很快地便確立了恩威並施、打拉結合的策略。在漫長的統治生涯中，慈禧一方面充分享受權力欲得到極大滿足的快樂，體驗到位極人臣、擁有天下的威嚴，另一方面也感受到難以言說的空虛和痛苦。雖然事實上是實際統治者，卻難以消去僅僅是"西太后"的屈辱，這種屈辱和自卑感常常困擾著她。尤其是皇太后的尊貴並不能掩蓋身為寡婦的苦楚，夜深人靜時，她獨坐深宮，心亂如麻、夜不成寐，只能用看奏章來消磨漫漫長夜。由於情感得不到宣洩和滿足，她的脾氣和性格越來越怪戾，陰沉的臉上時常現出無盡的煩惱和惆悵。庚子事變後，清王朝的專制統治無可挽救地進入了尾聲。面對衰微的國運、滿目瘡痍的末代王朝，飽經內憂外患的"老佛爺"回天乏術，但為了維護"祖宗成法"，她臨死前還對囚禁在瀛台的光緒皇帝下了毒手。

　　綜上所述，《慈禧全傳》在深廣的歷史背景下全方位地展示了清末社會生活，描寫了一系列具體的人物形象，通過富有歷史特徵的典型事件和情節，讀者可以窺探到整個時代的特點。而這也正是高陽歷史小說的共同特色。情節結構的宏偉性、歷史事件的具體性、歷史人物的真實性、社會生活的廣闊性、藝術情感的豐富性，構成了高陽歷史小說傑出的史詩品格。高陽以藝術的筆墨在數千年的中國歷史長河中叱吒風雲，實現了史與詩的完美結合。他以極為豐富的藝術想像和卓越的史識整合史學與文學、歷史與現實，突破了傳統歷史演義的框框，開闢了以小說重現歷史的新方向。

二

"實筆文學" 是中國通俗文學的一大傳統，也因此充分顯示了通俗文學的文類優勢。《三國演義》中有名有姓的人物共1191個，其中武將436個，文官451人，皇裔、宦官、後妃128人，各民族起義領袖67人， 三教九流人物109人。

《水滸》共寫下了有名有姓人物577個，有姓無名的99個，有名無姓的9個，共計685個。中國的 "實筆文學" 無論在人物密度還是情節密度上，都從重、從實、從厚……其優秀因素很多，撮要地說體現在如下幾個方面：筆采堅實、意采凝重、情采絢麗、文采練達 [7]。

這充分說明了通俗文學有著其它文類所不具備的優勢。從這個角度來說，通俗決不等於粗俗，它是一種學問。這就要求通俗文學作家有深厚的知識積累，做一個學者化的作家。淺薄、浮誇的作家絕寫不出歷史內涵深厚、知識容量豐富、文化意蘊充沛的作品。

---

7 毛志成：《"中國式" 發微》，《傳奇百家》1992 年第 2 期。

　　高陽長於考據，他曾花了二十餘年時間研究"紅學"，寫出了《紅樓一家言》、《高陽說曹雪芹》等紅學專著。他以紅學家的身分來寫"紅―曹"系列小說，這使作品很有學術性。作家通過《紅樓夢斷》、《曹雪芹別傳》等小說，藝術地、真實地展示了曹雪芹的生活世界和情感世界。高陽把《紅樓夢》看作曹雪芹的自傳體文本，因此《紅樓夢斷》明顯帶有《紅樓夢》的痕跡，兩書的人物有著顯著的對應關係：曹家與榮府，李家與甯府，曹太夫人與賈母，曹順與賈政，馬夫人與王夫人，芹官與寶玉，震二奶奶與璉二奶奶，春雨與襲人，小蓮與晴雯，楚珍與金訓，李鼎與賈蓉，鼎大奶奶與蓉大奶奶，李煦與賈珍等等，都構成了――對應的關係。兩書的情節和人物命運也很相似。自然，作為自己的創作，高陽的《紅樓夢斷》有不少獨特的地方。例如他放棄和改變了《紅樓夢》中"金玉良緣，木石前盟"的愛情主線，突出了家庭內部的矛盾，有意識地弱化了曹雪芹的地位，更多地通過李曹兩家的其他人物來襯托曹雪芹的形象。在創作過程中，高陽充分調動自己的"紅學"研究成果，使《紅樓夢斷》既忠實於《紅樓夢》的人物性格和命運發展又不囿於《紅樓夢》的原有模式，沒有流於以小說的形式為《紅樓夢》作索隱，從而使作品具有了獨特的藝術價值和文化價值。

　　高陽以嚴謹的治學態度對歷代典章制度、歷史事件、社會習俗進行過詳細考證，他的歷史小說廣泛涉及到政治、經濟、軍事、文化等眾多領域。《慈禧全傳》是一部集大成的巨著。作者有聲有色地敘述了辛酉政變、洋務運動、戊戌變法、庚子事變等重大歷史事件，細緻地寫出了這些事件的因果關係，具有"信史"的效果。為了強化這種效果，高陽在敘述時插入了大量的奏疏、函箚、上諭和聖旨。這些全文照錄式的歷史文獻讀起來固然略嫌沉悶，在某種程度上影響了敘述的生動性，但因此造成了作品強烈的歷史感。它們彷彿在不斷提醒讀者：您現在讀到的正是歷史上所發生過的，作者告訴您的是歷史真相。而要掌握這些文獻，沒有學者做學問的功夫是達不到的。高陽窮畢生精力，潛心於歷史典籍中，上至官制律例、宮廷禮儀、歷史人物、重大事件，下至飲食服飾、地理風物、方言俚語、民間習俗，他都有深切的把握。正因為有深厚的積累，他才能將歷史風雲演繹得如此生動、逼真。

　　高陽對史實進行精詳考證時，經常會得出一些與流行的觀點不一致甚至相反的結論。他以此為依據，以學者的良知、膽略和小說家的才華大做翻案文章，因此他所描寫的歷史事件常給人新鮮之感。戊戌維新運動的主要人物康有為歷來被史學家奉為發憤圖強的先知先覺、改良主義的旗幟，高陽則獨排眾議，揭示其人格上醜陋的一面。《慈禧全傳》寫到戊戌變法那一節時對康有為的形象多有描寫。作為康黨領袖，康有為在風聞慈禧太后要鎮壓維新運動時，首先想到的是避禍。他置變法同志的安危於不顧，獨自出逃。與此形成鮮明對照的是，譚嗣同面對險惡形勢臨危不懼，首先想到的是如何設法營救光緒皇帝，而自己抱定必死的信念，甘願以自己的鮮血捍衛維新大業。臨刑前，譚嗣同慷慨賦詩："望門投止思張儉，忍死須臾待杜根。我自橫刀向天笑，去留肝膽兩昆侖。"表現出豪放樂觀、大義凜然的英雄本色。及至亡命海外，康有為借保皇之名，自命"聖人"，到處斂財，中飽私囊。小說引述《民報》文章《記戊戌庚子死者諸人紀念會中廣東某君之演講》的說法，談到康有為前後有"五個退化"：由創新教做教主到成為政治家，是一個退化；由舉人中了進士，大談立憲，變保中國為保大清，是二退化；到得上書言事，"屢蒙召見" 竟盡反前言，以為只要能變法就行，是三退化；由勤王而淪為保皇，是四退化；及至最後將保皇變為極自私的舉動，是五退化。作品還敘述了所謂"衣帶詔" 的鬧劇。康有為自稱有"衣帶詔"，說光緒皇帝命他起兵勤王，而這"衣帶詔"究竟為何物，誰也沒見過，連梁啟超這個得意門生也不以此為然。康有為不過是想將"衣帶詔"作為沽名圖利的手段，也因此與許多患難之交搞成水火不容。作者借袁世凱之口評價道："康有為之言可用，康有為其人不可用！"

同樣地，高陽也為袁世凱做翻案文章。由於有稱帝一事，袁世凱歷來被視為大奸大惡之徒、戊戌變法的罪魁禍首。而據高陽考證，袁世凱在戊戌政變中只是一個小配角，其作用主要在於作了偽證。《瀛台落日》採用袁世凱自述的形式敘談"真相"：戊戌年七月底，袁世凱奉召進京，上諭負責練兵。八月初三，譚嗣同訪袁於海澱旅寓，要求他殺榮祿並派兵包圍頤和園。而袁認為變法宜順民情，不可急切。當夜無結果而散。八月初五再次召見時，袁陳奏變法須老成持重者襄贊主持，並推薦張之洞，皇帝頗為動容。一回到天津，袁世凱即求見榮祿，出示朱諭："榮祿密謀廢立弒君，大逆不道：著袁世凱馳往天津，宣讀朱諭，將榮祿立即正法，其遺缺即著袁世凱接任。欽此！"袁世凱的告密加快了政變的步伐，榮祿緊急上京，會同慶王晉見慈禧太后，一場政變就此釀成。因此，高陽認為："戊戌政變，主角為李鴻章及剛毅，配角為楊崇伊及康有為，而袁世凱是在剛毅以刀筆吏的手法脅迫之下，作了偽證。"[8]高陽正是以此觀點為指導敘述了戊戌政變那驚心動魄的一幕，這裡包含著對歷史的執著探尋和深切洞察，表現出了一個知識者卓爾不群的學術品格。

學者的文化品味決定了作品的文學品位。通俗文學通常以傳奇性取勝，無奇不傳，追求新奇怪異，高陽卻獨闢蹊徑。他筆下的人物不乏傳奇性經歷，如胡雪巖一生命運大起大落，從在錢莊當學徒到賞穿黃馬褂，成為顯赫一時的"紅頂商人"；從創辦阜康錢莊，分號遍佈北京、兩湖、江浙等地，資產達兩千萬以上成為江南巨富；到錢莊倒閉，負債累累，潦倒而死，這極富傳奇性的一生包含著許多扣人心弦的傳奇故事，但高陽卻儘量淡化人物的傳奇經歷，而著力表現人物之間的關係、人物命運發展變化的內在及外在因素，從而寫出了活生生的人物形象。又如慈禧太后在四十多歲時得過"骨蒸病"——小產血崩。皇太后小產是天下奇聞，裡面藏有諸多隱秘，在別的作家筆下很可能會大事鋪陳，極盡好奇好驚好怪之能事，但高陽則頗為含蓄地一筆帶過。寫極富傳奇性的人物而不以傳奇取勝，這既是對通俗文學傳統審美特徵的挑戰，也是對作家才具、智慧的考驗，作家必須在傳奇性之外尋找吸引讀者、激發讀者閱讀興趣的東西。高陽顯然

8　高陽：《我寫歷史小說的心路歷程》。

找到了，他的歷史小說因此走出了一條俗而能雅、雅俗共賞的藝術道路。

　　自然，高陽的歷史小說不是史學著作，他是以小說的方式來敘述歷史、演繹歷史。優秀的歷史小說可以彌補正史的不足，可以復活湮沒了的歷史風雲，使讀者深切感受到歷史內容的無限豐富性。高陽憑藉其對史料的嫻熟，以考證的方法從事創作，形成了歷史小說的獨特語境，開創了中國歷史小說的一種新類型。

三

　　從本質上說，高陽是一位具有濃厚傳統文化意識的作家。高陽出生於前清名醫世家，從小接受了傳統文人家庭的薰陶，形成了強烈的傳統文人的觀念。在高陽的文化思想中，占主導地位的是儒家文化。作為一個思想學派，從先秦時期起，儒家在中國文化中便佔據了極為重要的地位，而從宋代開始，更建立起了哲學、倫理、政治三位一體的博大精深的思想體系。到了現代，則出現了以梁漱溟、熊十力、張君勱、馮友蘭等為代表的新儒家。1949年以後，港台和海外又活躍著唐君毅、牟宗三、徐復觀、方東美、杜維明、余英時等新儒家的傳人，他們將儒家文化的薪火廣泛傳播，出現了新儒學熱潮。就價值取向而言，無論先秦原始儒家還是宋明儒家，抑或現代新儒家，都強調"修己安人"、"內聖外王"，具有"為往聖繼絕學，為萬世開太平"的強烈使命感和道德憂患意識，並把儒家的道德理想和宗教精神視為人類

最高的文化成果。高陽開始歷史小說創作之時，正是現代新
儒學風起雲湧、聲勢浩大之際，原有的文化積澱加上時代潮
流的影響，使高陽歷史小說表現出鮮明的儒家文化傾向。

　　高陽按照儒家的政治理想和人格模式塑造了一系列人物
形象。他一方面以這些形象介入歷史、闡釋歷史；另一方面
又據此來觀照現實人生，建構自己的文化思想。《大將曹彬》
中的主人公曹彬是作者塑造出來的一位深具儒家風範和人格
魅力的理想人物形象。高陽在平蜀大戰的歷史事件中，著力
表現了曹彬這位北宋名將政治上的宏大抱負、軍事上的遠見
卓識、品行修養上的謙抑自牧的儒者風範。曹彬胸襟開闊，
知人善任，賞罰分明，廉潔自律，輕財重義，在官兵中很有
號召力。他運籌帷握，決勝千里，頗有大將風度。又飽讀詩
書，深具文化人本色。在作者筆下，曹彬是忠臣、清官、儒
將、道德完人，其身上凝聚著深厚的中國傳統文化精神，散
發著巨大的人格力量。其他如乾隆（《乾隆韻事》）、李鴻章（《李
鴻章》）、翁同龢（《翁同龢傳》）、曾國藩（《慈禧全傳》）等人
物，也都深具儒家文化精神。

　　高陽歷史小說有著豐富的文化內涵。《慈禧全傳》全方位
地展示了封建時代的宮廷文化、官場文化。清朝的皇宮景
觀、朝章制度、登基慶典、宴飲娛樂、開科取士、官吏任免
等， 都被活生生地再現了出來。《胡雪巖》則深刻表現了清
朝的商業文化，其中所蘊含的文化內涵遠遠地超出了許多專
業性著作，諸如北方票號、南方錢莊、漕幫、沙幫、典當業、
絲茶貿易、金融投機等，作品均有廣泛涉及。高陽在對歷史
生活的細緻描寫中營造了鮮活生動的歷史文化氛圍。

　　高陽歷史小說規模巨大，氣氛恢宏巨集，場面壯闊，展示出紛紜複雜的歷史風雲，蘊含著深厚的傳統文化精神。與此同時，高陽又著力描摹世態人情，描寫日常社會生活，表現深刻的人生體驗，其歷史小說又呈現出世俗化、生活化趨向。

　　在高陽看來，歷史研究是"發掘事實，闡明事實"，而小說創作則"需要編造'事實'即所謂'故事的構想'"；歷史小說"應合乎歷史與小說的雙重要求，小說中的人物，要求其生動、突出"　[9]。因此，高陽一方面借助於精深的考據功夫，從浩如煙海的史書典籍中汲取題材，並在敘述過程中不時引述歷史文獻，努力使文本產生"信史"的效果；另一方面，他根據創作的需要，基於自己的生命經驗而"大膽假設"，使歷史內容更為豐富多彩，歷史人物更為鮮活生動，其文本中有許多不見於正史的日常生活的描寫。如果說取材於歷史，在青簡黃卷中復活歷史內容更多地顯示出了高陽的學者本色的話，那麼以細膩的筆觸敘寫日常生活的方方面面，捕捉一個個生活細節，則更為突出地表現出高陽作為小說家的藝術才情。高陽的歷史小說創作正是這兩個方面的有機結合。日常生活瑣事、人物的言行舉止、風土人情以及民俗文化等等生活細節的描寫，對於刻畫人物性格，點染時代氣氛，推動情節發展，營造藝術情趣，充實作品內涵，起到了重要的作用。

　　"歷史"是一個名詞，"歷史"　也是已經過去了的無

9　高陽：《歷史・小說・歷史小說》。

限豐富內容的總匯。它固然包括政治、經濟、軍事、文化等方面的重大事件，但絕不僅僅是指這些。歷史小說作家要求描寫盡可能豐富的歷史內容。《慈禧前傳》寫到咸豐皇帝在熱河行宮做壽，其時咸豐的身體已十分虛弱。他先是參加慶賀大禮，接受大臣的三跪九叩首，接著升座、賜茶、進膳、賜酒，他勉強支撐著，然後傳旨開戲，作者這時描寫了咸豐"拉肚子"的生活細節。皇帝萬壽賜戲，文武群臣、後妃、太監、宮女都來看戲，殿內殿外有兩三百人之多，而坐在正中的咸豐肚子裡卻在作怪，他強忍著，忍到後來冷汗淋漓，臉色發青，他心想，自己一離座而起，整個歡樂熱鬧的場面便會不復存在。但他終於還是忍不住了，起身入廁。皇帝突然被人攙扶著離座急去，一殿皆驚，儘管誰也不能亂說亂動，但大家心裡都有一個感覺：大非吉兆。不少人更是想：一旦咸豐一暝不視，大政託付何人代掌？而咸豐正由這次拉肚子而一蹶不振，一命嗚呼。很多矛盾衝突的線索也由此而不斷延伸，終於引發辛酉政變，大清王朝的命運從此發生重大轉變。一個"拉肚子"的生活細節竟包括著如此豐富的內容！它對於推動情節發展起到了重要作用。

　　高陽小說文本中有大量的細節是揭示人物性格的。這些細節充滿了生活氣息，較好地傳達出人物的個性。《玉座珠簾》寫到帝師李鴻藻為同治授讀十年，但同治性情浮躁，貪玩不愛讀書，學習很少長進。這一日，李鴻藻為同治溫習《論語》，然而同治對這一冊十年前的啟蒙讀物彷彿茫然不知，李鴻藻又是傷心失望又是自愧，熱淚滾滾而下。同治知道老師為何哭泣，內心愧悔，想安慰幾句又不知如何措詞，這時他從打開的《論語》中一眼看到"君子不器" 這句話，突然生出靈感："師傅！這句話怎麼講？"李鴻藻定睛細瞧，只見皇帝一隻手掩在書上， 把"器"字下面的兩個"口"遮住，"君子不器" 變成了"君子不哭"，不由得破涕為笑。這個細節表現出同治淘氣、任性、愛耍小聰明的性格。正由於他不求上進，不好好讀書，意識不到自己的重大責任，後來才會微服巡行，終至染上梅毒身亡。《風塵三俠》著力塑造了李靖、虬髯客、李世民等一代豪傑的形象。其中，虬髯客張老三是江湖上名聞遐邇的大俠，智勇雙全，有膽有識，只能南面為王，絕不俯首稱臣。作品有諸多細節描寫這位"異人"。他"獅口環目，形容奇偉"， "用手抓起羊肉，蘸著青鹽，大塊大塊地往嘴裡送；一面喝著李靖替他斟的酒，也是大口大口地。健啖豪飲，絲毫不作客氣"。虬髯客一出場亮相便給讀者以豪爽勁健、灑脫不羈的鮮明印象。緊接著，寫他談笑間忽然一揚手，剪刀便向板壁猛力飛去，刀尖頓時刺中板壁外偷聽的暗探的眼睛，這一突然舉動令在場的李靖夫婦都有出乎意料之感。這一細節表現了虬髯客的粗中有細、機警過人。又寫他佯裝大醉，在床上佈置好酣睡假像，隻身逃離是非之地，居然騙過了詭計多端的劉文靜和足智多謀的李世民，這進一步表現出了人物有勇有謀、絕不願屈居人下的個性特徵。

高陽的小說還常常在激烈的政治鬥爭過程中插入日常生活的描寫，從而使作品張弛有致，增強了藝術韻味。《瀛台落日》在敘述奕匡、袁世凱與岑春煊等兩股政治勢力緊張鬥爭時，宕開一筆，寫下了"作詩鐘"的文人雅事。以張之洞為首的一班達官貴人、詩壇名士雲集會賢堂，"敲鐘"吟詩，顯示了清代文風之盛。《胭脂井》敘述到戊戌政變過程中譚嗣同和大刀王五四處奔走營救幽禁在瀛台的光緒皇帝時，作者揮灑筆墨描寫了北京的市井生活："京師的酒館分上中下三等，'大酒缸'的等第最下，極大的酒缸，一半埋入泥中，上覆木蓋，就是酒桌，各據一方，自斟自飲。酒肴向例自備，好在大酒缸附近，必有許多應運而生的小吃攤子，荷包裡富裕，買包'盒子菜'，叫碗湯爆肚，四兩燒刀子下去，來碗打鹵麵，外帶二十鍋貼，便算大酒缸上的頭號闊客。倘或手頭不寬，買包'半空兒'下酒，回頭弄一大碗醬拌麵果腹，也沒有人笑他寒酸，一樣自得其樂。有時酒酣耳熱，談件得意露臉之事，驚人一語，四座傾聽，無不投以肅然起敬，或者豔羨贊許的眼光，那種癢到心裡的舒服勁兒，真叫過癮"。像這樣表現民俗風情、展示地域文化的日常生活描寫，既調整了小說的敘述節奏，為情節的發展作好鋪墊和準備，也使作品增強了生活的情趣。在緊張的矛盾衝突過程中來上這樣一段文字，使讀者體驗到了另一種人生境界。又如在《大將曹彬》中，作者著力敘述的是平蜀大軍的政治、軍事鬥爭，然而在金戈鐵馬的戰爭煙雲中，作者又不時穿插曹彬身邊衛士張惠龍與民女的愛情故事，使作品平添了不少情趣。

　　雄渾的歷史洪流、蒼茫的歷史背景和世俗化的日常生活融匯在一起，構成了高陽小說多姿多彩的藝術世界。徜徉於高陽的小說天地之間，既能獲得歷史煙雲的洗禮和薰陶，又可得到世俗生活的陶冶和啟迪，實現審美層次的昇華。高陽以博大精深、氣勢恢宏的創作風格，在20世紀華文文壇上樹起了一種獨標一幟的美學風範。

論古龍武俠小說的文體美學

在二十餘年的武俠小說創作生涯裡，古龍不斷探索武俠小說創作藝術，逐漸形成了獨具特色的文體美學。

所謂文體，"是指一定的話語秩序所形成的文本體式，它折射出作家、批評家獨特的精神結構、體驗方式、思維方式和其它社會歷史、文化精神"[1]。文體的內涵很豐富，大致可以把它分為三個層次：一是指作品的體裁、體制；二是指話語體式，即語體；三是指風格。這三個層次是相互聯繫的，體裁制約著一定的語體，語體發展到極致便轉化為風格。

武俠小說作為中國通俗文學的傳統文類，自清代以後形成了明顯的文體特性。章回體的形式，淺顯俗白的敘事語言，首尾呼應、一氣呵成的結構……這些是武俠小說顯性的文類文體特徵。而就具體的作家來說，大凡成功的武俠小說作家都有其獨特的語體和風格。平江不肖生善於將歷史真實與藝術真實高度統一，所寫內容多採自歷史及民間傳說，而又重視情節的結構和細節的渲染，娓娓道來，生動有趣，敘事風格有雄奇奔放之美。王度廬熔社會悲劇、性格悲劇、命運悲劇於一爐，確立了"悲劇俠情"敘事模式，其寫情之纏綿悱

1　童慶炳：《文體與文體的創造·導言》，雲南人民出版社 1994 年版。

惻、寫義之悲歌慷慨的美學風格開一代風氣。還珠樓主以絕
代才情，將傳統的江湖時空擴展為宇宙的無限時空，想像力
奇幻絕倫；又將自然勝景與神話融為一體，妙參造化，窮極
幽玄，極富傳奇色彩，風格雄偉壯美。梁羽生有著深厚的傳
統文化修養，小說借傳奇情節來寫歷史風雲，以廣闊的歷史
視野、豐富的歷史風物和深刻的歷史主題而見長，創立了亦
奇亦史的敘事模式，風格古樸典雅。金庸則融江山與江湖於
一體，熔歷史、傳奇、武俠、寓言於一爐，敘事規模宏大，
意境空闊幽深，表現出大視野、大氣勢、大胸襟、大手筆和
大境界。

　　歷史是連續的，徹底的斷裂只能是空中樓閣式的臆想。
正如文化人類學家萊斯利・懷特指出的那樣：“我們從未聽
說過，在文化系統或是在其他任何一種系統之中，有什麼東
西是從空無中產生出來的。一種事物總是導源於另一種事
物。”[2]文體的演變也是如此。古龍小說的文體革新正是對先
前武俠小說文體的創造性轉化。

　　古龍有著自覺的文體意識。他認為要提高武俠小說的地
位、推動武俠小說的發展，就必須在繼承文類傳統的基礎上
進一步吸收其它文類的精華。他指出：

　　　　我們這一代的武俠小說，如果真是由平江不肖生的
　　　　《江湖奇俠傳》開始，至還珠樓主的《蜀山劍俠傳》
　　　　到達巔峰，至王度廬的《鐵騎銀瓶》和朱貞木的《七
　　　　殺碑》為一變，至金庸的《射雕英雄傳》又一變，到

2　懷特：《文化的科學》，山東人民出版社 1988 年版。

> 現在又有十幾年了，現在無疑又到了應該變的時候！
> 要求變，就得求新，就得突破那些陳舊的固定形式，
> 嘗試去吸收。誰規定武俠小說一定要怎樣寫，才能算
> "正宗"！武俠小說既然也有自己悠久的傳統和獨
> 特的趣味，若能再儘量吸收其它文學作品的精華，豈
> 非也同樣能創造出一種新的風格，獨立的風格，讓武
> 俠小說也能在文學的領域中占一席之地，讓別人不能
> 否認它的價值，讓不看武俠小說的人也來看武俠小
> 說！[3]

　　將武俠小說"悠久的傳統和獨特的趣味"與"其它文學
作品的精華"相合，從而不斷地增強武俠小說的表現力，並
進而創造出一種新的、獨立的風格，這成為古龍的自覺追求。
古龍小說文體創造性轉化最為突出的一個方面，是將推理小
說的表現方法和技巧引人武俠小說，形成了武俠推理小說這
一獨特的文體。

　　推理小說是百年來西方一種長盛不衰的通俗小說文類。
它以情節的驚險多變、懸案的撲朔迷離、推理的精確細緻而
見長，擁有廣大讀者。在 1961 年出版的《失魂引》中，古龍
首次引入推理的結構方式和技巧，佈局奇詭，想像力豐富奇
妙，開武俠推理小說之先河。這部作品以四明山莊兇殺之謎
為情節結構的焦點，由此引出一系列人物和線索，雖然情節
的發展有不少破綻和漏洞，但懸念的設置和氣氛的渲染頗為
引人入勝。從 1968 年出版的《鐵血傳奇》開始，古龍大量運

---

3 古龍：《多情劍客無情劍・代序》，春秋出版社 1969 年版。

用推理手法。此後，他的每部作品幾乎都有懸念，並以懸念來推動情節發展。《鐵血傳奇》開篇便寫寧靜的海面上，接連飄來一具又一具的浮屍。楚留香認出他們分別是皖南天星幫幫主"七星奪魂"左又錚、朱砂門"殺手書生"西門千、海南派靈鷲子、"沙漠之王"箭木合、著神水宮門人裝的少女。這五個人天各一方，為什麼會浮屍海上？楚留香依據對浮屍的分析和推測，進行了千里追尋，先後與無花和尚、石觀音、水母陰姬等展開一系列的鬥智鬥勇，從而揭開了一個震驚武林的巨大陰謀。《鬼戀俠情》設計了一個神秘的借屍還魂事件，江湖三大家左家、薛家、施家的矛盾難解難分，楚留香幾經風險，屢涉危地，終於撥開迷霧，弄清真相。《蝙蝠傳奇》先寫海船上發生的兇殺案。幾位武林高手相繼被人暗中以多年絕跡江湖的紫砂掌殺死，海船上頓時籠罩著血雨腥風。誰是兇手？是詐死的丁楓？還是華山派的華真真？抑或是關中無爭山莊少莊主原隨雲？枯梅大師與原隨雲到底是什麼關係？作品將環境規定在一艘船上，採用了類似《尼羅河上的慘案》的結構形式，充分發揮了推理的作用。在整部《楚留香》系列小說中，推理手法和結構的成功運用是一個突出的特點。楚留香作為中國古代的"福爾摩斯"在武俠人物畫廊中佔有重要的位置。從這個形象身上我們看到，古龍塑造人物往往不是極力渲染其"武"的一面，而是主要表現其"智"的一面。武功的高超與否並不很重要，關鍵是人物要有智慧的頭腦。楚留香卓越的洞幽燭微、綜合分析的推理能力使他一次次化險為夷，最終揭開了事實真相。這與一般武俠小說往往突出人物"武"的一面的寫法是大相徑庭的。

　　古龍武俠推理小說的代表作還要數《陸小鳳》系列。古龍長於設置懸念的才能在這部書中得到了最充分的展示。這一系列作品包括六個相互關聯又各自獨立的故事，每個故事都懸念迭出，變化多端。在第一部作品中，作者先敘述大金鵬王朝的故事，引發讀者對大金鵬王命運的濃厚興趣。緊接著，懸念便一個接著一個。大金鵬王已聲明不殺逆臣，丹鳳公主為什麼突然殺死閻鐵珊？陸小鳳要查看大金鵬王是否貨真價實，而對方已被斬去雙腳，真偽如何？這又是誰幹的？陸小鳳在院子裡挖出了丹鳳公主的屍體，她已死去兩個月了，那麼近日見到的那位丹鳳公主必定是假的，能是失蹤多日的上官飛燕嗎？她又為誰所指使？誰是她的同夥？是霍天青嗎？作品最後才真相大白：元兇是陸小鳳的朋友、老謀深算的霍休。霍休要利用陸小鳳等人除去閻鐵珊和獨孤一鶴，爾後獨享大金鵬王朝的財富。整個作品情節發展一環緊扣一環，撲朔迷離，跌宕曲折，引人入勝，具有很強的藝術魅力。第二個故事《繡花大盜》也一直為懸念籠罩著。繡花大盜橫行江湖，屢屢作案，從王府到民間，無不人心惶惶。繡花大盜到底是誰？陸小鳳經歷了種種曲折和危險，發現他竟然就是奉旨前來破案的名捕金九齡。第三個故事《決戰前後》開篇便寫江湖盛傳西門吹雪將與白雲城主葉孤城比劍。西門吹雪有天下第一劍客之稱，而葉孤城的武功也已臻化境。二人究竟誰會獲勝？這個懸念引領讀者不斷追下去。漸漸地，決戰背後的一個大陰謀初露端倪。而那場決戰因葉孤城受傷卻一拖再拖，從而吊足了讀者的胃口。《銀鉤賭坊》描寫的則整個是一個騙局。陸小鳳在賭場背上了殺死魔天教主玉羅剎的兒子玉天寶的黑鍋，被迫答應替銀鉤賭坊老闆藍鬍子做一件大事，去尋找羅剎牌。其間怪事不斷，險象環生，陸小鳳費盡心計得來的羅剎牌竟是假的，而剛到手的真羅剎牌給丁香姨看時又被人搶走了。歷盡艱險回到銀鉤賭坊的陸小鳳認定真羅剎牌就在藍鬍子手裡，於是引發一場混戰。方玉香毒死了丈夫藍鬍子；寒松為殺人滅口向飛天玉虎方玉飛出手，兩人同歸於盡；孤松和枯竹得到羅剎牌後要殺陸小鳳滅口。這時玉羅剎突然現身，原來他並沒有死，他的兒子也活著，羅剎牌也沒有丟。所有的這一切都是他為了鞏固百年基業進行的試驗。《幽靈山莊》一開始便設計了西門吹雪追殺陸小鳳、陸小鳳亡命江湖的情節。陸小鳳的命運如何？他與西門吹雪是怎麼鬧翻的？兩人以後怎麼樣？這些懸念緊緊抓住了讀者的注意力。到後來才知道這些是為陸小鳳混入幽靈山莊作鋪墊的。小說的關鍵在於那個武功高強、足智多謀的神秘的"老刀把子"到底是誰？可怕的"天雷計畫"的內容是什麼？《鳳舞九天》開篇也設計了一個大疑案：中原鏢局一百零三名精英護送的總價值三千五百兩銀子的一趟鏢，在太行山下的一個小鎮連人帶銀子突然失蹤，沒有絲毫線索。陸小鳳再次受命於危難之際。作品從神秘島寫到大陸，最終戳穿了太平王世子（宮九）的罪惡陰謀。從總體上來說，這些作品成功的關鍵正在於推理手法的靈活運用。作品從頭至尾疑雲密佈，情節撲朔迷離，結局常大出讀者意料卻又合情合理，令人拍案叫絕。作者將推理的表現手法和技巧運用得爐火純青，大大增強了武俠小說的可讀性和讀者的閱讀趣味。

　　古龍的武俠推理小說開創了武俠新天地，並對武俠小說創作產生了很大的影響。此後，蕭逸的《甘十九妹》、溫瑞安的《四大名捕》系列走的都是武俠推理小說的路子。

　　在考察古龍小說文體的過程中，我們不能忽視其它文學藝術形式給予古龍的影響。古龍成名以後，他的作品不斷被改編成電影和電視劇本。而與此同時，古龍也自覺地借鑒影視表現形式，儘量減少冗長的描述，常用寥寥數筆勾勒某一情景，營造環境氛圍。為了加強場景感，把一個個跳躍、轉換的場景更加生動形象地展現給讀者，古龍還吸收了畫面交錯、背景切割、鏡頭分攝等蒙太奇手法。這樣的描寫很好地結合了武俠小說場面緊張、氣氛熱烈、動作快捷的特點，有效地提高了武俠小說的表現力。如《蕭十一郎》第 18 章寫暴風雨之夜酒店裡打鬥的一節：

> 霹靂一聲，暴雨傾盆！
> 一陣狂風自窗外捲入，捲倒了屋子裡的兩支殘燭。
> 趙無極刀已揚起，眼前忽然什麼也瞧不見了。
> 黑暗，死一般的黑暗；死一般的靜寂，甚至連呼吸聲都聽不見……
> 突然間，電光一閃！
> 蕭十一郎正掙扎著想站起來，但隨著閃電而來的第二聲霹靂，又將他震倒，就倒在刀下。
> 趙無極的手握得更緊，靜等著另一次閃電。
> 這一刀砍下去，一定要切切實實砍在蕭十一郎脖子上……

就在這時，電光又一閃！

一個人披頭散髮，滿身濕透，瞪大了眼睛站在門口，目光中充滿著驚惶、

悲憤、怨恨、恐懼之意。

是沈璧君！

趙無極一驚，沈璧君也已瞧見了他，手突然一揚。

電光一閃即熄，就在這將熄未熄的剎那間，趙無極已瞧見沈璧君手中有一蓬金絲暴射而出！這正是沈璧君家傳名震天下的奪命金針……

又一聲霹靂響過，電光又一閃！

沈璧君已衝了過來，撲倒在蕭十一郎身上。

四下又是一片黑暗，震耳的霹靂聲中，她甚至連蕭十一郎的喘息聲都聽不見，但她的手卻已摸到他身上，有濕黏黏的一片。

是血？！

沈璧君嘶聲道：“你們殺了他？！……是誰殺了他？！”

淒厲的呼聲，竟似比雷聲更震人心弦。

黑暗中，一隻手向沈璧君抓了過來。

雷聲減弱，電光又閃。

沈璧君瞧見了這只手，枯瘦、烏黑得如鷹爪。正是海靈子的手！

海靈子另一隻手還緊握著劍，似乎想一把抓開沈璧君，接著再一劍刺穿蕭十一郎的咽喉……

直到閃電再亮，他的手還停頓在那裡，竟不敢抓下

去。

沈璧君屬聲道："滾！滾開！全部滾開！無論誰敢再走進一步，我就叫他後悔終生！"

呼聲中，她已抱起蕭十一郎，乘著黑暗向門外衝出。

只聽一人道："且慢！"

電光再閃，正好映在屬剛臉上。

這段描寫，場景感強，宛如分鏡頭稿本，具有生動的畫面效果。"電光六閃"，展現的卻是同一環境中六個全然不同的場面，營造出極為生動、傳神的藝術效果。文字簡潔、頗有力度，成功地傳達出緊張集中、扣人心弦的氛圍。這是古龍借鑒影視劇本而形成的典型表現形式。

古龍不僅大量運用蒙太奇手法，還借鑒了劇本中對話的表現形式。他的作品大量穿插電報式的對話和性格化的語言，形成簡潔、凝煉的文體特徵。如《大人物》中楊凡和田思思的一段對話：

田思思道："無論怎麼樣，你也休想要我嫁給你！"

楊凡道："你真的不嫁？"

田思思道："不嫁。"

楊凡道："決心不嫁？"

田思思道："不嫁。"

楊凡道："你會不會改變主意？"

田思思道："說不嫁就不嫁，死也不嫁。"

楊凡突然站起來，恭恭敬敬向她作了一個揖，道："多謝多謝。"

田思思怔了怔，道："你謝我幹什麼？"

楊凡道："我不但要謝你，還要謝天謝地。"

田思思道："你有什麼毛病？"

楊凡道："我別的毛病倒也沒有，只不過有點疑心病。"

田思思道："疑心什麼？" 楊凡道："我總疑心你要嫁給我，所心一直怕得要命。"

上面所引的這段對話簡潔樸素，卻生動地傳達出人物的性格特點。楊凡的機智幽默、田思思的單純任性躍然紙上，呼之欲出。

從上述兩段引文中，我們可以看到古龍武俠小說的敘事特點：簡潔、緊湊、明快、節奏感強、跳躍性大。從成熟期開始，古龍錘煉成了一種極為簡潔明快的敘事模式：多用短句，配上大量的對話，有意省去不少人物、事件詳細的交代，通過頻繁的分段營造藝術空白，以喚起期待視野。突出的例子是，自 1967 年的《鐵血傳奇》以後，在古龍的作品中很少見到超過三行的段落，且常常是一句一段，很難分清行與段的區別。這種形式曾引起詬病，其本身有時確也存在分段過頻而造成割斷文理、文氣的毛病，但從總體上來說，這種形式與古龍作品的內容是和諧的，並進而形成了獨特的古龍文體。文體是形式和內容的相互適應。古龍作品的形式正是在與其所要表現的充滿現代意味的新武俠內容的磨合中而確立的，一旦定型，便成為古龍作品的獨特標誌，並與內容成為有機統一的集合體，最大限度地體現出古龍作品的藝術魅力。正如別林斯基所說的那樣：〝任何藝術作品之所以是藝術的，因為它是依據必然性規律而製作的，因為其中沒有任何隨意武斷的東西：沒有一個字、一種聲音、一筆線條是可以被另外的字、聲音或線條去代替的。但不要以為我們因此就抹殺了創造的自由：不，我們這種說法正是肯定了它，因為自由上至高的必然性，凡是不見必然性的地方就沒有自由，有的只是任意，其中既沒有智慧、意義，也沒有生命。藝術家不僅可以改造字、聲音和線條，而且能改動任何形式，甚至他的作品的整個部分，但是隨著這種改變也改變了思想和形式，它們將不是以前的思想，以前的形式，而是新改過的新思想和新形式了。因此，在真正藝術的作品中，既然一切都依據必然性規律而出現，就不會有任何偶然的、多餘的或不足的東西；一切都是必然的。〞[4]古龍對武俠小說的創新、突破是多方面、多層次的，而內容和形式有機統一的文體革新無疑是其中的一個重要部分。

　　讓我們再來領略一下《多情劍客無情劍》的開篇：

　　　　冷風如刀，以大地為砧板，視眾生為魚肉。萬里飛雪，
　　　　將蒼穹作洪爐，溶萬物為白銀。

　　　　雪將住，風未定，一輛馬車自北而來，滾滾的車輪輾
　　　　碎了地上的冰雪，卻輾不碎天地間的寂寞。

　　這兩段文字起筆不俗，想像奇特，氣勢不凡，頗具張力，

4　《別林斯基論文學》，新文藝出版社 1958 年版。

不僅生動地寫出了人物活動的環境，而且為主人公李尋歡的出場作了有力的氣氛渲染。冰天雪地的環境氛圍與李尋歡的心境是和諧、吻合的，很好地襯托出了主人公寂寞苦悶的心情。表面看來是寫景，實則是在抒情，悲涼寂寞的情調溢於字裡行間。這便是古龍文體的風格：簡潔明快，富有場景感，語言不僅具有敘事的功能還具有抒情的意味，充滿詩情畫意；短句多，時間、空間、人物、景物不斷轉換，給讀者留出許多藝術空白。閱讀古龍小說，讀者的注意力常被從情節中拉出來，去關注那些精彩的場景和細節，不斷地自我解構，充分領略古龍小說文體之美。

　　古龍在小說文體上可以說苦心經營，下了很大功夫。有時，他簡直把小說當詩來寫了。我們來讀一讀《天涯‧明月‧刀》的《楔子》：

　　　　"天涯遠不遠？"
　　　　"不遠！"
　　　　"人就在天涯，天涯怎麼會遠？"
　　　　"明月是什麼顏色的？"
　　　　"是藍的，就像海一樣藍，一樣深，一樣憂鬱。"
　　　　"明月在哪裡？"
　　　　"就在他心裡，他的心就是明月。"
　　　　"刀呢？"
　　　　"刀就在他手裡。"
　　　　"那是柄什麼樣的刀？"
　　　　"他的刀如天涯般遼闊寂寞，如明月般的皎潔憂鬱，有時一刀揮出，又彷彿是空的！"

……

這是純粹的散文詩的筆法。而這部作品大部分是由這樣的段落組成的。這樣來寫，固然文筆優美，意境不俗，具有詩情畫意，但如用得過多過濫，就難以與情節融為一體，破壞了讀者的閱讀情趣。好在像這樣極端的例子在古龍作品中並不多見，在總體上無損於古龍小說文體的完整性和獨創性。

論瓊瑤小說創作及其文學史意義

　　1963 年，瓊瑤發表了第一部長篇小說《窗外》。言情文學從此作為一種獨立的文學類型在台灣通俗文學中脫穎而出，出現空前繁盛的局面。而由《窗外》引發的“瓊瑤熱”在台灣和海外不斷升溫，持續了近 20 年。80 年代中期，“瓊瑤熱”悄然渡海，一度又風靡大陸。

　　面對中國當代文壇的這一“瓊瑤現象”，人們眾說紛紜。不少人將瓊瑤視為無病呻吟、不食人間煙火的“閨秀派”或“新鴛鴦蝴蝶派”，有些人甚至把瓊瑤小說稱為“瓊瑤公害”而狠加撻伐。於是出現了一個奇異的現象。一方面，自《窗外》至 1985 年修改完畢的《冰兒》共計 42 部長篇小說以書刊、影視的形式在大眾中廣為傳播，擁有千萬讀者和觀眾；另一方面，評論界一直持冷漠態度，偶有評論，也大都從純文學的立場出發，批評、指責瓊瑤的作品。1978 年曾心儀發表《試評瓊瑤的<月朦朧，鳥朦朧>》[1]，才算開了公正評論瓊瑤小說的先河。但是，從總體上來說，瓊瑤尚未真正得到評論界的重視，她的藝術世界尚有待深入開掘，她在文學史上的地位也有待確立。

---

1 台北《書評書目》1978 年 6 月號。

一

　　綜觀瓊瑤的言情小說創作，根據作家生活際遇的轉折、審美趣味的嬗變、作品主題的更迭及社會歷史的變遷等諸種因素，大致可以將它分為前後兩個時期：前期從 1963 年《窗外》到 1972 年《海鷗飛處》;後期從 1973 年《心有千千結》到 1985 年的《冰兒》。

　　以《窗外》的問世為標誌，瓊瑤正式加盟言情文學創作隊伍。雖然此前她已發表過一些短篇小說，但一直寂寂無名，還沒有發現自己的優勢和長處。在苦心經營多年之後，瓊瑤用自己的經歷和情感構造了《窗外》的世界。這部以師生戀為主要內容的小說融入了作者一段痛苦的經歷：高考失利、初戀失敗、婚姻破裂，女主人公身上明顯有著作者的影子。正因為如此，她把江雁容與康南的師生戀演繹得纏綿悱惻，催人淚下。言情文學重在寫情，《窗外》最大的成功便是將這個"情"字寫得淋漓盡致。"問世間情為何物，直教人生死相許?"作者在這裡寫出了情的真誠、情的執著和情的無奈。江雁容和康南的戀愛像劃過長空的流星，很快便遭到世俗社會和家庭的聯合絞殺。

　　與同時期的其它言情文學作品相比，瓊瑤這部長篇處女作最為突出之處在於作品沒有以"師生戀"的失敗而告終。作品突破了言情文學常見的模式，追求深層悲劇效果。江雁容與康南分手後，經過三年的調整，成為一個平凡的家庭主婦。然而，丈夫的粗心疏忽和善妒多疑很快使她對婚姻產生厭倦。這段婚姻勉強維繫了兩年便宣告解體。精神自由的江雁容決定去遠方的小鎮中學尋找康南。換了一般的作家，一對舊情人在歷經苦難後重歸於好勢所必然，這也符合傳統的中國人喜歡大團圓結局的心理。但瓊瑤拒絕了平庸，拒絕了溫馨、夢幻的浪漫情調。作品寫江雁容經過長途跋涉來到小鎮，先見到康南的學生阿珠。阿珠告訴她："我們叫康老師醉老頭"，"康老師最髒了，房間裡總是亂七八糟"，"康老師也不理髮，頭髮好長，也不剃鬍子，"江雁容的"心臟像被人捏緊似的痛楚了起來"。她推開康南的房門，映入眼簾的"與其說是住人的，不如說是狗窩更恰當些"。從羅亞文那裡，江雁容再次瞭解到康南精神沉淪、感情頹廢的現狀，她徹底絕望了。正當她走向校門口時，迎面走來了康南。此時，作者從他的肖像寫到動作、神情，全方位地展現了一個衣著骯髒、形容萎瑣、徒有軀殼沒了靈魂的行屍走肉般的人物。這樣來寫康南，讀者更能體會生活的冷酷、人生的悲涼。而此時的江雁容，在遭受戀愛和婚姻失敗的雙重打擊之後，面對連她都認不出來的初戀情人，其心中辛酸和哀痛是難以言說的。這一結局大大強化了整部作品的悲劇性，有力地起到了深化主題的作用。

　　悲劇，是此時的瓊瑤所偏愛的。個人遭遇的坎坷，情感世界的壓抑，對婚姻的絕望，使她的作品蒙上濃重的抑鬱、感傷的色調。《窗外》之後，她接連出版了《煙雨濛濛》、《六個夢》、《幸運草》、《幾度夕陽紅》、《菟絲花》、《潮聲》等小說。這些作品大多以悲劇結局，從中不難窺見年輕的女作家對人生和文學的基本認識。而在整個創作前期，能代表瓊瑤創作成就、且產生廣泛影響的力作,基本上是寫愛情悲劇的。

　　"悲劇"原來指的是一種原始的戲劇。但後來在更多的情況下,它指的是一種文化精神,即"悲劇意識"。自人類社會產生以來,人們先是面臨著饑餓、寒冷、猛獸的威脅,接著又不得不陷入種種複雜險惡的關係中,人與社會、人與人、人與自我存在著深刻的矛盾。面對現實的種種矛盾和苦難,人們大致採取三種不同的人生態度:一種是麻木處之,默默忍受;一種是尋求虛幻的精神支柱來自我安慰;還有一種則是在迷惘中沉思,在困惑中不懈追索。這第三種就是悲劇意識,它肯定人的尊嚴和自由意志,充分張揚生命意志的不屈不撓的追求過程。這種高揚的意志和死亡、命運等人類不可戰勝的對手之間的搏擊和衝突,便是悲劇性的衝突。雅斯貝爾斯曾精闢指出:"悲劇呈露在人類追求真理的絕對意志裡。它代表人類存在的終極不和諧。"[2]

　　瓊瑤小說的愛情悲劇正反映了人類存在的不和諧。其中蘊含的悲劇性衝突是主人公在不屈不撓的追求愛情的過程中與現實之間的尖銳矛盾。由於主人公性格的差異,他們的精神狀態和採取的行動有所不同,有些人由於性格較為軟弱而反抗性相對缺少些,而有些人則明顯地有"知其不可而為之"的精神,悲劇色彩要強烈得多。自然,瓊瑤是個通俗文學作家,我們不能也沒有必要要求她像純文學作家那樣有更為自覺的悲劇意識,但從她的前期作品中,我們能鮮明地感受到魯迅所說的:"悲劇將有價值的東西毀滅了給人看"。這

2　雅斯貝爾斯:《悲劇的超越》,工人出版社 1988 年版,第 30 頁。

是應該予以充分肯定的。

　　與《窗外》相比,《煙雨濛濛》在藝術視野上要開闊得多。瓊瑤是純情作家,致力於家庭、愛情和婚姻生活的開掘,其作品時代和社會色彩常常很淡。《煙雨濛濛》是少數幾部有歷史縱深感的作品之一。它以大軍閥陸振華家族的興衰為線索,從一個側面反映了中國數十年動盪的歷史。不過,作為一部言情小說,作品注重的是情感的表現,借時代風雲來寫人物命運的變遷,在人物尖銳的矛盾衝突中展示人性的種種。從中也可看出,瓊瑤儘管"純情",但並非像某些人所說的那樣"不食人間煙火味"。和《煙雨濛濛》同時出版的《六個夢》也頗值得玩味。六個故事有著大致相同的結構,基本上都以悲劇結尾,如此多的悲情故事集中在一起,反映了此時的瓊瑤對愛情的困惑和人生的彷徨。

　　緊接著問世的《幾度夕陽紅》將一個"情"字表現得更為淋漓盡致。無論情的長度還是情的力度,在眾多的愛情故事中都是獨特的,這部作品充分奠定了瓊瑤在台灣通俗文學史上的地位。作者正面表現了愛情和婚姻的矛盾。當初,橫在何慕天和李夢竹之間的主要障礙便是何已是有婦之夫,而何暫時又擺脫不了妻子的糾纏,無法及早終止父母包辦婚姻,不知情的李夢竹偏偏又中了何妻的圈套。而現在當何李再度相遇舊情複燃之時,兩人之間又橫著一個楊明遠,李夢竹因無法擺脫對家庭的責任感只好揮劍斬斷情絲。因此,何李的愛情始終與婚姻相悖。自《幾度夕陽紅)開始,婚外戀情成為瓊瑤常常描寫的題材,如《紫貝殼》、《我是一片雲》等。在現實生活中,"婚外戀"常為人所不齒。而在言情小說中,它又往往是作品藝術魅力的生長點。如何處理兩者的關係，這是擺在作家面前的一個重要課題。瓊瑤在思想意識和道德觀念方面是個較為傳統的作家，她在駕馭"婚外戀"題材時往往突出人物愛情的純潔性，從而使人物感情的發展既超越一般社會道德又能吸引讀者、打動讀者。"純情"既是瓊瑤小說的基本特色，也是瓊瑤所著力追求的。正因為如此，儘管她寫了形形色色、各式各樣的愛情，卻與"色情"無涉。

瓊瑤的前期創作，自然也不全是悲劇。深受中國傳統文化薰陶的瓊瑤沒有放棄喜劇的形式。在有些作品中，大團圓的結構類型被一再搬用，有時甚至可以明顯地看出這種結局是虛假的，是作者強給作品安上的一條光明的尾巴。而這，也正可看出溫柔教厚的美學傳統對作家的深刻影響。這樣的結構隨著作者生活的變遷在後期的創作中發生了較大的變化。

70年代初，瓊瑤再一次墜入情網。苦盡甘來的愛情生活改變了瓊瑤的生命走向，也對她的創作產生了巨大的影響。自1973年《心有千千結》開始，瓊瑤文風丕變，此後，她的創作洋溢著明朗、樂觀、溫馨的情調。她努力表現愛情的力量和作用，盡可能地拒絕和消解悲劇，追求令讀者和書中人物皆大歡喜的喜劇效果。這顯示了作家在重獲愛情滋潤後對生活和前途充滿希望。貫穿於《心有千千結》的是情。其中有親情，如耿克毅與耿若塵的父子情;有愛情，如耿克毅與小嘉、耿若塵與江雨薇的感情;有友情，如男女主人公與老李夫婦、老趙之間的誠摯情感。而在諸般情感中，江雨薇與耿若塵的愛情最為動人。江雨薇是十全十美的天使的化身，是她充分理解了耿克毅 —— 表面威嚴暴躁實則晚景淒涼的老人，並為他找回了兒子耿若塵，給他帶來了晚年的快樂；是她以愛和才智，使浪蕩公子耿若塵振作起來，由頹廢而奮發，成為事業有成的堂堂男子漢；是她進而拯救了整個耿家，為風雨園帶來了歡樂幸福。這部作品充分突出了愛的力量。

在瓊瑤後期創作中，作家借助於不同的人物形象和愛情故事反覆說明："愛具有戰勝一切的力量。"《彩霞滿天》中喬書培與殷采芹青梅竹馬，但由於身世的差異、家庭的影響，這對戀人歷經坎坷，受盡磨難，甚至瀕臨感情崩潰的邊緣，但到最後，他們終於又相守在一起，迎來了滿天彩霞。《雁兒在林梢》則是通過愛情與仇恨的較量來顯示愛情的力量。女主人公丹楓與江淮一見鍾情，她卻承擔著要為姐姐復仇的重任，但愛情的力量漸漸化解了仇恨的因素，並最終戰勝了一切。後期作品中喜劇氣氛最為濃烈的當推《夢的衣裳》。夢幻般的境界，浪漫熱烈的情調，融合著一個感人至深的愛的故事，為單調庸常的現實披上了一件色彩斑斕的"夢的衣裳"。

後期的瓊瑤追求喜劇，拒絕悲劇，努力營造溫馨、甜美的愛的世界。儘管她深知在現實生活中悲劇不比喜劇少，即使在真誠的愛情中，苦惱也常常比歡樂多，但她堅持認為："我仍然相信世界的美好，我仍然有滿腔急於發洩的東西，我仍然想把我所知道的那個充滿了'愛'的'好'的人生寫出來，獻給願意接受它的人們，不管我為此是否會受到指責和誤解。"(《穿紫衣的女人·序》)瓊瑤是有先見之明的。在她的筆下、人生顯得那麼美好，人類表現得那麼高尚，作品主人公或許會經受磨難和考驗，但隨之而來的愛情和人生會放射出更為奪目的光彩。也正因為如此，瓊瑤在無法拒絕悲劇的時候便消解悲劇。《我是一片雲》是一個典型的例子。作者的安排明顯消解了作品的悲劇意味，模糊了現實中是非對錯的界限，自然也就削弱了作品的批判力量。同樣的情形還存在於《在水一方》等其它作品中。

二

在台灣眾多的言情作家中，瓊瑤是頗具特色的。在二十餘年的言情小說創作生涯裡，瓊瑤的小說從人物、主題到結構、語言等諸方面都形成了獨特的風格。我們可以將這稱為"瓊瑤模式"。

瓊瑤小說的人物帶有濃重的理想化色彩。作者對人物的外貌、氣質、性格、感情都加以美化處理。男主人公大都接受過高等教育且事業有成，既剛毅堅強又善解人意，既英俊瀟灑又博學多才。這些人物原來都有自己的一片天空，但在作品中他們的熱情都傾注在愛情上，為愛情而歡樂而痛苦，其事業、工作充其量只屬於邊緣的地位，他們似乎現在只是為了愛情而活著。女主人公則如花似玉，熱情似火，冰清玉潔，楚楚動人，清麗脫俗，富有美麗的幻想，充滿青春的氣息。如加以區分，則大致可劃為兩種類型：一是現代型，一是傳統型。而以傳統型居多。這類人物深具中國婦女的傳統美德，對愛情專一，但又性格柔弱，缺乏主見。她們執著地追求愛情，飽經磨難而至死不悔，在挫折面前她們孤獨、矜持、寂寞，如段宛露、江雁容、涵妮、李夢竹、杜小雙等。
而現代型的女性則具有較為堅強的個性和不滿現狀的反抗精
神，愛恨分明，自信自尊，按照自己的意願過著一種熱烈奔
放、充滿活力的生活，如陶丹楓、江雨薇、陸依萍、唐可欣
等。總的來說，瓊瑤小說的人物形象缺乏深度。作者用人性
的單純性代替了人性的複雜性，用人的性格、感情中美好的
東西掩蓋了醜陋的甚至是卑劣的東西，從而使人物形象失之
於單一、膚淺，這是理想化傾向帶來的必然結果。

　　從主題來看，情和愛是瓊瑤小說永恆的主題。謳歌和表
現愛情、親情、友情以及以此為核心的人類之愛，是瓊瑤每
部作品的中心內容。她宣稱："相信人間有愛，這就是我一
生執著的一件事吧!不論戰爭、烽火、時間、空間……往往把
兄弟姊妹、父母兒孫隔在遙遠兩地，但'愛'是人類永遠毀
滅不掉的東西！我就為這信念活著吧！就為這信念而保持著
一顆易感的心吧!"[3]與前人相比，瓊瑤儘管寫的還是愛情，
但融進了許多新的時代內容。她寫了形形色色的愛情，有不
同形態、不同時代的，也有不同階層、不同年齡的，以至於
有人將瓊瑤小說稱為"愛情的百科全書"[4]。儘管每部作品的
具體愛情內容不同，但其愛情主題有一個共同的模式，即追
求的是忠貞不渝的愛，有道德有教養的愛。瓊瑤小說摒棄色
情，拒絕低俗，尊崇道德，強調自主自由，這表現出其健康
的愛情觀和婚姻觀。這是建立在"性善論"的人生觀基礎上
的。瓊瑤堅信"善"作為一種本體存在的必然性。或許她也

3　瓊瑤：《剪不斷的鄉愁》，作家出版社 1988 年版，第 126-127 頁。
4　古繼堂：《台灣小說發展史》，春風文藝出版社 1989 年版，第 264 頁。

承認現實社會中存在著邪惡，但她的作品卻摒棄邪惡。她的四十餘部作品幾乎沒有一個壞人，沒有一種惡勢力，沒有善與惡的搏鬥。主人公都是仁慈、善良的天使。主人公的悲劇都不是由於邪惡勢力造成的，而是由於人物自身的性格和心理造成的，或者是由"愛"造成的。

瓊瑤描繪的愛情都不是凡人肉體的愛，而是像但丁在《神曲》中所描繪的那種天堂裡的超凡脫俗的愛。瓊瑤小說愛的主題不是建立在現實生活的基礎上，而是植根於理想的王國。這常常為人所詬病。究其實，瓊瑤不是按生活本來有的樣子再現生活，而是按應當有的樣子來表現生活。她描繪的是理想世界，而不是搬演現實生活中的故事。人們盡可以說她的小說膚淺、幼稚，但她絕不是在粉飾現實。由於較大限度地捨棄了政治和歷史背景，缺乏豐富深廣的現實生活內容，瓊瑤小說自然無法與同是言情文學的古典名著《紅樓夢》相比，但我們無法忽視其文化背景，更不能否定瓊瑤小說在表現愛情生活過程中所呈現出來的豐富的文化價值。

瓊瑤小說的情節結構也是模式化的。自唐代元稹《會真記》開始，言情小說逐漸形成了固定的情節模式：公子落難，小姐搭救，私訂終身，父母或社會邪惡勢力作梗，最終大團圓結局。瓊瑤小說一方面繼承了這一傳統，另一方面又適應現代人審美趣味和感情的需要，更加追求跌宕多姿、曲折有致的傳奇效果。就結構框架而言，大致仍是言情文學傳統的"鍾情—遇阻、衝突—回歸、團圓"的模式，而落實到程式的每個具體步驟，便可見出瓊瑤的藝術匠心。先說開篇。瓊瑤小說偏愛一見鍾情。愛情本就是極為神奇、玄妙的情感，而一見鍾情式的愛情更是奇妙中之最奇妙者。這種愛情極其浪漫，也極富有詩意，但也往往缺少理性，因而往往具有不穩定性。因此，以一見鍾情開啟愛情旅程的男女主人公，他們的命運更能引發讀者的興趣。不過，雖同是一見鍾情的模式，但表現形態各不相同，而由此派生出的故事更是千姿百態的了。再看情節的發展和高潮。男女主人公一見鍾情，很快便進入熱戀狀態，生死相許。但如果任其順利發展，一則情節缺乏魅力，二則作品內涵必然也大打折扣。瓊瑤安排了各種各樣的障礙來折磨筆下心愛的人物。這裡有家庭的阻力，如《我是一片雲》中的孟樵與段宛露，《窗外》中的江雁容與康南；有情感和理智的衝突，如《煙雨濛濛》中陸依萍和何書恒，《船》中的可欣與紀遠；有人物性格的撞擊，如《船》中的可欣與嘉文，《我是一片雲》中的段宛露與顧友嵐；有疾病的折磨，如《彩雲飛》中的孟雲樓與涵妮；有思想的分歧，如《在水一方》中的杜小雙與盧友文。此外，還有年齡差異的困惑、社會干預的壓力等等。這些都加劇了作品的矛盾衝突，使情節發展撲朔迷離，引人入勝。

　　傳統的言情文學基本上都以大團圓結局。大團圓固然能滿足讀者的閱讀心理，但與悲劇相比，缺少了一種震撼人心的力量，在心理上、感情上更多的給讀者虛幻的滿足。瓊瑤有許多作品以傳統的大團圓方式結局，使有情人終成眷屬，找到愛的歸宿。男女主人公歷經磨難，終於修成正果。她也有相當一部分作品以悲劇結局。這裡既有人物肉體的毀滅，也有精神的毀滅和道德的沉淪。這種結局能使讀者以豐富想像去填補文本中的空白，產生發人深省的藝術效果。

　　瓊瑤小說還存在著明顯的語言模式。瓊瑤從小深受古典文學的薰陶，酷愛古詩詞，其古文學的深厚功底在言情作家中是很突出的。瓊瑤小說的語言風格集中地表現為古典美。她善於把古詩詞融進小說，或化作某種意境，或點明題旨，或揭示人物獨特複雜的心態，或渲染氣氛，或以此協調和控制整部作品的旋律節奏。她的每部作品幾乎都有一首或幾首婉轉清麗、優美動人的詩詞。《心有千千結》中，"問天何時老？問情何時絕？我心深深處，中有千千結！"的主題詩句隨著主人公江雨薇與耿若塵的戀情發展而不斷變化出現。《在水一方》中，每當情節發展到關鍵處，人物深陷於感情漩渦中時，脫胎於《詩經‧蒹葭》的主題歌《在水一方》便出現了。它的淒婉迷離的情調為作品籠罩上了一種憂傷的氣氛，具有令人盪氣迴腸的藝術魅力，對古詩詞的巧妙化用使瓊瑤小說成為深具民族特色，充滿詩情畫意的言情小說。實際上，瓊瑤小說從書名到人物的名字乃至細節描寫，都古色古香，富有詩意，沁人心脾，飄逸出東方文化的獨特風采。

　　模式化作為通俗文學的本質特徵，本無所謂優劣。摒棄模式化即意味著將通俗文學從商業化的軌道中剔除出去，從而危及大眾文化消費。高明的通俗文學作家則以程式複雜、富有獨特性的模式建立自己的文學地位。"瓊瑤模式"無疑是眾多的模式中卓越的一種。儘管它存在著一些不足，但對推動言情文學創作起到了十分重要的作用。這是不應抹煞的。

三

　　在中國現當代言情文學發展史上，瓊瑤是一個承前啟後的作家。她一方面上承前輩作家的文學傳統和精神傳統，另一方面又以自己的創作模式影響後輩作家，卓然成為一代言情文學大家。為了更好地確立其文學史地位，我們可以把她與張恨水、三毛、亦舒放在一起進行比較研究，進而透視其思想上的進步性和局限性，藝術上的優劣短長。

　　張恨水是現代言情小說的代表作家，在抗戰前後的二十餘年間享有盛譽，是現代文學史上創作最豐富的作家之一。張恨水的小說採用章回體的形式，走通俗化的道路，“絕不寫出人家看不懂的文字”。他一方面承認自己的作品有消閒作用，另一方面又不滿足於此。他說：“中國的小說，還很難脫掉消閒的作用。除了極少數的作家，一篇之出，有他的用意。此外大多數的人，絕不能打腫了臉裝胖子，而能說他的小說，是能負得起文藝所給予的使命的。……問題就在這裡，我們是否願意以供人消遣為己足?是否看到看小說消遣還是普遍的現象，而不以印刷惡劣失掉作用?對於此，作小說的人，如能有所領悟，他就利用這個機會，以盡他應盡的天職。”[5]因此，張恨水力求把消遣和社會使命結合起來，對當時社會的種種弊端進行了尖銳的揭露和批判。他的小說在言情的模式中主要表現了三個方面的內容：對舊中國統治階級進行批判，表達民主意識；對日本帝國主義進行批判，表現

5　張恨水：《我的寫作生涯》，四川人民出版社 1981 年版，第 101 頁。

民族感情；對市民社會、市民習俗進行批判，表現知識份子的社會良知。這突出地顯示了作品的社會色彩。張恨水的小說不是一般的言情小說，而是社會言情小說。魯迅《中國小說史略》在比較研究《金瓶梅》和《紅樓夢》時，分別稱之為"世情小說"和"人情小說"，指出前者注重暴露世態，而後者則著墨於描攀人情。這兩個概念正好可以用來借指張恨水和瓊瑤的作品。如果說張恨水的小說重在表現特定的社會環境，描寫特定時代的世態，主要屬於世情小說的話，那麼瓊瑤的小說則基本上是人情小說。瓊瑤小說的社會環境、時代氛圍較為淡薄，它通常不是從社會關係而是從家庭關係的角度來寫"情"。相形之下，由於張恨水重在社會寫實，人物形象不免較為單薄，而瓊瑤則重在寫情，人物的感情和心理寫得就較為細膩、真切，形象也較為生動。張恨水基本上能緊跟時代步伐，要求作品在內容上能入時，而對情節並不過分在意。他往往以主人公的經歷為線索，敘述主人公在不同時間不同環境下所遭遇的人和事，通常不追求大起大落、波譎雲詭的故事情節。瓊瑤小說則一般以主人公的情感歷程為情節主線。由於"情"的複雜奧妙和跌宕起伏，作品的情節也就往往大開大合、曲折多姿。

就思想意識而言，由於所處的時代和社會環境的不同，由於各自不同的人生經驗，張恨水和瓊瑤既存在著共同點，也有著明顯的不同。兩人都深受傳統文化的影響，他們的作品表現出深厚的傳統文化的意蘊，無論思想內容還是表現技巧，都閃爍著傳統文化的光輝。張恨水生活在封建社會走向崩潰的時期，一方面由於從小所受的教育和後來報人的職業使他身上存在著濃厚的舊文人氣質，另一方面他大量閱讀新書報，不斷汲納新知，努力適應新思想，但又新得有限。從本質上來說，他是一個新舊思想雜糅的人物。瓊瑤登上文壇之時，正是台灣由傳統的農業型社會向資本主義工商業型社會轉變的轉型期。隨著經濟的發展，台灣社會的思想文化深受歐風美雨的侵襲，現代主義思潮席捲一時，在這樣的環境中成長起來的瓊瑤在思想上也經歷著深刻的矛盾。經過衝突，傳統文化精神和現代意識較好地取得了交融。因此，她筆下的人物一方面鮮明地體現著現代人的精神特徵和情感趨向，另一方面又具有中國傳統的美德。思想意識上的差異，使張恨水和瓊瑤的小說在愛情觀、婚姻觀、家庭觀等一系列方面都有著明顯的區別，這導致了兩者在思想內容上境界也判然有別。

從上述比較中可以看出瓊瑤與張恨水小說的相同和相異之處。既可看到瓊瑤對前輩作家的繼承，更可看到瓊瑤對言情文學的發展。瓊瑤是張恨水之後言情文學的又一塊里程碑。

將瓊瑤與三毛聯繫起來，不僅僅因為她們都是台灣言情文學的重鎮，還在於她們在精神上的深刻聯繫。雖然瓊瑤和三毛創作的主要文體一為小說一為散文，但兩人在許多方面有著相似之處。她們都出身於高級知識份子家庭，自幼酷愛讀書，不過瓊瑤偏重於古典文學作品尤其是詩詞，而三毛讀書則要雜一些，文學、宗教、哲學、天文、地理……，都在涉獵範圍之中。她們都深受中國傳統文化的薰陶，均屬於傳統型的作家，其作品中所蘊含的道德觀和審美意識，明顯地充溢著傳統文化精神。她們的經歷也有相似之處。自然，更重要的是，她們都選擇了"言情"作為寄託感情、慰藉心靈、表達思想的方式，並長期致力於此，寫出了愛情的奇幻美妙、纏綿悱惻。這是她們作為作家的最本質的相似之處。

　　儘管瓊瑤與三毛一同耕耘於言情文學領域，但她們作品的內涵和風格有著較大的區別。瓊瑤小說描寫了千姿百態的愛情，在愛情萬花筒中執著地追求純真、浪漫、帶有夢幻色彩的愛情。每部作品都離不開"情"和"愛"。三毛年輕時即浪跡天涯，讀萬卷書，行萬里路。豐富厚實的生活使她的散文呈現出全新的內容。她細膩傳神地描寫了自己經歷過、感受過的異國風光、風土人情、奇聞趣事。而"言情"的文字則主要是對荷西的追憶和懷念，表現了生離死別的戀情和對理想愛情境界的追尋。就"言情"而言，瓊瑤是多樣化的，三毛則是單一、集中的。而就全部創作而言，瓊瑤小說大致圍繞著"情"字展開，三毛則不能以"情"字概括得了的。兩人的風格也大不一樣。儘管她們都追求浪漫的情調，但瓊瑤採用的是將現實理想化的手法，描寫夢幻化的愛情，風格溫馨、委婉、典雅，具有東方的古典美。三毛的文風則灑脫不羈，幽默機智。她的作品從現實生活中擷取題材，保持了生活的原汁原味；而異域情調和對大喜大悲的領悟，則使作品產生一種震撼力。

　　應該說，瓊瑤和三毛是台灣言情文學園地裡的兩朵奇葩，她們以各自亮麗的光彩標誌著台灣言情文學的最高成就。

　　亦舒則是香港言情文學的代表作家。亦舒的生活閱歷較為豐富，在香港讀完中學後即擔任《明報》記者，接觸的社會面較廣。後又赴英國留學，畢業返港後歷任酒店公關部經理、港府新聞處新聞官員、電視台編劇等職。1963 年出版第一本小說集，至 1997 年已有 180 餘種著作問世，其中長篇和中短篇小說集六十餘種。亦舒的小說，大致都可歸入言情小說的範疇。與瓊瑤相似，亦舒也將小說定位在以中產階級生活為背景的都市社會，小說明顯地表現出都市化特徵。她們的文學觀和創作思想都從屬於代表中產階級利益的中性文學，以中等文化程度的青年和家庭婦女為主要閱讀對象。她們都推崇女性獨立，其作品表現出人本主義思想和民主主義思想。

　　然而，亦舒與瓊瑤的差異也是深刻的。亦舒在年齡上小八歲，在文壇上成名也要晚近十年。這一時間差正好將兩人的創作分隔成兩個時期。如果說瓊瑤的創作主要屬於由農業經濟社會向資本主義工商經濟社會轉型期，亦舒的小說，則基本上可歸入高度發展的資本主義大都會。瓊瑤的愛情觀明顯是傳統型的。在她看來，情愛的理想歸宿是家庭，男恩女愛、夫唱婦隨是理想家庭的標準。亦舒的愛情觀則較為西化，她認為資本主義工商社會是排斥愛情的，現代人常常要面臨愛情和婚姻的失敗。"不求天長地久，但求曾經擁有"是她筆下眾多主人公的基本婚戀觀。她常寫男女主人公"美妙的離婚"、"無怨的分手"、"清醒的割捨"、"仇侶的決裂"，撕去了愛情的溫馨面紗，而代之以深重的危機。亦舒以現實主義的態度，揭露和抨擊工商社會對愛情生活的異化和摧殘，大量描寫了在金錢操縱下的婚戀悲劇。儘管她的小說也有浪漫，但已消解了瓊瑤的幻想和夢。她與瓊瑤一樣，主張女性獨立和自由，但瓊瑤的主張還停留在以男權為中心的階段，而亦舒相形之下明顯具有女權主義者的色彩。亦舒在作品中以女性的立場真實地描寫了現代工商社會中獨特的女性經驗、女性心理，抨擊男性霸權主義，對女性的命運有了更多的理性關注。而這，則是瓊瑤所不具備的。

　　上面將瓊瑤與張恨水、三毛、亦舒作了扼要的比較。這裡並不涉及成就高下的評判，只是想通過這樣前後左右的比較，來更好地分析瓊瑤小說的成敗優劣、長處和局限，以確定她在中國現當代言情文學史上的地位。

香港文學視野中的陶然

　　人們習慣於把陶然稱為"南來作家"，這固然是關注到了陶然曾經擁有過的大陸背景，想以此將其與所謂土生土長的香港作家區別開來。事實上，作為一個在香港生活和創作整整四十年的作家，陶然早已和香港融為一體，他的情感、生活和創作與他所身處的港島已然難解難分。"南來作家"的說法對於陶然來說，其實沒有多少實質性的意義。無論在文化層面、文學層面還是在社會層面，陶然都已成為一個地地道道的香港人。陶然以其豐厚的創作實績、卓越的編輯實踐、出色的文學活動成為香港文學的一面旗幟。

一

　　香港是一個高度發達的國際大都會，素有"東方之珠"的美譽。然而，面對極為繁榮的物質文明，不少香港文化人多年來卻一直說香港是文化沙漠。黃維梁曾從大眾文化和高級文化兩個層次為香港正名，認為"香港絕非文化沙漠"[1]。陶然沒有參與論爭，他以堅韌的文學實踐和豐碩的創作成果，

----

1 黃維梁：《香港文學初探》，中國友誼出版公司 1987 年版，第 1 頁。

有力地回應了"香港是文化沙漠"的論調。

　　陶然首先是作為一個小說家出現在香港文壇上的。他擅長各種小說文體的創作，出版了《追尋》、《與你同行》、《一樣的天空》等長篇小說，《蜜月》、《平安夜》、《歲月如歌》、《天外歌聲哼出的淚滴》等中短篇小說集，《美人關》、《密碼168》等微型小說集。

　　1974年，赴港生活第二年的陶然發表了小說處女作《冬夜》。這篇以香港餐廳為背景，以香港小人物為主人公，直接描寫香港生活的作品，從一開始就顯示出作者努力融入香港，不迴避社會矛盾，敢於直面人生的現實主義的創作精神。這一創作態度此後成為影響他一生的基本創作觀。在早期小說《蜜月》中，新婚夫婦田寶傑和汪燕玲為了償還結婚時所欠的借款從香港來到澳門賭場，卻不料上了高利貸的當，結果全軍覆沒，兩人被迫屈辱地當眾做"真人表演"，人的尊嚴喪失殆盡。《視角》也是寫普通人生活的。在賭場做保安的鍾必盛羨慕和嫉妒著那些一夜暴富的幸運兒，因發財心切去倒賣黃金，結果卻大輸了一場，借來的本錢也無法歸還。投機活動的失敗使他的心態失去了平衡，他竟因懷疑妻子與林志璋關係曖昧而捅死了無辜的好友，從而上演了一幕人間慘劇。《一萬元》中的銀行小職員簡慕貞因一時貪念上了總經理的當，最終身陷囹圄。從事實經過來看，簡慕貞將一萬元存款占為己有，這無疑是個錯誤，但作者的著力點顯然不在這件事情上，他努力挖掘的是這件事背後的東西。簡慕貞和在洋行打工的梁慶德相愛，即將步入婚姻的殿堂，但為了籌辦婚禮，還缺少一萬元錢。為了這一萬元，梁慶德愁眉不展，無計可施，已懷有兩個月身孕的簡慕貞也急於把自己嫁出去，此時正好客戶在存錢時多給了一萬元。面對這天上突然掉下的餡餅，簡慕貞起了貪念，她哪裡知道這是總經理這個對她有著不可告人目的的好色之徒設下的圈套，就等她往裡鑽。當她明白這一切時，她不顧總經理的威逼利誘，寧肯坐牢也不願受辱。作品由此為小人物的不幸命運唱出了一曲悲歌。《窺》則將視線投向偷渡客這一個特殊群體。偷渡客因沒有合法的身份，失去了自由工作的機會，過著朝不保夕的生活，精神上也處於高度緊張的狀態，一旦身份被識破，等待他們的便是被遣返的命運。因此，他們往往成為被欺凌、被敲詐的對象。《窺》便表現他們生活上、精神上的困境。駱明儀偷渡到香港，因無法出去打工養活自己，只得委身於張慎鴻，成為家庭婦女，每日只能在家這一狹小的空間打轉轉。張慎鴻口口聲聲說要照顧她一生一世，其實只不過是貪圖她的美色罷了。在窺探到她的秘密後，老光棍趙長貴便以告發相要脅想占她的便宜，在奮力掙扎時她用鍋鏟失手打傷了他，等待她的自然是她所不希望的結果。作者為這一特殊群體留下了同情的筆墨。

　　1984年，陶然發表了中篇小說《天平》。這是香港文壇上較早涉及“九七”回歸問題的文學作品，因此一發表就引起香港和內地評論界的廣泛關注。人們圍繞如何看待小說的思想主題、人物形象的典型性以及所謂香港人對“九七”回歸的態度等問題進行了熱烈的討論。這實際上反映了陶然的現實敏感性和敢於直面社會問題的勇氣。面對中英雙方經過長時間談判所形成的歷史性成果，香港社會觀點不一，有人支持，有人反對，有人觀望，有人逃避。陶然則通過小說《天平》表達了自己對這一歷史事件的觀點。這篇小說寫於1983年9月，當時中英談判正在緊張進行之中，一時間香港人心惶惶。作品以此為背景，生動地狀寫了港人的心態。黃裕思和楊竹英的戀愛受到移民潮強有力的挑戰。黃裕思未曾想過移民，也沒有經濟能力離開港島，楊竹英則將移民看作自己最好的歸宿，夢寐以求想移居美國，在愛情和前途的抉擇中她最終放棄了前者。楊竹英選擇了和連福全一起移民美國，她考慮一旦去了美國，連父母將來也有移民的條件了。而黃裕思在經歷留港還是移民的矛盾衝突後，認識更趨於理性："美國就算再好，也是別人的國家。何況，到了美國，也未必如意，許多人去了，還不是那樣潦倒，那樣無奈?"這也道出了大多數港人的心聲。杜元明在《香港作家陶然的〈天平〉及其爭鳴》一文中認為："關於《天平》的主題、人物及其真實程度，上述評論所產生的分歧，主要是評價文學作品要不要準確地把握其時代性的問題。如果把問題放到作品所反映的特定時期的歷史範圍之內來考察，我們就不能不承認作品所揭示的'九七問題'對港人心態的衝擊，及據以描寫的三個青年對此所持的三種不同態度和所作的抉擇，還是真實可信，具有典型意義的。"[2]

　　在陶然的小說創作中，《一樣的天空》有著十分重要的意義。儘管在此之前，陶然已出版了《平安夜》、《蜜月》等中短篇小說集，《追尋》、《與你同行》等長篇小說，在香港文壇

---

2 杜元明：《香港作家陶然的〈天平〉及其爭鳴》，北京《文藝情況》1985年總第 116 期。

產生了較大的影響，但真正調動了他在香港二十餘年深厚的
生活積累，全景式地表現他對香港高度發達的商業社會的認
知和在激烈商戰中人性的壓抑扭曲的，當推1996年出版的
《一樣的天空》。在這部小說中，陶然將自己的現實批判精
神發揮到了極致。陶然以他那支敏感細膩的生花妙筆，從商
戰的角度切入五光十色的社會生活和人生的諸多層面。既有
香港商業社會的生動寫實，也有人物內心世界的深入開掘，
既寫商場的廝殺，也探究人性的底蘊。陶然無意於正面描寫
商界的運作機制，而傾心於表現物質生活擠壓下人的精神世
界諸層面。陳瑞興和王承瀾在大陸是同窗好友，大學畢業後
來到香港，一個在商界打拼，一個在報界奮鬥。陳瑞興從餐
廳的二廚、樓面侍應生、股票經紀人，一直幹到擁有億萬資
產的大公司老闆，在事業上春風得意，與此同時，性格由原
先的鋒芒畢露變得圓滑世故，生意越做越大，內心卻越來越
寂寞，與妻子的感情越來越疏遠，只有在婚外戀中才獲得放
鬆。王承瀾到香港後進入報界，希望實現自己的文學夢，但
二十多年過去了仍是一個寂寂無名的小編輯。他的身上存在
著理想和現實的尖銳矛盾，他迷戀文學，自視清高，不關心
社會的發展，與時代潮流格格不入，到頭來四處碰壁。陳瑞
興的所謂發跡史和王承瀾的心酸奮鬥史正反映出陶然對香港
商業社會本質的清醒認識。這部小說在藝術上也頗具創新之
處。有評論者認為：“多種獨白、情緒化心理體驗及條狀意
識流，構成該小說重要特色。”[3]這部小說在敘述方式上主要

3　舒婷：《不一樣的天空》，香港《文匯報‧文藝》1997 年 12 月 14 日。

採用獨白和回憶。借助於獨白和回憶,過去的情緒、情節和現在的情緒、情節兩條線索同時發展,時空的切割、穿插擴大了作品的容量,也更切合人物的心理流程。"由於小說旨在突出主人公在商業語境中所發出的'多音齊鳴'的靈魂獨白,因此,整部小說的情節和結構也就被打上了'獨白'的印記,從而呈現出心理化和情緒化的色彩。"[4]

　　作為小說家的陶然是多面的,並不限於一尊。對現實的關注和批判並沒有阻礙他在題材的開拓、小說藝術的實驗方面傾注巨大的熱情。

　　在陶然的小說創作中,有相當一部分作品致力於高度發達的商業社會中人性的發掘,展示人的情感生活和內心世界中美好的、閃光的一面,因此他的小說呈現出人性之美和人情之美。這與前述內容結合起來,就完整地構成了陶然的小說世界。其中,既有對現實社會陰暗面的揭露和批判,又有對生活中美好事物的呈示和嚮往;既描寫了人與社會、人與環境的對立和抗爭,也表現了人對美好生活、美好情感的崇尚和追求,從而寫出了生活的豐富性和複雜性。長篇小說《與你同行》正體現了陶然小說的這一鮮明特點。《與你同行》以范煙橋由香港回北京母校短短幾天的所思所見為經線,以他與章秋柳二十餘年的情感糾葛為緯線,在古都北京和現代商業大都會香港兩個價值觀念迥異的環境裡演繹愛情故事,表現時代和社會對普通人命運的影響。這是一部關於愛情、友誼、理想的小說,透過作品中人物的愛情和彼此間的關係,

---

4 吳義勤:《商業語境中的生存獨白——評陶然長篇小說〈一樣的天空〉》,《當代作家評論》1994 年第 10 期。

讀者既可以領略 20 世紀 60 年代大學生活的浪漫，又可以認識 70 年代激進政治風暴的殘酷，還可以觀照 80 年代商品大潮衝擊下普通人的生存困境。在急遽變革的時代裡，范煙橋的心靈深處始終保持著那一方聖潔的愛情淨土，他的身上體現著作者的審美理想、價值追求和生命感悟。作者對范煙橋的感情歷程進行了全景式的描繪，從中我們可以看到主人公所承載的知識份子傳統的價值觀念。范煙橋對理想的堅守和對愛情的熱烈追求，在"不求天長地久，但求曾經擁有"的現代商業社會中是彌足珍貴的。筆者曾經指出："陶然的理想是美好的，但在高度發達的商業社會中又是'不合時宜'的，因此其小說主人公往往歷經坎坷，具有悲劇性的命運，作品瀰漫著憂鬱的情調。"[5]中篇小說《天外歌聲哼出的淚滴》、《心潮》等作品都呈現出這一特點。

　　在香港小說界，像陶然這樣將現實主義和理想主義巧妙融於一體，執著地擁抱生活，冷靜地描摹世態人情，熱烈地追求理想的作家是十分罕見的。總體而言，香港文學對現實和社會關注較少，格局也較小，往往較多地局限於身邊瑣事，也有不少作家為名利所惑，使文學呈現出庸俗化傾向。陶然擺脫了商業社會的種種誘惑，抵禦著各種非文學因素對文學的衝擊，在較為廣闊的社會和人生中投入巨大的精力和熱情，在純文學的天地裡埋頭耕耘，走出了一條自足的文學之路，為香港小說的發展與創新做出了貢獻。

5　方忠：《陶然小說論》，《西北師範大學學報》2000 年第 6 期。

二

　　陶然是傑出的小說家，同時又是卓有成就的散文家。

　　散文是香港文學的重鎮。陶然對散文在香港文學中的地位曾有過高度的評價："香港散文筆法自如多變，涉及內容廣泛，上天入地無所不能"，[6] "有論者曾說，散文是香港文學收穫最豐的一環，我們並沒有確實的比較依據，但要說香港散文的重要性，那確實是不言而喻。"[7]香港散文內容廣泛，種類繁多，其中，框框雜文（專欄小品）占了絕大多數。據有人統計，香港"全年在報章發表的散文篇數，高達十八萬個，每篇平均五百字的話，全年的字數是九千萬"。[8]這浩如煙海的框框雜文取材廣泛，或閒話家常，信口而談，或撫時感世，議論縱橫，或鼓吹思想，或著重趣味，或追求娛樂，或沉湎消閒，成為香港文學的一大風景。董橋、梁錫華、阿濃、小思、林燕妮等都是此中高手。但這類作品也有明顯不足，"香港的專欄雜文，'輕、薄、短、小'，大的問題很難說得透徹。……它的確往往予人浮淺的感覺。"[9]另一方面，由於框框雜文的擠壓，作為現代散文正宗的敘事抒情散文的發展受到了較大的限制。正是在這一背景下，陶然散文的意義便愈加凸顯。他的散文絕大多數都是敘事抒情散文。出版的散文和散文詩集有《回音壁》、《此情可待》、《月圓

6　陶然：《春日百花齊放》，《香港文學》2014 年 3 月號。
7　陶然：《香港散文筆法自如多采》，《香港文學》2013 年 6 月號。
8　阿濃：《香港散文的香港特色》，《明報副刊》1990 年 11 月 21 日。
9　黃維梁：《香港文學再探》，香江出版公司 1996 年版，第 124 頁。

今宵》、《側影》、《夜曲》、《黃昏電車》、《秋天的約會》、《"一九九七"之夜》、《街角咖啡館》等。

陶然的散文創作與小說創作幾乎是同時開始的。他在《小傳》中自述："我首次投稿將短篇小說《冬夜》和散文《雪》分別寄給香港《週末報》和《海洋文藝》，那是在 1974 年的春天吧。"隨後，這第一篇散文《雪》，發表於 1974 年 8 月出版的《海洋文藝》第 1 卷第 3 期。這篇散文敘寫了作者對遙遠北方的雪的記憶，記錄下了生命的印痕，其鮮明的特點是情真意切。而這一特點成為陶然此後散文創作一直遵循的美學追求。

陶然認為："在文學創作中，散文可說是最輕便最隨和的一種體裁了，只要有意並用心，似乎誰都可以搖一支筆到散文世界遛個彎兒。"但他接著提出："然而，想要寫出好散文，卻絕不是一件容易的事情。比起小說來，散文容不得虛構，唯有真情才能動人，唯有美文才能悅人；因而，散文不僅有賴於作者真情實感的直接表達，在文體上也有更高的要求。"[10] "散文的生命力，正在於情真意切。"[11]這鮮明地呈示了陶然散文創作的美學原則，即以真實為本，以真情實感為魂，植根現實而寄寓深刻，在尋常人事的追尋和關懷中建構獨特的散文文體。

敘寫往昔人事，撿拾過往人生中的一個個閃光的回憶，這是敘事抒情散文常見的題材。陶然也長於此道，從早年的南洋生活，到青年時期北京的求學生涯，他的散文生動地追

10　陶然：《愉悅的散文盛宴》，《香港文學》2002 年 7 月號。
11　陶然：《自序》，《綠絲帶》，香港和平圖書公司 2004 年版，第 6 頁。

憶了那些帶著歡笑也夾雜著些許苦澀的逝水年華。《別離的故事》寫了三種別離。第一種便是年少時離開南洋印尼山城，與父母兄弟離別，踏上回歸母國的人生旅途。一個 16 歲的少年，還不能體味離別的滋味，心雄萬丈，渴望著遠走高飛，想到能橫飛太平洋便覺得過癮，他沒有料到再見到父母竟然是 15 年以後的事了。第二種別離是和戀人離別。在那動亂的年代，在西北邊陲，專程趕去與大學同學、自己的戀人見上一面卻又很快離別，而且兩個人都很清楚從此天各一方，殊難再見，這種生離死別的苦痛又如何能用語言來表達？"我不遠千里，來到這邊塞，原也只為說聲'再見'。"這是對"傷別離"的極為形象的詮釋。第三種別離是在古都北京與自己一個情感上的兄長、事業上的師長離別，這是在古都的最後一晚，第二天就要南飛了，此時此刻，那一聲低沉的"再見"裡有著太多的人生況味。從這篇散文中，可以看到陶然散文在處理回憶題材時的鮮明特點，他善於從情感世界的深處挖掘最能撩人心弦的人事，在娓娓敘述中以略帶傷感的筆墨引發讀者情感的共鳴。他的憶往散文通常由眼前景物生發開去，引起回憶，借眼前之景來憶念過去。又如《古都夜雨》由今夜雨點敲打在伸出窗外的冷氣機上發出奇妙的聲音寫起，觸景生情，追憶了那一年雨夜在古都公共汽車站上發生的那一幕，筆觸隨著心靈的波動而自然流瀉，自由灑脫，詩意盎然。

　　陶然回憶過去，敘寫往昔人事，創作了不少憶往散文。但他更喜歡捕捉現實生活中的方方面面，以一顆強烈關注現實的心去描寫和表現尋常的人和事，在瑣碎與平凡中去展現生活的美和情感的真。在《流星》中他曾寫道："天上雖好，人間卻更加熱氣騰騰。也許，流星便抱著投胎的決心，一路呼嘯而來。"在這裡，他以流星自況，表達的正是對現實世界的火熱情懷，對生活中美的追求。

在陶然的筆下，表現了形形色色的現實人生。有都市小人物艱辛生活的實錄，有社會底層不幸命運的揭示，有對世相百態的細緻描繪，也有對現實人生的真切感悟。《當街叫賣的老人》敘述一個衣衫襤褸的老人在盛夏的驕陽下蹲在人行道上叫賣指甲剪，世人的冷漠和老人的無助形成鮮明對照。作品沒有介紹老人的身世，作者著力表現的是老人生活的窘迫和晚景的淒涼。《老侍者》以沉重的筆墨描寫了一個五十多歲的老侍者因腿腳不太靈便未能在餐廳及時招呼顧客，結果被領班又是打又是罵，這位老侍者為了保住這份可憐的工作只能點頭哈腰、忍氣吞聲，從他慘然的臉色中讀者不難讀到生活的艱辛和無奈。《理髮師》寫在都市的偏僻角落，一個技藝高超的理髮師為了生活苦苦掙扎、慘澹經營。《托缽丐》寫了一個托缽丐在旺角鬧市區行乞七年的遭遇，時光的流逝和社會的變遷對這個托缽丐似乎毫無影響，他一直以這種方式維持著生活。他的生活呈現出了現代都市社會複雜的另一面。《電車怪客》則描寫了一個在夜行電車裡行乞的乞丐，當這個男人向人們哀告時，他得到的是人們或冷漠、或受驚嚇、或不耐煩、或厭惡的目光，唯獨沒有同情。作者在思考，這個只會向女乘客行乞的乞丐在訴說的究竟是一個什麼樣的故事？

陶然散文的內容很廣泛。除了上述幾個方面外，他還有不少托物言志、感悟人生的抒情小品,以及敘寫日常生活小故事的精短篇章。這些作品也很好地體現了陶然散文創作以真實為本、以真情實感為魂的美學原則,從而為香港散文創造了別具一格的藝術風格。

三

陶然不僅是一個傑出的作家,以自己豐碩的創作成果滋養、引領著香港文學的發展,他還是一位出色的文學活動組織者和領導者,長期擔任香港作家聯會執行會長,積極組織兩岸四地文學交流活動,推動香港文學走向世界。而在創作以外的多方面工作中,陶然主編《香港文學》對香港文學的發展有著特殊的意義。

《香港文學》創刊於 1985 年 1 月,劉以鬯任總編輯,陶然擔任執行編輯。該刊《發刊詞》中說明了辦刊的宗旨:"為了提高香港文學的水準,同時為了使各地華文作家有更多發表作品的園地,我們決定在文藝刊物不易立足的環境中創辦一種新的文藝刊物。""這本雜誌不是'同人雜誌',也不屬於任何小圈子,園地絕對公開歡迎大家一同來耕耘。只要齊集在一起,不會不感到團聚的溫暖。"三十年來,《香港文學》一直秉承這一辦刊宗旨,不搞小圈子,堅持開門辦刊,相容並包,漸漸成為香港影響最大,在全球範圍內也具有廣泛影響力的文學雜誌。在《香港文學》發展過程中,陶然發揮著極為重要的作用。

2000 年 7 月,在協助劉以鬯工作十五年之後,陶然接任

《香港文學》總編輯。此後,《香港文學》在保持原先辦刊宗旨的同時,為了適應時代、社會和文學的發展變化,在辦刊方向和風格上進行了一些調整。2000 年 9 月,《香港文學》改版。在改版當期的刊首語中,陶然寫道:"改版,並非出自空中樓閣,《香港文學》自 1985 年 1 月創刊,已逾十五年,在劉以鬯先生的堅持下,本刊已成為香港文學雜誌的一個品牌;這個基礎,成為我們承接的條件。繼承之外,也還要跟著都市節拍發展,但願我們的努力,能夠獲得大家的理解和支持。"他特別強調指出了新的辦刊方向:"作為一本文學刊物,我們極端重視創作,與此同時,也不忽視評論。沒有具創見的評論的推動,創作難免會有些寂寞,而且也難以總結經驗、開創前路。""對於有影響的作品不流於捧場,對於值得商榷的問題提出中肯的批評,當中的分寸如何掌握,難度頗高;但我們當會盡力而為,倘若多少有些參考作用,便於願已足。"[12]

　　陶然接編《香港文學》後,對原先的欄目進行了整合,設計了"小說舞台""散文家園""世紀詩群""批評空間"等固定的欄目,顯示了他對各種文體的普遍重視,而"文藝茶座""影畫詩心""文訊下載"等欄目,則使刊物形式更活潑,內容也更為豐富。

　　正如陶然所說的,"作為一本文學刊物,我們極端重視創作"。創作是《香港文學》的主體。小說、散文、詩歌等各種文體的創作在《香港文學》都有足夠的發表空間。為了使

---

12 陶然:《留下歲月風塵的記憶》,《香港文學》2000 年 9 月號。

創作更加活躍，陶然在上述固定欄目之外，又精心組織分類分型更細緻的欄目推出相關作品。如在接任主編的第二年即2001年，《香港文學》除了在固定的"小說舞台"發表了46篇小說作品外，1月號至3月號推出了"小小說展"，發表了33篇小小說，其目的是提倡短稿，推動小小說創作；5月號推出了"香港短篇小說展"，發表了8位香港作家的短篇小說；10月號推出了"香港中篇小說展"，發表了張君默的《鬼使》、顏純鉤的《生命品質公式》、陶然的《歲月如歌》等3篇中篇小說。當年6月號更從"形式"著眼，推出由"對寫""接龍""紀實""微型"幾種"類型"組成的"類型小說展"，這在《香港文學》的歷史上是從未有過的嘗試。其中，周潔茹、張浩音、嘯塵、野薔、施雨、羽醇等6位旅美新生代女作家合力創作的接龍小說《悶燒》，更是給讀者帶來了新的審美體驗。而散文方面，2001年全年除了在"散文家園"發表了57篇散文外，7月號又推出"新生代散文展"，發表了10位新生代作家的散文；2月號推出"散文詩小輯"發表13位作家的散文詩；10號又設"散文詩綠地"，發表了3位作家的散文詩。而在"世紀詩群"欄目，2001年全年則共發表了二百餘首詩歌。從陶然接編第二年的這份成績單中不難看出他對創作的高度重視。此後的《香港文學》基本一直保持著這種格局和態勢。

陶然以《香港文學》為平台，廣泛聯絡世界各地的著名作家及文壇新秀，一時間，《香港文學》名家薈萃。即以2002年1月號為例，發表了也斯、董啟章、昆南、西西等人的小說，李歐梵、董橋、胡燕青、余光中等人的散文，鍾玲、牛

漢、楊煉、蔡其矯、秦嶺雪等人的詩，這些都是華文文學界
的大家、名家。同時，陶然也注重青年作家的培養。他認為：
"名家也是從蹣跚起步的藉藉無名一路行走過來的。文學的
承傳，決不能沒有新鮮血液的不斷輸入，否則，文學將會老
去。"[13]除了在各固定欄目中經常發表青年作家的作品外，
還設置專門欄目集中發表他們的作品，從而為香港青年作家
的成長提供了施展才華的舞台，使他們很快脫穎而出，成為
香港文壇一道亮麗的風景線。如 2000 年 11 月號推出"香港
新生代小說展"，發表了郭麗容、韓麗珠、陳麗娟、張婉雯、
袁兆昌、陳曦靜、黃敏華、文怡等 8 位文壇新秀的小說，對
他們頗多鼓勵。2001 年 7 月號推出"新生代散文展"，發表
了黃燕萍、陳綺婷、鄧小樺、梁璿筠、楊鎮嘉、魏鑫、鄧依
韻、陳麗儀、莊元生、胡梓穎等 10 位新生代作家的散文。
2002 年 3 月號推出"香港新生代詩展"，集中發表了鄧小
樺、莊元生、洪流等 30 位青年詩人的詩作。"長江後浪推
前浪，我們總是期望年輕作者不斷湧現而且深信他們的潛力，
而他們的不斷成長並且走向成熟，甚至超越前行者，正是文
學得以不斷發展的重要因素之一。"[14]從這裡可以看出陶然
對年青一代作家的期盼和厚望，在他的精心培育和大力扶持
下，一大批香港作家得到了健康的發展。

　　在推崇創作的同時，陶然對評論也一直傾注很高的熱
情。他認為："香港的文學評論不能缺席，事實上也並沒有

---

13 陶然：《名家列陣》，《香港文學》2002 年 1 月號。
14 陶然：《叩問慣性思維》，《香港文學》2001 年 7 月號。

缺席。"[15]在《批評不能缺席》一文中,他更直截了當地指出:"創作和評論是文學的雙翼。如果沒有評論的推動,不僅創作寂寞,文學的生存狀態也會失衡,所以,在鼓勵創作的同時,我們也十分注重評論。"[16]陶然在《香港文學》每期的"批評空間"欄目組織發表了大量評論文章,內容包括各種文學現象、作家作品的評論。每年,他還專門組織一期"文學批評展",集中推出一批評論文章,大力推動文學評論的開展。其中,有關於中國現當代文學史的,如謝冕的《中國新詩史上的聞一多 —— 紀念聞一多先生誕辰一百周年》(2001 年 5 月號)、梁秉鈞的《聞一多的"現代"與"中國"》(2001 年 9 月號)、藍棣之《馮至〈十四行集〉新論》(2006年 8 月號)等;有關於大陸當代文學的,如季紅真的《大陸九十年代的女性寫作》(2002 年 2 月號)、陳思和《試論閻連科〈堅硬如水〉的惡魔性因素》(2002 年 10 月號、11 月號);有關於台灣文學的,如黃繼持《歷史凝視、蒼生感喟、藝術取向 —— 小說家陳映真復出之作印象記》(2001 年 12 月號)、鍾怡雯《從父親到戀人 —— 論簡媜〈漁父〉父親角色置換》(2003 年 8 月號)、李娜《舞鶴在世紀末台灣》(2006 年 3月號)、黃信洋《在真實與想像之間夢遊 —— 試論林燿德〈惡地形〉一文的幻與真》(2006 年 7 月號);有關於海外華文文學的,如陳大為《馬華文學的三大板塊》(2004 年 3 月號)、劉慧琴《螺絲殼裡做道場 —— 看加華作協〈楓雪篇〉文集》(2006 年 7 月號)、袁勇麟的《關於世界華文文學史料學的

---

15 陶然:《照亮文學的一方天地》,《香港文學》2000 年 11 月號。
16 陶然:《批評不能缺席》,《香港文學》2001 年 12 月號。

再思考》（2002 年 10 月號）等。當然，占比例最大的還是關
於香港文學的，如劉登翰《余光中・香港・沙田文學》（2002
年 2 月號）、李安東《"創世紀"－香港文學的 2001》（2002
年 3 月號）、王光明《理解城市：從"不真實"到"真實"——
論香港的現代主義詩歌》（2001 年 6 月號）、潘明珠《香港當
代困境中的兒童文學》（2005 年 6 月號）、璧華《香港散文芻
議》（2005 年 9 月號）等。還推出了一些關於香港文學的專
輯，組織專門性話題進行探討，如 2006 年 1 月號便推出 "
'為香港文學把脈'特輯"，發表了曾敏之、梅子、黃維梁、璧
華、劉登翰、曹惠民、劉俊、袁勇麟等 15 位作家、學者關於
香港文學發展現狀和未來走向的評論，產生了良好的反響。
陶然對推動香港文學批評的專業化、常態化作出了重要的貢
獻。

　　《香港文學》不僅僅是一本香港的文學雜誌。陶然的主
編理念十分清晰："立足本土，兼顧海內海外；不問流派，
但求素質。"面向海內外的辦刊宗旨，使《香港文學》立足
香港而又不局限於香港。在陶然的主持下，《香港文學》作者
隊伍不斷擴大，遍及世界各地。除了各期不斷發表來自世界
各地的華文作家的作品外，陶然不時組織一些專輯，充分體
現其國際視野。2001 年 8 月，《香港文學》出版 200 期時，
暫停其它欄目，推出 "全球華人作家作品大賞"，作者除了
香港、中國大陸、台灣外，還有來自美國、加拿大、法國、
英國、日本、新加坡、馬來西亞等國華人作家的作品，且具
有相當的代表性。如聶華苓、余光中、王安憶、蘇童、舒婷、
楊煉、張錯、思果、劉紹銘、顏純鉤、董橋、非馬、黃孟文、

西西、胡燕青、王良和等。"全球華人作家散文大展"（2002年7月號）。"世界華文作家小小說展"（2005年7月號）推出了來自台灣、香港、中國大陸、馬來西亞、新加坡、日本、加拿大、印尼、泰國、捷克、德國、汶萊等國家40位作家的小小說作品，其中包括司馬攻、曾心、凌鼎年、朵拉、駱以軍、徐國能、黃孟文等世界華文小說界的名家。與此相適應，陶然還組織了一些專欄，集中發表一些國別華文文學作品，如2004年4月號、7月號，分別推出"印尼華文作家作品展""加拿大華文作家作品展"，2005年2月號、5月號、8月號，分別推出"旅居法國華文作家作品展""旅居美國華文作家散文展""旅居日本華文作家作品展"，等等。這些努力，大大加深了讀者對世界華文文學整體性的認識以及在此基礎上的對具體區域的華文作家作品的瞭解。《香港文學》因此成為世界華文文學一個極為重要的陣地。

2004年1月8日，陶然曾與饒宗頤等34位香港著名作家學者聯名發表《設立香港文學館倡議書》："希望政府籌建一座香港文學館，以加強香港的文化建設，為香港增加光彩。"由香港是不是文化沙漠的爭論到香港文學館的倡議設立，香港文學工作者對香港文學的發展顯示出越來越充分的自信。在香港文學的發展途程中，陶然的上述貢獻是其他香港作家所無法替代的。作為一個創作家，他在小說、散文、散文詩等創作領域辛勤耕耘，取得了獨特的成就。作為一個評論家，他沒有長篇宏論，但他在諸如《香港文學》的《卷首語》這樣的評論中闡述了自己的文學觀點和對各種文學現象和作家作品的評論，為香港文學的發展指明了方向。作為一個編輯家和文學活動家，他以《香港文學》等媒體為舞台，精心組織各種文學創作和文學評論活動，團結了一大批作家和評論家，為香港文學的健康發展做出了極為重要的貢獻。陶然在香港文學史上應該佔有應有的地位。

論鍾玲散文的率真個性和文化情懷

　　作為一個有著在台灣、香港、中國大陸和美國等地跨域生活豐富閱歷的女性作家，一個長期在台灣、香港、美國的高等學府從事教學研究工作的學者型作家，鍾玲的散文擯棄了學院出身的作家常有的學究氣和八股味。她的散文以率真、平易、質樸見長，而在字裡行間又湧動著知識女性的文化情懷，有著卓爾不群的藝術品格。

　　散文是於人生最貼近的一種文體，它往往以質樸的語言、真摯的感情去感染人，打動人。然而，這並不是說散文就不需要技巧，不需要藝術，真正優秀的散文作品正是在看似不經意間營造情調，抒發情感，揮灑情韻和哲思，引發讀者的共鳴。鍾玲的散文正可以從這樣的視角來加以探尋。

一

　　鍾玲的散文創作視野開闊，題材多樣，結集出版了《赤足在草地上》、《山客集》、《群山呼喚我》、《美麗的錯誤》、《愛玉的人》、《大地春雨》等多種散文集。她的散文作品，情感真摯，描寫細膩，去雕飾，不做作，感性豐沛，表現出率真熱烈的藝術個性。

　　懷人散文在鍾玲的散文中有著突出的地位。她寫父母、丈夫、師長、同學，寫生活中遇見的各色人等，她努力捕捉這些人物的個性特徵，通過一個個細小的生活畫面狀寫他們的精神風貌，表現出作者豐富的情感世界。

　　胡金銓是香港名導演，世界公認的武俠電影大師，1987年曾被時代週刊評為國際最出色的 50 位電影導演之一，執導過《俠女》、《龍門客棧》、《大醉俠》、《大地兒女》、《空山靈雨》等電影名片。鍾玲 1978 年與胡金銓結婚後夫唱婦隨，原本對電影缺少研究的她卻應胡金銓之請，為他編寫了《山中傳奇》等電影劇本。《我看金銓拍戲》、《胡金銓的“開麥拉”》等散文敘寫的是在拍攝《空山靈雨》和《山中傳奇》的韓國外景地，鍾玲從妻子及合作者的角度對作為電影導演的胡金銓的感受，通過胡金銓在拍戲過程中一絲不苟的細節描寫，表現了他在電影創作中的藝術個性和審美追求。在人們的印象中，電影導演在電影拍攝現場一言九鼎，霸氣十足，更何況像胡金銓那樣的大導演。然而，“當胡金銓喊‘開麥拉’的時候，完全不是這麼回事。之前他會一絲不苟地督導：燈光是不是打對了，攝影機是不是位置擺好，鏡頭裡的佈景是否符合他的想像，道具人員是否準備就緒，演員有沒有屏息進入角色的內心世界。還有，唉，該由雲層中露臉的太陽是否露了臉。然後，胡金銓會用輕到幾乎聽不見的聲音對身邊鏡頭後面的攝影師說‘機器！’兩秒鍾後他用美國腔的英文低聲說：‘Camera.’他的聲調低而平穩，甚至有沉重的感覺。”（《胡金銓的“開麥拉”》）正是因為胡金銓在藝術上一絲不苟、精益求精，在片場調度有方，指揮若定，精心注意到每一個細節的完美和各部門的協調配合，他才能拍出那麼多的藝術佳作。在《我看金銓拍戲》一文中，作者主要寫胡金銓在韓國首爾近郊的風景名勝地民俗村搶拍戲的情景。下午四點半，《空山靈雨》的一場戲完工了，胡金銓看離太陽落山還有一個小時，便不肯浪費時間，拉著鍾玲和副導演在民俗村疾走，看看有沒有可以臨時搶拍的戲。在一個蓮池畔，他忽地雙眼發亮，傳令男女主角立即換下《空山靈雨》的行頭，穿上《山中傳奇》的裝束，趕來拍"新婚戲"。他"入定似地凝視著眼前的景物"，"果決而迅速地"安排好攝影機的位置，一個深淺有致的畫面出現了：一對情侶在垂柳下吹笛，遠處有樓台和山頭的落日。等胡金銓把一切安排妥當，大叫一聲"開麥拉"時，太陽已落到山頭，正一絲絲地下沉到山後去，永恆的、完美的一剎那被定格了。作為一個親歷者，鍾玲並不掩飾自己的情感，她由衷地讚歎："在他喊'開麥拉'之際，卻更像一位戰場上指揮大軍的將軍，能臨危而不亂，一肩挑起所有的責任和困難。……不是我替他吹噓，他頗有大將之風呢。"欽敬之情溢於言表。而在《四朵花：胡金銓周年祭》中，鍾玲則寫出了胡金銓這位大導演隨和、幽默、率性的一面："朋友聚餐一定請他為上賓，他帶給他們歡笑，也帶給自己歡笑，在由薄轉濃的酒意之中。大餐桌就是片場，他成為男主角，貯藏數十年的逸史、掌故、笑話，滔滔湧出。滿座友人不是聽入了神，就是笑彎了腰，而他自己則一杯又一杯，直到他半醉了，瞪大眼一副頑童表情，很多話都敢講了。"胡金銓的形象固然生動而傳神，而在這副筆墨中，我們又何嘗不能體會到作者隨和、率真的個性呢。

　　曾以《風蕭蕭》、《江湖行》風靡一時的徐訏，1949年後生活在香港，直至1980年辭世。鍾玲在他生命的最後幾年與之結識，對他有了較多的觀察和瞭解。《三束花，送徐訏》一文便寫出了這位文壇名家的晚年風采和個性。"徐訏卻獨立在門外石階盡頭，看不出是快七十歲的人了，依然那麼英挺，依然很有風采。他的嘴堅定地抿著，一雙眼珠灰黝黝的，注視著樓外的雨絲，像是深潭一般，蓄滿了落寞。"這股落寞，是在高度商業化的香港都市社會中形成的，儘管周遭的環境是喧嘩而熱鬧的，徐訏卻感到落寞而安靜，於是每次相見，鍾玲"總不時見到他眼中那股落寞"。她對這位文壇前輩充滿理解："大概雖然他在香港住了三十年，他與此地的商業社會仍然格格不入吧！即使他近年寫了不少以香港為背景的短篇小說，字裡行間也嗅不出香港的氣息。不管是文字、人物、事件，都處理得乾乾淨淨，沒有一絲香港的喧嘩和忙亂。"作者要把白菊、桂花、蓮花這三束花送給徐訏，是有深刻寓意的。在物欲橫流的社會裡，白菊以其幽芳雅致、風骨清高成為寧靜、超脫的象徵。而桂花不張揚，不招搖，悄悄地綻放，以其淳樸淡雅、清麗飄逸的品格，將她的迷人清香灑向人間。蓮花則生性高潔，"出淤泥而不染，濯清漣而不妖"，她是純潔和神聖的象徵。鍾玲借這三束花表現了徐訏在攘攘之社會中不追名逐利，人淡如菊，甘於寂寞，不與世俗同流合污的精神。這種寧靜、淡泊、低調的品格，正是現代社會所需要的。

　　美國當代著名詩人王紅公是鍾玲博士論文的研究對象。這是一位熱愛中國文化、個性極為鮮明的老頑童式的作家，鍾玲在與他交往的過程中，對他有著極為深刻的印象。談起梅蘭芳的《貴妃醉酒》，王紅公一時興起，"大步走到客廳一角，然後踮起腳尖，一步一搖地碎步走到廳中央，再拔尖嗓門，嬌喚一聲，我忍不住大笑起來，不是笑他模仿得不像，而是因為他的模樣非常逗人。這位年近古稀的老人，鬚髮俱白，橄欖形的身材，又高又大，瞪著一雙銅鈴似的大眼，披襲寬袍大袖的和服，居然學起嬌慵無力的楊貴妃！"（《熱愛中國文化的王紅公》）王紅公雖年近古稀卻精力健旺，他養著條名叫青青的渾身烏亮的大黑狗，在王紅公家裡，鍾玲最愛聽他和青青的"二重唱"："那個冬夜吃完晚飯，我們幾個人在客廳聊天，青青躺在火爐旁取暖。王紅公忽地仰頭向天，拉長脖子，'嗚嗚……'狼嗥似的長嘯。青青立刻跳起身來，走到王紅公面前坐下，雙眼發亮地瞪住王紅公。然後它也仰頭向天，拉長脖子'嗚……'長號起來。他們一人一犬的二重唱，粗獷而狂野，響徹了寂靜的山頭。"（《四十年的差距》）這裡既寫出了王紅公的野性和他的生命力，也充分表現了他率真的個性。

在《狗緣》、《落水狗》、《護土英雄忠狗》等散文中，鍾玲著力抒寫了她與狗的情感和緣份。這些作品筆墨細膩，感性十足，既寫出了狗的個性，也展示了鍾玲內心世界的豐富性。《狗緣》寫的是當年作者在九龍油麻地一個狹小的寵物店遇見了一隻大約只有一兩個月大的小白狗，它非常消瘦，走路都有些搖晃，但卻精力十足，在籠子裡一直糾纏另一隻愛睏的棕色小胖狗。面對這隻有著旺盛生命力的斑點狗，正處於淒清之中渴望溫情的鍾玲把它帶回了家，從此她和這條狗成就了十二年零十個月的緣份，她有機會探索狗的內心世界，更瞭解了狗對人的溫情和忠誠。《落水狗》敘寫這條斑點狗生活中的趣事，寫它由先前的恐水症到後來喜歡戲水，潮去的時候追逐水浪，潮來的時候狠咬浪花，將這條"淑女"狗寫得形神畢現，妙趣橫生。《護土英雄忠狗》則續寫這條"淑女"狗的膽小，它因膽小而遭到黃花貓和鸚鵡的欺負；但正是這條膽小的狗，它面對兇險的入侵者，戰勝了自己的弱點，勇敢地守衛領土，擊退了小偷。作品以狗的口吻來敘述鬥賊過程，惟妙惟肖，頗有情趣。

　　鍾玲是至情至性的。在《生命可以承受的沉重》中，她寫到父母病重時，她和他們在一起合力擊退了死神，儘管付出了許多，儘管不知以後會如何，但她感謝命運給了她機會，能夠陪伴雙親走完他們最後一段路程。她說："焦慮過、痛楚過、還抱過、關愛過，人才活得更實在，將來也能更坦然地面對自己的死亡。"《火化與水濟》寫在火化場的感悟，作者將正在接受火化的父親與一株倒地的橡膠樹聯繫在一起，她要用水濟的方式救活這棵樹，她感到："此刻，這棵樹正接受水濟，由死亡步向生命；父親也接受火焰的淨化，步入一種嶄新的、透亮的存在。"她由此對生和死有了新的領悟。而在《輪迴》中，她則敘述了自己大學時代的一段如煙往事，真實地呈現了她的自恨、悲哀和失落，那種內心的衝突和自我的折磨是讀者所久久難以忘懷的。

二

作為一個知識女性，一個長期浸潤在中西文化交融之中的學院派作家，鍾玲的散文有著博大的文化情懷。

中國素有"玉石王國"的美譽，數千年來形成了自己獨特的、博大精深的玉文化體系。玉文化的產生發展與演變，貫穿於整部中國文化史。玉文化深刻地反映著中國的政治、哲學、道德、禮儀、宗教、審美等複雜的社會歷史現象。因此，中國人愛玉、崇玉的行為有著豐富的文化內涵。

從 1980 年起，鍾玲迷上了中國古玉，而且特別迷戀那些隨棺入過土、變了色的古玉。她因此寫了一系列以玉為題材的、文化內涵豐富的散文。

《愛玉的人》從自己名字"玲"的本義"佩玉相碰、叮叮咚咚的聲音"談起，寫自己和玉的一世情緣。中學讀《紅樓夢》，就對玉產生了遐想，希望將來也能找到賈寶玉所有的那麼一塊玉，可以寄託自己的靈性，寄託對人生一切的愛和欲。然後又從新石器時代說起，談玉和中國人之間深厚的淵源關係，玉的宗教神秘色彩，以及中國人"種族潛意識"裡對玉的崇拜。而在倫敦大英博物館裡和一片玉蟬的奇遇則喚醒了她潛意識中對玉的崇拜和依戀。這是漢朝喪葬時含在死者口中用的。她陷入沉思：為什麼漢朝人死後舌上要敷一塊玉？為什麼要雕成蟬形？玉蟬所蘊藏著的斑爛豐富的色彩，究竟是它的原色還是入土以後才變化而成的？她由此開始了中國玉文化的研究考察之旅。在藏玉的朋友家，在公開的玉展上，在古董店裡，她流連忘返。而第一次買玉的經歷，更讓她領略到了玉的神秘力量。隨後發生的一連串的神奇事情，使她相信擁有的這塊玉環上附著精靈，與自己精氣相通，從而護佑自己。這篇散文既敘寫了作者和玉的情緣，更表現了中國玉文化的源遠流長、博大精深，在對玉文化的探尋中抒發了自己的崇拜、敬畏之情。《香港覓玉記》則通過對在香港尋玉過程的敘述，表達了對中國古玉世界的崇敬和神往。白玉環，古玉鐲，人面琮鐲，漁翁得鯉像，福壽碟，龍鳳佩，這些都是作者 20 世紀八十年代在香港尋覓到的玉器，每一次覓玉都有一個故事，難得的是，作者不僅把覓玉的過程當成是對中國古玉世界探尋的過程，也寫出了古玉世界的世道人心，讀後能引發讀者深長的思索。

　　也正是因為對中國古玉的熱愛，1996 年，在得知徐州獅子山西漢楚王陵挖出了精美絕倫的玉器後，鍾玲和台灣的一些玉友專程從高雄趕到徐州。鍾玲親眼觀賞了徐州博物館裡質地絕佳、造型殊異的玉戈、玉璜等精美古玉；她還來到古墓發掘地點參觀考察了楚王陵。在觀賞古玉的同時，她對楚王陵這座明顯被盜挖過的古墓產生了濃厚的興趣：到底是誰盜挖了古墓卻又把玉器留了下來？於是她寫了《是誰盜挖西漢楚王墓？》。作者運用了歷史學、考古學的知識，對這一問題進行了頗有趣味的探究，對盜墓的年代和誰是盜賣者提出了自己的看法，作品深具知識性和文學性。而結尾處的“盜墓者的心聲”，更充分顯示了作者的藝術想像力：“此刻，就是你劉戊這暴虐之主受報應的時刻。一盞油燈幽幽地照亮了這漆黑的洞，也照亮兄弟侄兒們滿臉的鬍鬚，興奮的眼神。

我們已經順利拖出圖中所畫的第四塊大石。劉戍啊，聚集在你墓門之前的這十個人與你全都有血海深仇。我的曾伯祖就是被你賜死的，他就是你王陵的監造吏。殘酷的你，不僅殺害曾伯祖全家九口，還滅我們的族，那血腥的日子，你派侍衛殺了我族人二百五十四人，幸虧我祖父逃了出去，帶走了監造圖。身為長子的我，即將進入你的墓穴報仇，我們要把你的屍體燒成灰；我們要將你的金銀珠寶全都帶走，讓你死後一無所有，讓你的魂魄無所依附……"

在《熱愛中國文化的王紅公》、《我的忘年之交》、《四十年的差距》等作品中，鍾玲主要敘寫了她和美國詩人王紅公的交往，生動傳神地刻畫了王紅公的個性和形象。讀者在閱讀過程中同時也真切地感受著中國傳統文化的深厚底蘊。Kenneth Rexroth 是一個標準的美國人，他熱愛中國文化，精通中國古典詩歌，因此給自己起了個氣勢非凡的中國名字"王紅公"。鍾玲因研究他的詩歌而與之相識，而後成為忘年交。正是在與王紅公交往過程中，鍾玲不僅對王紅公及其詩歌有了越來越多的認識，並由他對中國文化也有了更深刻的理解。在上述散文作品中，作者寫出了一個熟悉中國儒道思想、詩歌、戲劇、山水畫、陶瓷……，自覺地把中國古典詩的意象融入自己的詩歌創作中，致力於把中國古典詩歌翻譯介紹到西方的傑出的美國詩人的形象。作者深入探究：是什麼力量，驅使這位碧眼的虯髯大漢，拼命吸收中國文化？原來，這一切源於王紅公在中國文化中找到了西方文明所欠缺的智慧，他深深地感到中國古典詩人對於友誼、忠義、愛情、大勇所表現出的價值觀值得西方人學習。因此，他常以中國文學藝術為內容在學校演講，在報紙開專欄，他要把中國文化介紹給眾多的美國人。鍾玲在王紅公中西合璧的家庭中，在他具有中國詩風的文學作品中，在他圍繞著中國文學藝術的交談中，立體地呈現出這位美國詩人的中國文化情懷。而作者自己對中國文化的理解和認識在這一敘寫過程中也自然而然地反映了出來。

　　鍾玲散文的文化情懷還表現在她的尋史探幽、文化考察的散文篇章中。《我去過李永平的吉陵》寫作者到馬來西亞演講，其間在當地朋友的陪同下，尋訪李永平小說《吉陵春秋》中的吉陵。尋訪的過程實際上是對馬來西亞傳統文化的考察過程。表現歷史與現實的交融，民俗文化的變遷，這構成了作品的主要內容。《南方的美感》主要表現了台灣南部的生活藝術。在對一系列人和事的描寫中，作者發掘出台灣南部人不受傳統規範、訴諸直覺、追求獨特創意和美感的生活的藝術。《匈牙利的憂鬱》則抒寫了在布達佩斯街頭的見聞和感受，在文化考察中作者感受到“匈牙利人的憂鬱是由他們的歷史中滲透出來，深沁入他們的血液之中”。她對受了七百多年苦難的匈牙利民族表現出了深切的同情，

　　從總體上說，鍾玲的散文是細膩溫婉的，感性充沛，情愫濃重，個性鮮明；又有相當一部分篇章意蘊豐厚，文化內涵豐厚，兼具圓融的知性。她善於捕捉生活的細節，營造富於表現力的意象，細緻生動地抒寫自己的感受。她又能透過尋常事物探尋其深藏的文化意義，在娓娓敘述中傳達自己對人生和社會的認識。感性和知性的融合，使鍾玲散文具有了獨特的藝術風格和審美價值。

論朵拉微型小說的質感與意味

隨著現代人生活方式和生活節奏的不斷變化，原本在文學領域居於邊緣位置的微型小說近年來有了長足的發展。短小精悍的文體，見微知著的內涵，精巧多變的構思，使微型小說成為現代人閱讀的新寵。而微型小說進入魯迅文學獎的評獎範疇，則更進一步推動了微型小說的創作熱潮。事實上，無論中國大陸，還是台港澳地區，抑或海外，長期以來都有一批致力於微型小說創作的作家，他們的成績有目共睹。而在海外華文文學界，朵拉是一位在微型小說創作領域用力最勤，成就也頗為卓著的女作家。她辛勤耕耘於微型小說創作園地，精心鑽研微型小說創作藝術，形成了獨特的藝術風格，為豐富和發展華文微型小說作出了積極的貢獻。

作為一個從小生長在馬來半島普通華人家庭的女作家，朵拉對馬來西亞這個熱帶國家的社會生活有著深刻的洞察力。她的微型小說大都取材於本地華人社會，生動地描寫了豐富多彩的華人生活，表現出濃重的人文關懷精神。她擅長在精短的篇幅裡，以一個個富有意味的片斷，表現普通人的個性和命運。朵拉的微型小說因此有著鮮明的特色。

朵拉的微型小說對世道人心、人性善惡有著生動的表現。在中華傳統文化中，孝為百善之首。《重要的事》中的何子文因工作忙碌，無暇回家看望母親，他的採訪對象、那個年輕喪母的億萬富翁丹斯里林的一番話使他如醍醐灌頂："剛剛你問我，什麼是生命中最重要的事，現在我告訴你，有媽媽在你身邊的時候，讓媽媽快樂，就是最重要的事。"正是那種"子欲養而親不待"的哀痛令何子文深切地感受到了孝道的寶貴和重要。《原諒》、《家婆和狗》表現的也都是孝道。而在《歲月的眼睛》中，何子明因為李菊如不願意和他一起伺候母親，給老人盡孝，和她分手了。三十年過去了，李菊如的兒子也要結婚了，兒媳婦也表示不願意和老人一起住，李菊如這時才充分理解了當年何子明對老人的善良和孝順，但為時已晚。《等待的爸爸》通篇瀰漫著濃濃的親情。兒子參加朋友聚會，夜半時分還沒有到家，父母不免為他擔心，無法成眠。母親似乎對兒子更有信心一些，而父親在則嚴厲的外表下面體現出的是另一種形式的關心，父母之間的對話令人深切地感受到他們對兒子的愛。小說結尾處，兒子回來了，他是因為到那檔專門賣夜宵且半夜 12 點才開檔的夜宵店去買父親最喜歡吃的杏仁糊才遲歸的。此刻，家庭氣氛就像被融化的巧克力一般又香又甜。《最後一次》也是表現父子間親情的，但這親情的到來過於突然，結束也顯得過於倉促，令人扼腕。五年前，父親與母親離婚後去了外地，隨著母親生活的兒子便一直沒有再見到父親，他心裡留下很多疑問：父母為什麼要離婚？父親為什麼不回來看自己？父親還愛不愛我？他壓抑不住對父親的思念，在路過吉隆坡時和父親取得了聯繫。父子的見面卻是在一場車禍中完成的。當父親就要走到兒子面前時，一輛飛馳而來的大車把他撞飛了。在這最後時刻的交流中，兒子感受到了父親對他的愛，但這一切結束得太突然了。親情在那一瞬間被定格了。從上述作品中不難發現，朵拉是一位尊重傳統崇尚道德的作家，深厚的傳統文化底蘊使她的小說呈現出強烈的人文性，字裡行間傳達著她對美好生活和高尚情感的響往。

　　朵拉是傳統的，同時又是現代的。對傳統文化的尊崇並沒有使她一味沉溺於對傳統的擁抱中，她有著強烈的入世精神，敢於直面人生，不迴避生活的矛盾和社會陰暗面。這使她的小說具有較為強烈的現實批判精神。《健康晚餐》中剛聽過健康飲食講座的四個朋友到餐廳吃晚餐，但從 7 點開始一直到 10 點都未能點好菜。有人剛點一個菜，就遭到別人的反對：吃海鮮怕導致痛風，吃雞肉則擔心禽流感，吃鹹貨又覺得會含有致癌物質；要麼嫌太甜要麼嫌太鹹，連吃豆腐青菜都有人反對，怕有不合格的添加劑。作品在富有喜劇色彩的敘述中反映了現實社會中普遍存在的食品安全問題。《年的尾聲》寫的是中國傳統文化的失落。春聯有著豐富的內涵，原本是華人過年時家家戶戶要貼在門上的，然而現在人們忙著辦各種各樣的年貨，卻鮮有人貼春聯了。作品借春聯的遭遇表達的是對傳統文化式微的憂思。《下午茶閒話》表現的則是對庸人心理的揭露與反思。辦公室一位女同事有喝下午茶的習慣，時間一到，她總一個人出去喝下午茶。這引來了種種閒話，辦公室裡傳播著各種各樣的謠言。有人說她是去與有婦之夫約會，有人說她有個非婚生兒子，每天下午要去探望那個小孩，有人說她下午是去另一家公司兼職，還有人說她與老闆關係曖昧，否則老闆怎麼會同意她出去喝下午茶。

人們用各種惡毒的閒話誹謗她，詆毀她，津津樂道，興致高漲，而當面見了她卻又送上非常親切的微笑。作者對人性弱點的刻畫和對陰暗心理的揭示，與魯迅在《示眾》中的藝術表現頗為神似。《尋路啟事》則直接抨擊日益嚴重的社會問題。作品以一則啟事的形式對環境污染、交通擁擠、人心冷漠、道德淪喪的社會現實進行了控訴。街上的汽車爭先恐後，彼此擁擠不肯相讓；過往的行人呼吸著黑烏烏的車屁股煙，匆匆忙忙地過來，緊張兮兮地走去，面對車禍和搶劫，漠不關心；流經城市的河道裡，沒有小船沒有鴨子沒有布袋蓮，各種各樣的廢物把河水堵塞，流不動了，發出惡臭。主人公悲憤地痛斥："這個城市不是我住的那一個。這個城市不是我要住的那一個。"他希望這一切是在夢裡，自己不過是做了一個荒謬的夢。這些作品在短小的篇幅裡包含著豐富的思想容量，充分顯示了作者的道德感和社會良知。

　　作為一種文體，微型小說注重在極為有限的文字空間中去表現盡可能多的審美資訊。朵拉的微型小說便善於小中見大，見微知著。《開門一生》構思十分精巧，這篇小說選取五個不同的場景，表現了主人公一生的追求和價值取向，意蘊豐厚。小時候，他的理想是擁有一輛跑車型單車，當他從家門裡騎車去上學，他感到了人生的快慰；長大後，他用幾乎五個月的薪水買了一輛電單車，在巨大的引擎聲中他心滿意足；當他擁有了一輛豐田車時，他又是何等的躊躇滿志；年邁之時，他已是億萬富翁，擁有數輛名貴轎車和幾艘遊艇，但他大部分時間都在自動玻璃門裡，中風後，他只能把輪椅作為代步工具；現在，焚化爐的門打開了，他被送了進去，整個人生畫上了句號。作品借助於"門"這一意象，勾勒了一個年少時不喜歡被人嘲笑，長大後不喜歡被人輕視，中年時喜歡讓人看重，老年時不喜歡被人憐憫，而現在生命結束什麼感覺也不在了的所謂成功人士的價值取向和心路歷程。《發亮的頭髮》將周群麗、李曼欣、徐健志三個人的恩恩怨怨聚焦在頭髮上，借人物對頭髮的感受和評價來表現人物的關係變遷和複雜的感情糾葛。

在結構全篇時，為了擴大作品的藝術容量，朵拉善於給作品設計一個不落俗套的結尾。她的小說結尾往往出乎意料之外又在情理之中，言有盡而意無窮，意味深長。《人心難測》中兩個中年婦女在長途汽車上談論著社會缺乏信任感，在大城市裡，人與人住的距離近了，人情卻疏遠了，騙子多，騙術層出不窮，"有人叫你幫忙，你得快點走開；有人要幫你的忙，那你更要走得快一點，現在已經沒有無條件幫忙別人的人了"。黃秀晴對此很反感，覺得這兩個婦女很虛偽，一方面說別信任人、別幫助人，一方面又為社會中信任感的消失而歎氣。然而令人意想不到的是，作品結尾處，當黃秀晴一手牽著孩子一手拎著行李艱難地下車時，一個大專男生主動上來幫忙，黃秀晴的反應卻是"用提防的眼神警惕的心，並且像看到強盜一樣，非常不客氣地瞪著面前這位外表和善的大專男生"。黃秀晴的這一反應更令人對社會信任感的喪失，產生深深的憂慮。作品從人物言行的錯位中揭示了誠信缺失、冷漠無情的社會現實，其中所蘊含的社會問題發人深省。《素色的母親》中的女兒一直不理解母親的黑與白，並且因反感母親的素色衣物而鍾愛繽紛鮮豔，到最後她才明白，母親為了她，“一生都在戴孝”。一個深愛著自己的女兒，為了女兒健康成長而甘願把自己封閉起來，過著孤獨寂寞生活的母親形象躍然紙上，而女兒的內疚、自責也瀰漫在字裡行間。《電話裡的藍草莓茶》敘述了一個極富有意味的故事。蘇宜敏十分熱情地向“我”推薦藍草莓茶，稱藍草莓茶中含有豐富的維他命 A 和 C，讓人在喝出美味之外還有健康，她不但力邀“我”去她家裡喝茶，還在事先寄了一盒藍草莓茶讓“我”品嘗。“我”沖泡了一杯，喝了一口，滿心懊惱：世上竟有如此酸澀難喝的茶？！人們的愛好、品味千差萬別，真所謂蘿蔔青菜各有所愛，又何必把自己的喜好強加於人呢？英國諺語曰：“一個人的美食，可能是另一個人的毒藥。”茶是如此，又遑論其他呢。

　　朵拉不僅是作家，她還是一個畫家。她對細節的精雕細刻，對色彩的細緻描繪，使小說有著較為強烈的畫面感和現場感。《素色的母親》以黑白兩色狀寫“母親”的人生。母親衣櫥裡的衣物多為黑白兩色，在女兒的印象中，母親的穿著不是黑便是白，這正反映出母親離婚後的單調生活和灰色心情。簡潔的衣櫥，簡單的日子，簡樸的生活，那素與淡畫出了母親生活的軌跡。《冷菜》中的“冷冷的薄薄的紅色魚片，冷冷的切得細細的染色蘿蔔，冷冷的捲捲的橙色花枝，冷冷的細嫩的白色豆腐”，這些以冷色調為主的菜肴，折射出男女主人公不和諧的情感生活。女人喜歡這些“沒油沒煙、乾乾淨淨”的菜肴，覺得男人很沒有生活情調；而男人卻因眼前的冷菜使他回憶起冷冷的童年，從小寂寞的生活經歷使他與女人有著一道深深的鴻溝。《下午茶閒話》中盡寫閒話的傳播之快之盛，用了極為形象生動的比喻："像牽藤類的紛紛閒話，還是到處攀延蔓生，熱烈盛開，而且頗有日益繁茂的趨勢"，大大增強了現場感。而抽象的時間，在《紅豆盒子》中則有了絢麗的色彩："時間捉不住，像落下去的太陽，像萎凋的花，像飄遠的黃葉，像浮蕩在天空的白雲，轉瞬間便都失去蹤跡"。

朵拉以作家和畫家的雙重慧眼，善於捕捉生活中的精彩瞬間，爾後以傳神的筆法勾勒出來。《遺失》寫的是一場同學聚會，聚會過程中一個女同學佩戴的價格昂貴的耳環丟失了，引發了同學們的熱烈議論。作品通篇基本上由對話構成，描寫了特定場合眾人的種種複雜心態：有人羨慕，有人嫉妒，有人懷疑，有人幸災樂禍，有人則表現為事不關己高高掛起，小說生動傳神地刻畫了一幅眾生相。《未來的遺產》中的方素薇相貌平庸身材平板，平時很少有人關注她，只因聽說她繼承了美國姑媽的一筆遺產，辦公室所有的同事立刻圍繞在她的身邊，對她的態度與平時大相徑庭，口口聲聲說的都是羨慕、妒忌、眼紅的話，有的甚至親熱得像把她當自己人一樣，辦公室那幾個未婚的男同事，也突然對她熱情起來。作品通過精彩瞬間的細緻刻畫，寫出了在一個充滿物欲、勢利的社會裡，人與人之間那種扭曲了的關係。

朵拉的一部分微型小說還具有濃重的喜劇色彩。《魅力香水》中的朱進興聽信了一則香水的廣告"只要噴上一點一滴，你就會充滿無限魅力"，他買了這種香水往身上噴了數滴，下班走在大街上，發現果然有很多人向他張望且笑容可掬，他很是得意。在巴士站，他見到了自己喜歡的姑娘，故意靠近她讓她清楚地聞到他的香水，姑娘美麗的可愛笑容令他感到了香水的魅力，但姑娘的一句話終於使他明白人們為什麼要笑他："先生，你褲子的拉鍊沒有拉。"喜劇效果由此噴湧而出，令人忍俊不禁。《失蹤》中的馬英成受不了母親和太太為了雞毛蒜皮般的小事成天無休止地爭吵，讓自己失蹤了幾天，誰也不知道他去了哪裡。這給兩個女人提供了和解的機會，在男人失蹤這件事上，她們一下子同聲同氣了起來，不再吵鬧了。爾後，她們接到了一個騙錢電話，讓交贖金放人。她們付了錢後人卻沒有回來。富有喜劇色彩的是，當她們準備報警時，在外面躲了幾天清靜的馬英成回來了，兩個女人得知被騙後又開始了新一輪的爭吵。一個男人和兩個女人由此上演了一齣家庭輕喜劇。《最美》彷彿是又一篇《皇帝的新衣》。女畫家尤素芳是畫壇新人，人長得漂亮，時尚新潮，又擅長外交，因此媒體對她好評如潮，報紙顯著位置刊登的都是諸如"新生代女畫家的佼佼者"、"現代水墨畫的創始者"。而她自己在開過幾個畫展獲得好評後也洋洋自得，儼然成為畫壇一領袖。作品最後，畫壇最負盛名的一位老將黃果的一番話終於把尤素芳那些華麗的裝飾盡皆除盡，將其打回原形。作品的反諷效果得到了鮮活地顯現。

　　朵拉在微型小說的創作道路上還將繼續跋涉下去，期待她在微型小說創作實踐中結出更多的藝術碩果。

論韓素音《青山不老》的書寫策略

　　在海外華人女作家中，韓素音（又名漢素音）是十分獨特的一個。這種獨特性表現為，韓素音雖然長期飄泊在異國他鄉，但一直保有一顆愛國之心，以在世界各地介紹祖國為己任，一生共作了近 1600 場宣傳新中國的報告和講演。這種獨特性還表現在，她創作的二十餘部小說大都以她個人的生活經歷和體驗為藍本，形成了真率、熱烈、大膽的藝術風格。

　　就文化構成而言，韓素音的文化身份是複雜的。這位生長於中國，兼有中國和比利時血統的女作家，在中國內地、香港、英國、馬來西亞、新加坡、瑞士等亞歐許多國家都留下了深刻的生命印痕，從而形成了以東方意識為主調、相容多種文化成份的文化意識。這使韓素音創作的愛情小說在愛情之外具有了較為豐富的文化意蘊和較高的文化品位。長篇小說《青山不老》是很有代表性的一部文本。

　　《青山不老》蘊含著作者一段刻骨銘心的生活經歷和生命體驗。1956 年夏天，韓素音來到坐落在世界屋脊的山國尼泊爾王國旅遊，這個充滿著異域情調的宗教國家給她留下了極為難忘的印象。韓素音在這裡邂逅一位印度工程兵將軍並與之深深相愛，這為她提供了豐富的創作題材。建立在這一生命體驗基礎上的《青山不老》因此有著真切動人的情感力量和迷人的浪漫色彩。這部小說所敘述的愛情故事無疑是令人盪氣迴腸的。但如果只著眼於愛情故事本身，則很可能會忽視其中所蘊含著的作者的價值取向和審美追求，而將它僅僅當作一部愛情小說。在我看來，這部文本與其他愛情小說有著重要的區別，其不同之處突出地表現為作品具有鮮明的女性意識和豐富的文化意蘊。

作為一部愛情小說，《青山不老》的敘述框架是清晰而完整的。安妮厭倦了與丈夫若翰的夫妻生活，來到尼泊爾，在一所女子學校教書，她渴望過一種新的生活，在這裡她遇到了烏尼，墜入情網，在經歷種種坎坷之後，她終於收穫了愛情。應該說，這是一種老而又老的敘述模式，本身並無多少獨特之處。然而，值得我們注意的是，正是在這一人們司空見慣的敘述模式中，作者表現出了強烈的女性自我意識。這種女性意識使《青山不老》在傳達著動人的愛情的同時，具有了較為深刻的思想意蘊。

具體地說，《青山不老》的女性意識主要體現在以下三個方面：

其一，作品著力描寫了一個自立自強、自尊自愛，具有理想主義色彩的女性形象。

在五四以後的諸多文學作品中，固然有一些文本表現了具有現代意識的新女性形象，而大量的文本描寫的則是具有勤勞善良、賢慧慈愛、溫柔細膩等中國女性傳統美德但命運多舛的女性形象，如祥林嫂、瑞珏、侍萍等。這在很大程度上影響了女性意識的開掘和人物形象的塑造。20 世紀 40 年代開始，韓素音較多地受到現代女性意識的影響，這為她描寫和塑造理想的新女性奠定了基礎。

《青山不老》成功地描寫了主要人物安妮的形象。安妮生於上海，父親早逝，母親用自己做舞女掙得的錢把她送進了上海的歐人子弟寄宿學校。因此，安妮一方面從小接受了良好的教育，另一方面又因為有一個舞女的母親而為同學歧視，這使她形成了孤僻自卑的性格。抗戰爆發後，安妮被送到英國繼續讀書。戰爭期間，她與空軍飛行員吉米相愛，這是一段非常美好的初戀，安妮充分感受到了愛情的甜蜜。但這段戀情只持續了幾個月，在他們預備結婚時，吉米因飛機失事而死了。後來，安妮在香港認識了若翰。這時，她正需要有一份安全感來填補因傷心往事而造成的空虛，於是她嫁給了若翰。但她很快對這段婚姻失望了。若翰的刻板、做作、虛偽、陰險、粗暴，令安妮厭惡，她進而討厭他的外表、姿勢、思想方式。為了開始一種新的生活，她遠赴尼泊爾，在加曼都的一個女子學校任教。在尼泊爾，安妮擺脫了若翰的種種控制，也不顧同事的諸般阻撓，大膽地過起了一種別樣的生活。她很快融進當地的文化和社會之中，與陸軍元帥、將軍、貴族、醫生、旅館老闆等密切交往，對風土人情和社會環境有了較多的瞭解，並與若翰分居，愉快地投入寫作。而最大的收穫則是與烏尼的愛情。烏尼是當地文化的代表，是個具有改革意識的實幹家，正在主持一項造福人民的水利工程。和烏尼相愛後，安妮感到已變成另外一個自己了，她已經無法再回頭，回到先前的生活中。這種新的自我體認意味著安妮女性意識的覺醒。而在過去，"她自己一向是向那永無歡樂的殘酷的無聊妥協的，"現在，她意識到，"她一定要停止跟他們妥協，不然她就變得跟他們一樣。"安妮在重新得到愛情的同時也獲得了新生。作品字裡行間洋溢著這種新生的喜悅。在愛情的滋潤下，她既能寫作，又能快樂地生活，身之花與心之花都在盡情開放著。安妮的人生價值得到了完美實現。作者以充滿抒情的筆調具體而又生動地表現了安妮的女性意識的成長過程，寫出了一個自立自強、自尊自愛，具有理想主義色彩的新女性形象。

其二，《青山不老》大膽而又細膩地表現了女性情愛心理和性意識。

安妮有著十分複雜的情愛心理。她與空軍飛行員吉米的短暫相愛是一段非常美好的初戀，對她產生了巨大的影響。作為一個從小孤僻自卑的女孩，她在愛情中獲得了自信。因此，她在感受愛情甜蜜的同時，精神上得到了極大的滿足。惟其如此，一旦失去了與吉米的這份愛情，她痛不欲生。她在悲傷中開始了寫作，"我因為對吉米的愛所以有了滔滔不絕的寫作的能力"。她在感情上已經冷漠，彷彿變了一個人，"慢慢的枯乾了，好像是裝在石棺裡的木乃伊，容貌可以辨認，可是裡面已經空了"。後來，安妮儘管嫁給了若翰，但她明確告訴他自己並不愛他，他倆沒有愛情。對這段婚姻，她也努力過，"在起初的時候，我極力用我的意志克服一切，我極力討好，極力要做一個妻子，朋友，內助……肉體和靈魂都在所不惜。婚後一個星期，很奇怪，我發現我們兩人之間的一道隔閡並沒有減少，只有增加。"她暫時無法擺脫若翰，但在性的方面她努力堅守著，以至於被丈夫視為性冷淡。安妮自述：“我是性冷的，沒有感覺的，不能開放，我不願意跟我的丈夫行房。我恨這樣的事，恨，恨跟他這樣。”在尼泊爾，安妮終於擺脫了若翰的種種控制，大膽地過起了一種別樣的生活。與烏尼戲劇性的相識相戀成為安妮生活的重要轉捩點。烏尼“是有恒心的，頭腦清楚的，聰明而且天生樂天知命，重情感，天性深沉，思想快而且有思想，他不會因為突然的煩惱想不開，自己痛苦，疑慮。⋯⋯他做什麼事情都是全心全意的，無所懼怕，徹頭徹尾，談愛也是這樣”。他英俊瀟脫，談吐風雅，很招女人喜愛。處於情感困惑中的安妮與他一見鍾情，很快墜入情網。作者花費大量筆墨描寫了他們倆的熱戀，既寫的熱烈真率又充滿想像力。這成為全書的一個核心。

在對這段愛情的描寫中，作品在寫人物靈與肉相結合的同時突出地表現了人物的性意識和性心理。作者大膽地描寫了安妮對烏尼的渴望：“她心裡難過，胸部脹痛。烏尼・梅農。烏尼。當然。烏尼。他的聲音，他的手⋯⋯這時，她的手上和腿上生滿了雞皮疙瘩，嘴裡是羨慕的涎水；骨髓中流著渴望，熱火，和甜蜜。”“好像是一條河，開始了，滴、滲、噴，於是變成巨流，深而闊的洪水，衝激著兩岸，安妮心裡誕生下來的煩惱就這樣一天一天的長大著。”“我現在想要他留下了，要他回來，我現在愛他，啊，那麼愛他，他的聲音，他的手，我怎麼能捨棄呢？”作品也不乏對他們性愛場面的描寫：“他們躺在一塊兒，一塊兒吸著煙，已經是慣熟了的愛人們的那一套：頭怎麼樣動，去找尋一個肩膀，枕在那裡，那樣的枕，不是另外的一樣；手指怎樣去燃著火柴，遞來酒杯延長那火焰的存在；延長的偎倚，鬆懈之後，撕挨著，憩止在重複前的安靜中。……他們這時在一起，彼此都是緘默的，這是他們的愛與存在的氣溫，他們的靈魂的天地，他們的新自由的風景線。”從性心理學的角度來看，“性欲是健康的，是愛情關係的表現，是適合於人性的，它可進而取代性愛之路，因此，不管付出多大代價，也應進行性交”[1]。 和烏尼的性愛，使安妮對自己有了新的發現，她漸漸找到了一個完整的自己。“烏尼是現實，尤其是那個發現，她自己的身體的發現，那感官的機能，那給予與接受的樂趣，那從前不知道現在很有意思的啟示……就這樣，在烏尼的懷抱中，安妮開始緩慢的，摸摸索索的，找尋著她全部的自己。”

其三，《青山不老》的女性意識體現為對傳統意識的背叛和對女性自我意識的張揚。

女性意識的覺醒，不僅僅是情欲的覺醒，雖然女性的情欲一直被社會道德所壓抑，但突破社會道德對女性情欲的壓抑和束縛只是解決了局部問題，關鍵因素還在於女性要從自身出發去尋找獨立自處的精神。一旦獲得了這種思想資源，女性的精神就進入了一個嶄新的境界。

安妮與若翰的矛盾根本上是思想的分歧。若翰希望安妮能夫唱婦隨，安分守己，逆來順受，他曾請求弗萊德·馬特白大夫：“我請求你幫助安妮恢復她做妻子的應有的婦道。”若翰的要求與安妮渴望自由、追求個性、崇尚獨立自強的觀

---

1 （日）服部正：《女性心理學》，上海翻譯出版公司 1987 年版，第 189 頁。

念是背道而馳的。因此兩人在日常生活中不可避免地多次發生衝突。安妮曾大膽地和弗萊德・馬特白大夫討論性冷感問題，醫生告訴她，其實這是女人的一種消極抵抗，"她們永遠是這樣來的，把她們自己變成了一種無性能的人。也許這是因為女人曾經有幾百年受壓迫的歷史的原因。"而一旦遇上心愛的男人，這種性冷感就不復存在了。安妮終於明白了自己與若翰在一起時性冷淡、討厭過夫妻生活的原因。法國女權主義理論家波伏娃也認為，女人屢屢頑固地性冷淡的原因在於，男人的欲望強烈而野蠻，或者男人太自制、太超然；"如果她的情人缺乏誘惑力，如果他冷漠、粗心和笨拙，就不會引起她的性欲，或不會讓她感到滿足。"[2]但此時，安妮的女性意識尚處於有待進一步覺醒階段。而與烏尼的相愛，對安妮而言是一種自覺的選擇。這是隨思想交匯而來的靈魂和情感的融合。因此，當安妮離開丈夫，與他分居，擁有了一個自足的空間，她感到了從未有過的喜悅和滿足。"我又脫了衣服，躺在床上。這是我的房間，我的床，我的身體在床上。我看著那長尾鸚鵡，太陽正照射著它們。我在做夢，米達，我的女僕，在門那兒叫著，聲音柔和，清新，她給我拿來了烤麵包、雞蛋和咖啡。我吃了，睡著，又被樓底下的聲音吵醒了。"這一連串的"我"顯示了安妮強烈的自我意識的覺醒，內容雖然瑣碎，但其中蘊含著的歡欣、興奮是讀者能真切地感受到的。當然，新我和舊我的交替不會是一帆風順的，往往有許多矛盾和困惑，對此，安妮有著清醒的認

---

2 （法）西蒙娜・德・波伏娃：《第二性》，中國書籍出版社1998年版，第450頁。

識："在新的安妮與舊的安妮的交替過程中，一定是苦痛、懷疑、罪咎和恐懼。當然還有煩惱。不管它，我一定要戰勝這一切。"安妮在重新得到愛情的同時也獲得了新生。作品字裡行間洋溢著這種新生的喜悅。作者甚至還通過雷奧（一個曾對安妮有過邪念的男人）的眼來寫安妮在獲得性滿足後的生理、心理變化："她走著或者是坐著，雷奧都在酸溜溜的注視著她。他心裡想，他知道這是生理滿足後的象徵：皮膚非常紅潤，安閒，鎮靜，那亭亭的柔體移動的時候那麼輕盈，顯得有一種純潔，脆弱，甚至自負；她的屁股和腰肢都小了，肩頭和胸部更圓了，胳膊揮動自如。"而安妮在愛情的滋潤下，也感到了自己的年輕美麗，對著鏡子，"我在裡面看到一個女人，還年青，我高興自己能看了她高興。我變了：光澤的皮膚，油亮的頭髮，明閃閃的眼睛；每個汗毛孔中都透露著我是美的。"在愛情的滋潤下，她既能寫作，又能快樂地生活，身之花與心之花都在盡情開放著。安妮對愛情也有了新的認識，她意識到相愛的兩個人不應該相互束縛，而應該相互理解、尊重、寬容，"我要反對限制你，把你照我的需要來剪裁，讓你像一件衣服一樣只合我自己的身，因為你是你自己，我應該愛你是你自己的本人本色。"她終於明白了："事實是他是他，他有那麼多年的過去以及這麼多年所給予他的所有一切，可是我是我，我們誰也不能完全改造成對方，只有給予和接受。""我們是稔熟的，同時又是尚待彼此相識的陌生人。我們所需要的是這樣的關係，不是那僵化了的屈服與主宰的一套，一種有限制的互不理睬的禁錮，而是一種活生生的，彼此完全自由的生存……"

　　通過以上三個方面的具體描寫,《青山不老》的女性意識便完整而清晰地呈現了出來。這是一種具有較為鮮明的現代色彩的、較為健全的女性意識。它也較好地傳達出了作者東西方觀念相融合的思想和個性,既有包容性又有現代性。從中國現代文學史的角度來看,從性愛意識出發來表現女性意識的,在"五四"時期就出現了,"'五四'後期,女作家把愛情問題從父輩與子輩的矛盾還原為男女之間的關係問題,開始清醒地審視異性世界,呼喚男性對女性的理解,逐步建立起女性在性愛中的主體性地位…… 逐步建立起靈與肉相統一的性愛觀"。[3]但那時的文學作品很少表現靈與肉和諧的,更少有描寫女性在性愛中得到歡愉並進而深思兩性關係的文本。即使到50年代,在同一時期的海外華人女作家中,像韓素音這樣在作品中大膽而又鮮明地表現女性意識的,也是十分少見的。

　　與此相聯繫,《青山不老》的文化意識也體現出很強的包容性,文本因此具有了豐富的文化意蘊。

　　韓素音從小生長在中國,深受中國文化的薰陶;在西方的長期生活,又使她自然地親近西方文化;而在東南亞的生活經歷,使她更好地形成了相容東西方文化的情懷,從而在文化意識上具有了開放性、包容性的特點。這在《青山不老》中具體表現為,作者不存偏見地描繪自己的所見所聞,她不是以獵奇的心理來寫尼泊爾的異域情調,更不是以精神貴族的高蹈姿態審視當地的奇風異俗,而是以一種欣賞、近乎崇

3　李玲:《中國現代文學的性別意識》,人民文學出版社2002年版,第222頁。

拜的心情來描繪尼泊爾的風土人情和社會環境。這使文本少了觀光客獵豔的輕佻，多了幾分文化參與的執著和沉重。

安妮還未下飛機，在空中就對尼泊爾有了美好的印象：

> 飛機飛低了。綠而黃的田野，好像是蜜蜂翅膀上的圖案，小小的赭石色的農舍，幾層頂子的佛塔，一叢一叢的紅磚屋宇，大花園白柱石的大廈。這好像是不可想像的：坐飛機到喜馬拉雅山去結果卻發現了一個黃金谷，像瑞士或者義大利北部，谷中的一座城市卻正是好萊塢所夢想的迦太。這個地方只有旅行社的廣告可以形容它：嫵媚的加曼都，陽光普照的尼泊爾，以及什麼香格里拉。

而一旦踏上這片土地，喜悅、興奮之情更是溢於言表：

> 人家說，崇山峻嶺樂在其中，在高的地方會有一種特別的悠然之感抓住你，近乎出神入定或者瘋狂。可是我在聽到加曼都這名稱的回聲時已經瘋狂了；結果真的到了這裡，就是這裡，它是春的深心，金黃色的陽光從那些黑黝黝的少頂上傾瀉下來，空氣是軟軟的，像是多瓣的花朵融匯在空間的大氣裡；照眼的杏黃和李樹像燃燒著的叢林，夕陽變成藍與發暗的時候就更顯得明亮。一條土路，沒有柏油路面，吉普車在轟轟開動，駛過去了，裝載過量，一路上橫衝直撞。那些怡然自得的矮小的人民，臉孔清秀，眼角上吊，圍著白色的或灰色的披肩，貧窮，可是自得其樂；忽然喇

叭響了，一對玩具似的兵，金肩章，紅制服，走了過
去……房屋從上到下滿是雕刻，街道的兩旁是粉紅的
磚牆，那一端是個巨大的橙黃色的太陽。愉快，愉快
就是現實，活生生的現實。

在加曼都女子學校校長艾素白·毛普拉看來，尼泊爾的
宗教是野蠻的宗教，尼泊爾的人民無情無義，她儼然以傳教
士的身份自居，要讓人們改信上帝，要將人們從野蠻無知中
拯救過來，因此，儘管她早已來到尼泊爾，但與當地人民依
然格格不入。安妮則明顯不一樣。她努力瞭解並認同當地的
人民和文化。作品通過安妮對尼泊爾宗教儀式的認同反映了
作者文化意識的開放性。作品濃墨重彩地描繪了安妮到神廟
參觀，靈魂受到震撼的情景。安妮來到廟裡，很快消失在擁
擠著的進香的人群中，“消失在她和像她一樣的那些人的境
界中，那個境界使旁邊的人把他們叫做心不在焉，忘記了自
己，返真歸樸。她浸入在這種新的意識中，在這個意識裡只
有視覺和聽覺，完全忘記了自己，身體在動著可是不知道在
動，完全入化出神，超脫了自己，使自己和周圍的人合而為
一。這就是生之神也就是死之神的隰婆節的一剎那，它介於
不動的幻夢與完全在動的時刻之間，沒有時間的時間，空間
的無休止的一點，永恆的時間，始與終，知識變成了自知，
人們終於學得了眼見所見，用一種完全的純真之情看視最平
常與最不平常的事物，同化而不是爭取，認識永恆的無常，
那令人迷惑的永生只是人的記憶的自我迴響。”在神廟中的
奇妙感受，使安妮異常興奮，她感覺自己像那些神像一樣，

像那些千手千面的女神一樣，已經變成了另外一個自己了。
這種新生的感覺無疑地標誌著主人公對一種新的文化的強烈
認同。

　　《青山不老》的重頭戲是寫尼泊爾王的加冕典禮。作品
的很多內容是圍繞著這場盛大堂皇的典禮而結構、組織的。
《青山不老》對尼泊爾王加冕典禮的敘述層次感很強，從諸
種準備工作的展開，到各地觀光客的紛至遝來，從氣氛、情
景的渲染，到加冕典禮的具體描寫，作品有條不紊，張弛有
致。而對加冕典禮的具體描寫，正反映出這個古老王國的文
化精髓：

> 喇叭吹起來了，是軍隊的進行曲，一對穿大紅制服的
> 兵士，後面是旗號，拿了鑲著小玻璃鏡的孔雀毛，還
> 有穿黃袍的僧人。國王和王後坐了一頭象來，象在大
> 門口跪了下來，好讓他們下來；國王和王后在金光閃
> 耀的紅傘下，由孔雀尾的羽扇前導，走進了庭院，走
> 進一間房去，僧人們和幾個高級官員跟了進去。這時，
> 曝在太陽裡的院子裡的人在兩隊樂隊的音樂聲中等
> 待著，一隊是穿紅制服的軍樂隊，一隊是號角，鼓，
> 和像歐波似的簫，在奏著由南印度來的吠陀經。

> 一個鐘頭以後，國王和王后出來了，坐在那個草棚時，
> 就是前一天的齋戒禮用的那個草棚，加冕典禮就這樣
> 進行著。大部分觀禮的人都是完全不懂的。婆羅門僧
> 人和佛教僧人施聖水，唱聖經，新聞記者和攝影師圍
> 在草棚周圍擁擠著，米加羅拉馬的機器在搖動著。這

時，是十點三十三分，由星相師算定了以及眾僧祈禱
日月星辰恰安其位吉時良辰，御前高僧把那個尼泊爾
王冠加在國王的頭上，這王冠是一頂珠寶和紅寶石編
成的盔，盔上是一隻天堂鳥。

國王和王后這時登上了那九頭蛇寶座，寶座是安置在
草棚旁邊的一個架高起來的平台上的。寶座底下是水
牛皮，鹿皮，象皮，獅子皮和老虎皮。王族和王孫公
子們從二樓上他們坐的地方走下來了，向國王跪拜致
敬，把錢幣扔到國王面前。各國的專使和外交代表也
一個跟著一個的前來致敬，其次是拉納族的官員和所
有各階級各行業的代表們……

作品栩栩如生地描繪了加冕典禮及加冕週的種種活動和
儀式，較為充分地反映了尼泊爾的宮廷文化和宮廷生活。

在對尼泊爾王加冕典禮前前後後諸種事件的敘述過程
中，文本還展示了尼泊爾文化的方方面面。

如描寫了尼泊爾人的婚禮、婚俗："迎親隊進了大門口，
前面先行的是震耳的樂隊，他們都是步行的；奏樂的人吹打
著鼓，小喇叭，和鈸。他們走近了的時候，草地上的樂隊也
奏起震耳的進行曲，這兩個吵雜音樂的決鬥尼泊爾人聽了都
在笑。樂隊的後面是新郎的馬車，是一輛由兩匹栗色的馬拉
著的四輪蓬車。……馬車的後面站著兩個僕役，金肩章，軍
帽，紅制服，給坐在車裡的人撐著一柄遮陽傘，像海濱浴用
的傘一樣大小，是紅綢子的，周圍鑲了金穗。車後跟了新郎
的男親友，有的頭上纏了紗翼的羅闍普包頭，身上穿的是金

色和深紅色的緊身上衣，腰帶，跨著鑲了珠寶的短劍，底下是白馬褲。車子裡的新郎滿身猩紅，金線織成的衣服，珠寶堆成的冠，腰間配有寶劍。這一行人造草地上慢慢轉了一個圈。大廳外面奏了一支古典的歡迎曲，另外一個樂隊從台階上走了下來，奏著笛子，鼓和鈸。……三隊樂隊在一起演奏了，你爭我奪，調子愈來愈高。馬車停在大門前司令和他的眷屬嚴肅的走過去，繞著馬車走了三匝，撒著花瓣，用一盞金瓶撒了水，也撒了一點在新郎的身上。"這是在房子外面的儀式。在新娘的父親往新郎額頭上貼上用紅檀香木和聖灰製成的歡迎符後，婚禮轉到院子裡。只見新郎站在院子的中間，手扶劍鞘，雙腳赤裸，新娘的親族按照禮節向他獻米、獻穀。靠近新郎站著的是教士，他掀著一本焦黃的薄薄的書，半唱半讀的轉念著經。一個女傭模樣的人，雙手捧著一個紅綢做的、鑲著很多金飾和絨球的三角帽，給新郎戴上……作者將這些程式和規矩一項項、一樣樣娓娓道來，頗給人以身臨其境之感。

　　又如寫到了尼泊爾人開放的婦女觀念："在尼泊爾，女人不是像回教國家那樣關在閨房裡不准出來的。這兒的女人可以談笑，高興，自由，尼泊爾的寡婦也沒有殉葬的習慣。尼泊爾人非常開通，印度教的殘酷嚴厲在這裡沒有。他們過節的時候是女人坐在塔上面的，一層一層的台階上都是女人，看起來簡直就是女人的肉塔。男人站在她們底下的街上。女人在馬路上沖涼，可是沖涼的時候她們是穿著衣服的。"這顯然與一般的回教和印度教國家的婦女觀念有著很大的不同。

　　當然，文本更要寫出這個宗教國家對神的崇拜："這個地方是神佛之鄉，祭神是最普遍的唯一活動；在別的地方，管制一切活動的是工作與人間樂趣，人的需要與貪欲的追求和滿足，在這兒敬神是第一件事。在這兒神比人吃的糧食多，雖然時常都有糧荒，牛是肥的，小孩子卻吃不飽。在這兒，宗教不僅是生活的一部分，而且是最重要的，最大的精力的消耗。一切人的行為都隸屬於神的意旨，生命，交合與死亡不是人的迴圈，而是神的永恆迴圈的在物質上，或不知不覺的人的表現……"作者還對尼泊爾性與宗教緊密結合的獨特性進行了探討。

　　綜上所述，《青山不老》不是一部一般意義上的愛情小說。作者在描寫愛情的過程中，注入了豐富的內容，這使文本在充滿浪漫色彩和異域情調的同時，具有了鮮明的女性意識和豐富的文化意蘊。

論施瑋《故國宮卷》的敘事藝術

　　在當今海外華文文壇，女作家群體的規模和影響力與日俱增。她們以不懈的努力和豐碩的成果當之無愧地撐起了海外華文文學的半壁江山，且使海外華文文壇在一定程度上呈現出“陰盛陽衰”的狀態。

　　在這個海外女作家群體中，施瑋是不可或缺的存在。她是在文學道路上不斷求新求突破的作家。施瑋的創作開始於1980年代，在《柔弱無骨》等早期小說和詩歌中表現出與時代同步的性別意識與性別自覺。1996年移居美國後，創作發生了很大的變化，開始轉向“靈性文學”寫作，試圖“以基督教文學的文本作為瓦器，讓盛在裡面的信仰與這個時代對話，回應中國文化、中國人心靈的呼喚”[1]，向著靈性方面開掘文學的精神向度。《柔情無限》、《世家美眷》、《放逐伊甸》和《紅牆白玉蘭》等小說反映著她向“靈性文學作家”的蛻變。2016年出版的長篇小說《叛教者》，是施瑋的又一重要收穫。這部作品正面敘述了從20世紀20年代開始的中國上海一個基督徒群體數十年的歷史滄桑，將人物置於較為廣闊的歷史背景中，細緻地剖析人物的情感和心理。這部作

1　施瑋：《歌中雅歌》，珠海出版社2009年版，第350頁。

品再次顯示了施瑋創作的創新性。

　　而新近問世的長篇小說《故國宮卷》則給了讀者更大的驚喜。施瑋在詩歌、繪畫等多方面的藝術造詣，豐富的藝術想像力和創造力，在這部小說中得到了淋漓盡致的發揮。而其敘事技巧和敘事文體，很值得予以專門研究。

一、縱橫交錯的網路狀結構

　　《韓熙載夜宴圖》是北京故宮博物院珍藏的一幅人物畫精品，係五代十國時期南唐畫家顧閎中所作，極為精細地描繪了南唐三朝重臣韓熙載家設夜宴載歌行樂的情景。這幅畫作主體長 3.35 米，加上題跋、印章等有 7.05 米，表現的是具有連貫性的五個不同的空間和場景："宴罷聆音""擊鼓伴舞""畫屏小憩""玉人清吹""夜闌餘興"，人物逼真，服飾精美，畫面生動，堪稱中國古代人物畫中的傑作。正是這樣一幅古代繪畫作品，引發了作家施瑋的創作靈感：畫面上的人物是什麼關係？當時到底發生了什麼？韓熙載為誰舉辦的夜宴？他最後是在向誰告別，為何神情如此落寞、空濛？畫作背後又有哪些不為人知的秘密？凡此種種，使小說家陷入了深長的藝術思索之中。施瑋由此展開其極為豐富的藝術想像，為畫中人物設計了波譎雲詭、纏綿悱惻的前世今生。

　　《故國宮卷》中虛虛實實、縱橫交織著數條線索。

　　一條線索是中美混血兒宋天一應聘到北京故宮博物院資訊科擔任電腦工程師，他的父親是個有著法國血統的美國人，傳教士的後代，迷戀中國文化，從事著中國和希臘的戲劇比較研究，她的母親在紐約大都會藝術博物館亞洲館工作。他從小在父親的影響下總是利用一切機會親近中國的一切。這次來故宮是幫助開發製作《韓熙載夜宴圖》APP。隨著他的到來，人物關係漸次召開，舞蹈學院的女生張好好，故宮博物院的文物修復師張宏遠，張宏遠的徒弟、中央工藝美院畢業生李瓶兒，李瓶兒的父親李向前，李瓶兒的追求者王曉虎……這些有"故事"的人物構成了小說情節發展的現實圖景。

　　第二條線索是民國四公子之一的張伯駒（號叢碧，別號好好先生），在上海偶遇身在青樓的潘素，其時，她正唱著杜牧的《張好好詩》，她那清麗絕塵的丹臉、拂風撥柳的琵琶妙音令張伯駒一見傾心，進而演繹了一段民國佳話。作為收藏鑒賞家、書畫家的張伯駒收藏了許多珍貴文物，尤其因緣巧合的是，得到了杜牧的行書真跡《張好好詩》。這件作品原本收藏在故宮中，溥儀後來把故宮裡的書畫珍寶都運到偽滿洲國，其後又不斷流入民間。"最為難得的是，張好好是嬌容美姿的才女，潘素女士也同樣是才貌雙全。叢碧你也堪比一代名士杜牧……"[2]因此，張伯駒、潘素都十分喜愛這幅作品。建國後，張伯駒夫婦將它及其他珍貴文物一起捐獻給了故宮。在這條線索中又穿插進了把《張好好詩》帶出宮的、溥儀的宮女張雲兒，李瓶兒的爺爺等人物。

2　施瑋：《故國宮卷》，花城出版社 2019 年版，第 41 頁。

　　第三條線索是杜牧和張好好的故事。杜牧是晚唐傑出詩人，與李商隱被並稱為"小李杜"，留下了許多膾炙人口的詩篇。其中，《張好好詩》寄託了他與張好好的一段情感。杜牧在進士及第後曾到江西觀察使沈傳師府上擔任幕僚。沈家與杜家本為世交，沈傳師與杜牧的關係便頗為密切。杜牧經常在沈傳師家中聽歌賞舞，他便對沈府一個歌女張好好很有好感，可惜主人搶先一步，將她納為小妾。數年後，已在洛陽為官的杜牧與張好好不期而遇，此時的張好好已經淪落為當壚賣酒女。杜牧感慨萬千，信筆寫下了著名的五言長詩《張好好詩》。這篇文筆清秀、書法飄逸之作，後世成為珍貴文物。《故國宮卷》以之為線索，極力鋪陳了杜牧與張好好纏綿悱惻的情感故事。

　　第四條線索是韓熙載命運的浮沉起伏，以及他與王屋山、李姬等的關係。

　　作為《韓熙載夜宴圖》中的核心人物，韓熙載在歷史上是南唐名臣，歷南唐烈祖、元宗、後主三朝，先後任戶部侍郎、吏部侍郎、兵部尚書、中書侍郎、光政殿學士承旨等要職。他親身經歷了南唐國勢由強變弱，憂憤深廣。尤其在後主李煜時期，他身處國家危亡之際，面對內憂外患，恨無補天之力，便常徹夜宴飲以排遣內心苦悶。韓熙載又是文學家，博學多才，精通音律，能書善畫，詩文頗多，作品被收入《全唐文》、《全唐詩》。而在這部小說中，作者著力表現了韓熙載雖在政治方面作出了種種努力，但卻無濟於事，便把精力更多地放在府中的歌舞宴飲之中，縱情聲色，夜夜歡宴，以此尋求精神寄託。

　　這幾條線索在小說中沒有按照時間維度依次展開，而是時而跳躍時而交集時而貫通，從而形成了縱橫交錯、錯綜複雜、富有張力的藝術結構。

　　在進行藝術構思時，作者緊緊抓住幾個關鍵的點將前後人物加以巧妙勾連，小說中的人物就構成了一張奇妙的關係網。

　　小說的緣起是宋天一常常"夢見"自己置身於一個星宿的方陣中，其中一張十三四歲東方少女的臉令他著迷，少女很美，眼中飄出一縷茫然的氣息，有一種不染塵埃的虛幻感。他十分好奇，這個少女是誰？他直覺地感到她一定與故宮有關。他便千方百計來到北京，要到故宮一探究竟。小說故事由此展開。

　　無巧不成書。在北京首都機場的到達大廳，宋天一以戲劇性的方式邂逅了這另一時空中的熟悉的面孔，但等他回過神追出去時，女孩已遠去。後來在琉璃廠，他與這個名叫張好好的舞蹈學院女生再度相逢。張好好清麗脫俗，身形玲瓏婀娜，舞姿高雅優美，宋天一邀請她參加了《韓熙載夜宴圖》APP 的開發，出演王屋山跳《六麼舞》，兩人漸漸墜入情網。

　　這個張好好與晚唐的張好好恰好同名同姓。晚唐的張好好與大才子杜牧本是萍水相逢，兩人在沈傳師府上偶爾相遇便產生了火花。沈傳師固然欣賞張好好的才情，但他更為杜牧的前程著想，他不能對不起杜府故人對他的重托，於是用納張好好為妾這一招斷了杜牧的念想而促使他在求取功名之路上更上層樓。然而天不遂人願，杜牧此後並未有更好的前程，沈傳師也未有善終，卻留下張好好一人無所歸依。小說寫到，沈傳師在臨終前對張好好和盤托出，談到自己之所以沒有成全杜牧和張好好，是因為自己希望杜牧在仕途上能不為張好好所累而有更好的發展，因此才有納張好好為妾的假像，現在自己將不久於人世，他希望自己死後張好好去找杜牧有情人終成眷屬。張好好固然想去找自己心愛的人，但想到沈傳師的苦心，想到要成全杜牧，最終克制住了自己的欲望，與杜牧在洛陽相見卻沒有相認。兩人的結局宛如梁祝一般哀怨而又淒美。張好好後來得知杜牧的死訊千里歸來，在杜牧墳前輕輕地唱起那首已經傳遍大江南北的《張好好詩》，她哀歎：“我來了，只是躲在那邊。我一生都是遠遠躲著，是怕誤了你的前程……”一口鮮血噴出，她死在墳前。爾後，一隻白蝴蝶伴著一隻紅蝴蝶從墳前飛出，從宣城到揚州，雙飛雙棲，沿著他們生前的生活軌跡一路前行。

小說設置的人物這一結局浪漫而又淒美，令人扼腕。出人意料的是，小說還設計了這樣的情節：在進入另一個時空的瞬間，化身為蝴蝶的杜牧幾乎忘記了所有的一切，但他記住了張好好那張 13 歲少女的臉。這為小說著力表現的四生四世的情緣奠定了基石。

杜牧離世 50 年，韓熙載出生。那天，已身為南唐重臣的韓熙載原本迷糊著，突然醒悟過來：原來自己的前身是杜牧，在現在這個時空中是韓熙載。此時，他特別強烈地希望找到張好好。他發現王屋山面容、身形、舞姿、神韻都酷似張好好，但她對他卻似乎無動於衷。他在她面前吹那支張好好在杜牧墳前唱的斷魂之曲，她隨曲起舞，舞姿精準淒美，然面神情卻無動於衷。反倒是一旁彈唱的李姬反應強烈。雖然韓熙載極為欣賞李姬，她也似乎最懂他，但他要的王屋山應該有的關於張好好的記憶，為此他頗為失落、彷徨。

小說又巧妙地設計了郎粲這一人物。他本與王屋山青梅竹馬，情投意合，但後來王屋山家中出現重大變故，她淪為罪臣之女，幸得韓熙載搭救而成為韓府的一個舞伎。郎粲為了接近王屋山，考取了狀元，以新科狀元的身份得以進入韓府，成為韓府的常客。韓熙載發現，郎粲來韓府所做的就是要接近王屋山，而他又看到，王屋山全部的心思卻是逃避郎粲，也不願意承認自己就是他青梅竹馬的羽裳妹妹。雖然是逃避，但韓熙載看得很清楚，王屋山對自己毫不設防，甚至取悅於他，這是因為她真的不記得與他有一段另一個時空中的生死情緣；而王屋山對郎粲的逃避卻是因為記得他，她不想牽累自己的心上人，不想毀了他的光明前途。他們三個如捉迷藏般誰也不願意撕破那層隔著的紙。韓熙載非常苦惱，對杜牧已經毫無記憶的張好好還是張好好嗎？王屋山的臉和心思都和張好好一般無二，但她此生不是為了他，而是為了郎粲的仕途決意犧牲自己的感情。讓韓熙載感到悲涼的是在這個時空中，自己竟然扮演了沈傳師的角色。小說演繹了吊詭的一幕：晚唐時的杜牧是個受害者，為沈傳師所迫，他與張好好有情人未能成眷屬；而到了南唐，現世的杜牧——韓熙載卻又成了沈傳師。韓熙載不禁感歎，早知如此，倒不如就在那個時空中與張好好永遠做一對比翼的蝴蝶好了。真乃造化弄人！

小說還有一個關鍵的連接點是在民國時期。張伯駒夫婦得到了杜牧的行書真跡《張好好詩》，這使他們一下子穿越了歷史隧道，與晚唐的杜牧、張好好在精神上產生了特殊的關聯，韻味悠長。

二、穿越在歷史與現實的迷宮之中

穿越是近年來文學創作尤其是網路文學作品中比較常見的表現手法，其往往穿著歷史的外衣，以言情為內核，描寫人物穿越到古代經歷一場風花雪月，或者戲說一段歷史。席絹的《交錯時光的愛戀》、黃易的《尋秦記》、桐華的《步步驚心》等便是擁有較多讀者的穿越類小說。

與以往的穿越類小說相比，《故國宮卷》在穿越的處理和運用上呈現出鮮明的特色。

首先，作者將歷史與現實相互貫通，形成了一個多重穿越、緊密和諧的藝術整體。

《故國宮卷》打破了先前人們較為常用的現代人穿越到古代的單一、線性的結構模式，自由穿越於晚唐、南唐、民國、當下四個時空，人物四生四世的命運交織在一起，形成了多重對話和互文結構。正如小說第八章《蟾影》寫到的一段討論：

> "是一個三生三世，不，是四生四世吧？反正是一個幾生幾世的愛情故事。晚唐到南唐，南唐到民國，民國到現在……"

> "那誰是韓熙載啊？"

"是杜牧。"

"杜牧？天哪!"屋裡一片驚呼。

"穿越到今天是誰？不會是你吧？你可是一個美國人，呵呵，不合適的。"不知誰喊了一句。

宋天一卻正色道:"我是美國人也是中國人，我媽是北京人！再說時空的穿越還分國家?千百年可以穿過，難道地域只能局限？不過，我，我也不知道自己是不是韓熙載。"

"韓熙載是杜牧，那誰是張好好呢？跳舞的王屋山？"[3]

《故國宮卷》正是將人物四生四世的命運交織在一起，形成了一個多重穿越的複式結構，情節跌宕起伏。

其次，在描寫歷史人物時，作者充分發揮想像力和創造力，將歷史敘述與虛構描寫有機結合。杜牧、韓熙載、張伯駒等都是歷史人物，在描寫這些人物時，作者沒有僵化這些人物，而是緊緊抓住人物的性格，紀實與紀虛相結合，人物形象生動傳神又富有深度。

杜牧是晚唐傑出的文學家、大詩人，年輕時就很富有政治抱負和政治才能，23 歲寫出《阿房宮賦》，為世人矚目；25 歲又寫下了長篇五言古詩《感懷詩》，對當時的社會政治問題提出了自己的見解。26 歲，進士及第。後曾任監察御史、

---

3 施瑋：《故國宮卷》，花城出版社 2019 年版，第 280 頁。

黃州刺史、池州刺史、睦州刺史等職。但因牛李黨爭，一直未能被重用，抑鬱不得志。在這部小說中，作者在尊重歷史人物和基本歷史事實的基礎上，充分發揮藝術想像力，把杜牧描寫成一個重情重義、為了愛情甘願拋棄功名的風流才子。他放棄京官不做，到江西觀察使沈傳師府上當幕僚。沈傳師對他的詩文書法極為欣賞，兼之兩家又是世交，原本是想帶著他有些歷練，爾後把他推薦給朝廷，在仕途上飛黃騰達。沒想到杜牧來到沈府，與 13 歲的歌伎張好好一見面，便情不能自已，張好好一曲唱罷，杜牧便 "癡癡地望著面前的這位佳人，她豔麗而又稚嫩的丹臉上，一雙鳳目已是凝了天生的萬般韻味，讓人無法相信她才不過十三歲。他和筵席上所有人一樣，驚豔地看著這位初亮雛音的少女"。此後，"她與正在沈府當幕僚的二十多歲就早已名動朝野的才子詩人杜公子常常相見。13 歲的少女情竇初開，每當沈大人讓她編唱杜公子的五言詩句時，她都從中讀到了他的愛慕與濃情，還有，他看她的眼神……"[4]作者傾注大量心血表現了杜牧和張好好之間的情感糾葛。杜牧想提出納張好好為妾，卻又怕辜負了沈傳師的知遇之恩；每當看到張好好熱切、期待而又幽怨的目光，他又煩躁不已。他一心只想著張好好，滿腦子是她的目光和歌聲，無心學習朝政事務。沈傳師早看出來了，他想趕緊把杜牧推薦給朝廷，以免誤了他的前程，但杜牧卻找了種種藉口，隨沈府及張好好一起又來到了宣州城。為了斷絕杜牧和張好好的關係，年過半百的沈傳師在大型家宴上

---

4 施瑋：《故國宮卷》，花城出版社 2019 年版，第 89 頁。

公開宣佈納張好好為妾。杜牧頓時墜入黑暗的深淵，張好好也幽怨而無助，有情人只得含恨而別。杜牧終於接受沈傳師的安排，赴揚州牛僧孺府上擔任掌書記。離開宣州時，張好好請侍女送來絹帕，上面繡了幾瓣零落的桃花瓣和一首七言絕句："孤燈殘月伴閒愁，幾度淒然幾度秋；哪得哀情酬舊約，從今而後謝風流。"在揚州，不見了張好好，他心中無限惆悵，在花街柳巷中耗費著激情和才情，直到有一天牛僧孺找他，給了他一個紅木漆盒，裡面放滿了兩年來他在揚州青樓妓館各種詩稿、請帖，他看後不禁出了一身冷汗，下決心告別風花雪月。以上描寫，固然有一些歷史影子，但更多的則是基於作者對杜牧的理解和想像，她努力把杜牧塑造成一個多情的詩人，浪漫的才子，淡泊名利的世家子，在仕途上終未得志的失意人。將這多樣人生集於一生的杜牧這一藝術形象，顯然比歷史資料中的杜牧更豐富也更生動。

再其次，在表現人物關係時，《故國宮卷》高度重視人物關係的整一性和開放性。

穿越的魅力在於作家的筆墨可以自由地出入不同的時空，盡顯藝術思維的靈活和想像力的神奇，但它不是胡編亂造，應遵循藝術創造的規律，既出人意料之外，又在讀者認可的情理之中。作品中寫到韓熙載一日身處夜宴之中，恍惚間，他發現了自己的前身是杜牧，這情節看似荒誕怪異，但卻符合中國人的認知。中國人對所謂的前世今生有著許多想像，民間有各種各樣的傳說。作者由此賦予韓熙載種種關於杜牧的記憶，尤其是對於張好好的。為了使故事的發展更富有傳奇色彩，作者巧妙地借用了梁山伯與祝英台的傳說，讓

杜牧和張好好死後也化為蝴蝶，他們雙雙比翼齊飛，故地重
遊，回溯當初熟悉的種種場景，觸景生情，物是人非，自有
許多感慨。也因為有了化蝶的經歷，以後再投胎轉世就不顯
得突兀了。

　　《故國宮卷》引人入勝之處還在於，它巧妙地設計了韓
熙載與王屋山、李姬的關係。韓熙載認出了王屋山就是張好
好，但王屋山卻失去了對張好好的記憶，而看似不相干的李
姬身上卻又有一些張好好的影子，在王屋山與郎粲的關係
中，自己成了沈傳師，這真是造化弄人，韓熙載的命運不免
令人唏噓。而在小說的現實環境中，宋天一與張好好、李瓶
兒的關係同樣讓人頗費思量。宋天一作為現代的韓熙載也一
直在苦苦地尋找張好好，讀者滿以為這個與張好好同名、像
王屋山一樣擅長跳《六麼舞》的女孩就是張好好時，智慧小
說家按邏輯推論寫出來的張好好卻不是現在的這個張好好，
竟然成了李瓶兒。這個結局大大出乎了讀者的意料。人物關
係的整一性和開放性使小說峰迴路轉，妙趣橫生。

三、融古典於現代的敘事文體

　　作為一部網路時代的小說，《故國宮卷》在文體上有著
顯著的特點。

　　《故國宮卷》大量篇幅寫的是晚唐和南唐的人物和情
境。為了更具有歷史現場感，同時作者也希望借助小說將真
正古典的美傳遞給讀者，因此在文體的經營上進行了精心安
排。小說的總體敘述語言以白話文為基礎，同時融入不少文

言詞彙和文言文法，兩者相互滲透、巧妙融合，從而形成了
精美典雅、張弛有致、古色古香的敘事風格。

下面一段文字寫的是杜牧辭別宣州離開張好好前往揚
州的情景：

> 四月的江南，枝頭的嫩綠已成濃翠，近處的青田，遠
> 處的黛山，並沒有鶯歌燕舞，卻是細雨紛紛。杜牧之
> 白衣瘦馬出了城，神色黯然地緩緩而行，並不回
> 望。昨晚他已寫下辭別的書信留給沈大人，推說不忍
> 別離之情故堅辭相送。今早出城後，卻滿心的茫然失
> 落。5

這裡的“嫩綠”“濃翠”“青田”“黛山”“鶯歌燕
舞”“細雨紛紛”“白衣瘦馬”“神色黯然”“回望”“堅
辭相送”等等，都是文言文法，形象地表現了杜牧此時滿心
的茫然失落、彷徨無奈，與接下來他要吟出“清明時節雨紛
紛，路上行人欲斷魂”的詩句前後呼應，情景交融。

再如下面一段：

> 背對著的王屋山腰肢緩緩擺動若柳，玉手空握，半隱
> 半露，如同眼睛般向你眉目傳情。她輕踏的三寸金
> 蓮，將不知哪個時空種入你靈魂中的節奏一點點地喚
> 醒。現在人們最時尚的所謂慢生活，其實也是渴望讓
> 靈魂中被喧囂深深淹沒的節奏浮現出來。古老的南音
> 中也許有，也許沒有這種潛意識中的節奏，但這輕踏

5 施瑋：《故國宮卷》，花城出版社 2019 年版，第 97 頁。

的舞足或者就能踏醒人心底的靈魂節奏……[6]

這段文字中，"擺動若柳" "玉手空握" "半隱半露"
"眉目傳情" "輕踏的舞足"等也都是文言文法，以此來描
繪王屋山跳《六麼舞》，真可謂古色古香、形神兼備，增添了
古典的韻味。

《故國宮卷》在描寫人物時，根據人物的不同個性、地
位、性格，準備了數套筆墨，隨著敘事的展開，人物形象躍
然紙上。無論古人還是現代人，均能惟妙惟肖。

宋天一是一名電腦工程師，從事的是軟體發展、遊戲設
計工作。作為 IT 男，他的思維方式和行為方式既有著個人的
特點，也有著行業的特點。因此，小說在對他進行描寫時，
充分突出了他的單純、富有好奇心，脾氣好，內心浪漫、對
愛情專一的特點。他的語言往往簡短明快，直截了當，不加
修飾，有時還帶點羞澀靦腆。作品寫到他在琉璃廠邂逅張好
好，他直愣愣地看著這個夢中的小仙女，跟在她們三個舞蹈
學院女孩後面，又有些不好意思。等到她們回過頭來招呼他，
便有了這一番對話：

"帥哥，一起唄?"

宋天一趕緊向前邁了幾大步："我叫宋天一，洛杉磯來
的，在北京工作。"

"呵呵，你還是美國來的，怎麼那麼靦腆?"

---

6 施瑋：《故國宮卷》，花城出版社 2019 年版，第 276 頁。

"我，我……"宋天一不知該怎麼回答，其實無論是洛杉磯還是紐約，都沒有當街搭訕的文化……但他不能這麼說。

他笑了一下，幽默地道："洛杉磯是個大農村，街上沒什麼人，沒機會練!"

嘻嘻，女孩們笑成一團，綠衣女孩一邊笑一邊被他看得有點臉紅。

這番對話在簡潔樸實的語言中，很傳神地將宋天一這個IT男的性格表現了出來。

再如他後來見到張好好的日本朋友矢野正浩，擔心他們有超越普通朋友的關係，因此當張好好給他們相互介紹時，他的反應便如一個"直男"般慌亂：

"給你介紹一下，這是宋天一，美國人。呵呵，現在就在你要去的故宮工作，也許他還能幫到你。"張好好拉著正浩到了宋天一面前，給他們倆做介紹。"不，不，我，我只是個電腦碼，碼農，對歷史、文物都都一竅不通，幫不了什，什麼忙。"宋天一彷彿被一嚇，結結巴巴的，引得女生們一陣哄笑。

這段對話生動地將人物的性格和心理揭示了出來。

正是有了以上敘事特點，《故國宮卷》成為一部好讀又耐讀的文學作品。這部長篇小說充分展現了施瑋作為一個優秀

的華文女作家出色的敘事能力，也預示作者在小說創作道路
上當會有更大的收穫。

論陳九小說的敘事藝術

　　進入 21 世紀，海外華文文學創作發生了顯著的變化。這一時期的海外華文作家更多地書寫海外華人在異域社會環境中的生活狀態和命運變遷，更多地關注海外華人的心理狀態和他們對於融入當地社會文化環境所做出的種種努力。海外華文文學呈現出顯著的在地化和多元化的特點。在林林總總的海外華文作家中，陳九是有著顯著成就的一位。他的《紐約有個田翠蓮》、《卡達菲魔箱》等中短篇小說集，無論是立足當下書寫華人在海外的生活和命運還是回望故國生活，都顯示出一種與眾不同的創作風貌，在海外華文文學中獨樹一幟。

　　陳九生活閱歷豐富，出國前在北京等地及鐵道兵部隊有著豐厚的生活積累，這成為他小說創作的重要源泉。到美國紐約後，生活軌跡發生了重大變化。他關注美國尤其是紐約當地華人的生命狀態和心路歷程，這成為他後來創作的重要內容。故國的生活和當下的處境融匯在一起，不斷地給他新的創作靈感和動力。與前輩作家不同，陳久更關注華人命運的變遷和在異域環境下與異質文化的融合度，表現他們的別樣人生。他的創作根據題材可以分為兩大類。一類是描寫海外華人在美國紐約的日常生活和諸種人生，這類作品占了其小說創作的主體，還有一類是描寫國內生活的種種情狀。他試圖透過生活的表面去揭示華人社會和華人生活的內在真諦，找尋海外華人的精神追求以及由此帶來的困惑。這使他的創作具有了一些哲理色彩。更值得關注的是，陳九的小說在描寫和表現華人社會和華人生活時，往往採用底層敘事視角，以溫情悲憫的敘事姿態，平易流暢帶有幽默的敘事語言，環環相扣、跌宕起伏的敘事結構，在敘事、詩性、意味之間尋求最佳的契合，形成了獨特的敘事藝術和個性化的敘事風格。

一

　　陳九的小說執著於紐約華人世界和華人生活的描寫。紐約作為世界大都會，物質文明高度發達，吸引了一批又一批華人來這裡尋找生機，謀求發展。其中，有些人獲得了事業的成功，成為跨國公司高管、政府高官，有的創辦了大企業，有的成為行業精英，但更多的華人寂寂無名，活得不容易，每日為生計打拼，有的飽經滄桑，身心俱疲，有的甚至墮入風塵，靠出賣身體為生。正如陳九在作品中所敘述："紐約這地方的華人活得都不易，睜開眼就奔吃奔喝，有工給人上工去，沒工給人找工去。海外華人看上去什麼都不缺，喝酒吃肉有房有車，但有一點他們沒有，永遠沒有，就是片刻悠閒，真正從骨子裡透出的悠閒。他們甚至連休息度假時，潛意識都在思考著生意或工作。無論貧富，命運狀態基本差不多，都不敢多事，遇到麻煩同樣一籌莫展。人的社會地位不光看財富多寡，也看遇到危機時的命運。交朋友也是這樣，來美時間越長朋友越少，平時各忙各的，遇到了打個招呼，遇不到先放一邊兒。"[1]因此，陳九的小說在描寫華人社會和華人世界時往往採用底層敘事視角，對生活在社會底層的普通華人給予高度關注，呈現了他們生活的艱辛和內心世界的無奈，描繪了在紐約繁華大都會背後華人底層社會的眾生相。

《嗶啦勝軼事》中的王彼得是一個居住在紐約嗶啦勝地區的華人，早先在中國人民大學學經濟學，赴美留學時聽說學電腦好找工作便改行讀了個電腦碩士，畢業後在李曼兄弟公司找到一份工作，十幾年間做到甲骨文資料庫主管的位置，似乎就要成為一個成功人士。但在 2008 年次貸危機時他遭遇失業。想要再就業，已年過半百；禍不單行的是，從國內帶出來的媳婦也離開了他。王彼得只得自己雇自己，在嗶啦勝開了家電腦行，靠修電腦修手機外帶批發零售為生，日子總算能過下去了。不過，這一切在某一天早上結束了，他接到了一張五千美元的環保罰單，這對他來說絕對是個大數目。小說從這裡開篇，敘述了王彼得為了開脫這五千美元的罰單，費盡周折，想盡辦法，卻不料捲入一起州議員的競選之中。小說最後，王彼得因為他的正直、善良而被以用虛假文件干擾選情的聯邦重罪送進了監獄。無論就人生經歷還是經濟地位、社會地位而言，王彼得顯然是紐約華人中普通的一個。他懷揣著夢想而來，卻在異域的經濟社會浪潮中

---

1 陳九：《紐約有個田翠蓮》，中國華僑出版社 2011 年版，第 89 頁。

沉浮，無法真正掌握自己的命運。作者以底層敘事視角敘述了王彼得的人生奮鬥歷程，透視了他複雜的內心世界，揭示了其面臨的理想與現實的深刻矛盾，客觀地寫出了人物在社會重壓面前的無奈和無力感。正如布斯所說的："雖然時常有人贊成作家參與小說之中，但是，至少到目前為止，20世紀中壓倒一切的呼喚，是對某種客觀性的呼喚。"[2]在面對人物的不幸生活和命運時，陳九努力以客觀的態度予以描寫，呈現出生活的殘酷和人物的無奈、渺小，從而使作品具有了現實主義的深度和力度，也更容易引發讀者共鳴。

與王彼得出國前畢業於名牌大學，有著耀眼的學歷不同，《紐約有個田翠蓮》中的田翠蓮出國前只是個縣城梆子劇團演員，在劇團裡她工武生，老公唱旦，還有個七歲的兒子，原先生活還可以。但後來劇團不景氣，老公又摔斷了腿，家裡便經濟拮据起來。她聽人說如能湊足二十萬就能到美國去掙到大錢，便東拼西湊借了二十萬終於來到紐約，心想拼他幾年，就能把兒子上大學和養老的錢都攢出來。但紐約並不是她想像的那樣是遍地黃金的天堂。田翠蓮只會唱沙塵暴般的河北梆子，而紐約華人只喜好杏花春雨的越調，更不要說美國人了。她找不到謀生的手段，為了生存，改名王師師墮入風塵，在法拉盛成了一個無證妓女，後又做了老鴇，雖屢被抓捕，出來後仍重操就業，從此在色情業度過餘生。小說以紐約一個普通華人"我"為敘述視角，"我"喜歡河北梆子，算得上是田翠蓮的知音，作品通過他與田翠蓮幾次交

---

2 【美】韋恩・布斯：《小說修辭學》，付禮軍譯，廣西人民出版社1987年版，第74頁。

往的敘述，勾勒了田翠蓮由一個初到紐約、不諳世事的梆子戲演員，到走投無路、生活無著的異國飄零者，到靠出賣肉體為生尚保留自尊的風塵女子，一直到看淡榮辱、遊戲人生的法拉盛著名老鴇的人生歷程，在對田翠蓮的不幸人生表示惋惜和同情的同時，也表達了無力幫她脫離困境的遺憾和惆悵。一個懷揣夢想來紐約淘金的華人最終被紐約資本社會吞沒了。

　　與前兩篇小說中的人物不同，《紐約春遲》中老鮑出國前的人生經歷要複雜得多。他父親是台灣台中人，當年為了抗日跑到北京，從協和醫學院畢業後創辦了"平安醫院"。老鮑本人出生在北京，從小在東四十九條錢糧胡同長大。臨近解放時父母帶著大姐回台灣奔喪卻無法返回北京。老鮑與二姐靠變賣家產相依為命長大。後來他考上了護士學校，畢業後因成分不好被分到曾是古樓蘭的新疆鄯善縣醫院工作，在那裡結婚有了兩個女兒，後又離婚。後因在美國的大姐牽掛他，老鮑這才帶著小女兒移民紐約。因為英語不行，就成了一個"管兒工"，靠給人家修水管為生。可以說，老鮑前半生的人生道路充滿坎坷，他在社會底層不斷經受捶打和磨練，來到紐約依然在社會底層艱難生活著。小說通過敘述者"我"的視角，在平實流暢的敘述中描繪了老鮑的形象。"我"因家裡發水請老鮑上門修理水管而與他結識，又因同住錢糧胡同斜對過的緣分而增加了親近感，兩人聊起當年胡同裡的人與事，很是投緣。此時的老鮑是這樣的："他個子不高，比聲音蒼老，稀疏的花白頭髮枯草般散落雙鬢。"顯然，這是一個經受了生活磨練在艱苦中掙扎著的勞動者形象。

初識老鮑，"我"就頗有他鄉遇故知的驚喜。過了一些時，"我"家中的抽水馬桶壞了，老鮑便第二次上門，兩人漸漸熟絡起來，聊起北京的香椿芽炒雞蛋捲春餅，更勾起了共同的鄉愁。待到第三次見面，則是老鮑送來兩棵錢糧胡同的香椿苗，這是他托回國探親的二姐偷偷帶回來的。這份情誼深深地感動著"我"，兩人的感情又深了一層。第四次見面則是"我"接到老鮑女兒電話帶上兩千元保釋金去警察局把老鮑保釋出來，老鮑被員警從法拉盛一個叫鳳蘭的妓女床上抓進警局。"幾月未見，他一下憔悴許多，眼眶了腮陷了，兩鬢一片蒼白。關鍵是他的眼神兒，散了。"這顯然是一個生活失意者的形象了。幾個月過後，因家中廚房水龍頭壞了再次上門修理的老鮑，則"瘦多了，原來的方臉變長了，雙目深陷，頗有幾分古樓蘭人的味道。"這是老鮑最後一次出現。最後"我"得到老鮑的死訊，他和自己喜歡的妓女鳳蘭因愛滋病雙雙自殺。老鮑的遭遇令人不勝唏噓！作者借助"我"這樣一個老鮑的北京同鄉、朋友的身份進行敘述，又通過老鮑幾次肖像描寫來表現人物命運的變化，揭示了生活在紐約社會底層華人的艱難生活和精神上的痛苦。老鮑與春蘭的交往以致染上愛滋病而雙雙自殺的結局，更令人感受到人物的孤獨、寂寞和命運的不堪。

　　與前述作品相比，《丟妻》的情節頗為簡單，且更為生活化。小說通過對一對華人夫婦生活瑣事的描寫，表現了紐約普通華人的日常生活情狀和精神世界。張三豐與老婆因為在女兒的教育問題上出現分歧而產生爭吵並進而陷入冷戰，這天兩人送完孩子一起去超市購物卻走散了。小說通過張三豐與老婆這對夫婦在超市互相尋找對方過程中的心理活動，以兩人不同的視角審視了夫妻關係和家庭生活，分別表達了對妻子和對丈夫的包容和理解，對自己的自責，於是重新見面的這對夫婦便化干戈為玉帛。小說突出地表現了普通華人生活的不易和夫妻相濡以沫的感情，這份感情使他們得以共同度過異國生活的種種難關，家庭得以穩固。其中顯示出中國人傳統的倫理道德和價值觀念。

在對海外華人生活和命運的敘述過程中，陳九從華人的文化身份出發，常常會寫到他們的故國情思，表達他們的文化鄉愁。《紐約春遲》中的老鮑千方百計托二姐為"我"偷偷捎來錢糧胡同的香椿苗，甚至在他臨死前還安排二姐帶給"我"北京納蘭府北院的冬棗樹苗，原因就在於"我"和老鮑交談時都把香椿和冬棗當作了故土北京的象徵，其中寄寓了太多的感情和情思。正如這篇小說中所說的"太久的漂泊似乎令人麻木，其實不然。新移民把故鄉掛在嘴上，老移民把故鄉藏在夢裡"。這份情感也許只有背井離鄉、遠離故國的海外遊子才有更深切的體會。

無獨有偶，《東四香椿》則直接把北京東四香椿作為小說的題目來書寫。作品中的兩個來自北京的紐約華人老廖和"我"乃至他們的朋友圈同樣將北京香椿作為情感的寄託。他們興致勃勃地聊到北京人講究吃春餅，說惟香椿芽是春餅最高境界，採頭茬香椿嫩芽，切碎與雞蛋炒散，薄餅一裹絕對是打死不換的民間美味。對國內同胞來說，吃不吃香椿芽也許並不打緊，但對遠在異國他鄉的天涯人，能在異鄉重溫童年的習俗，隱含的溫情足以引發許多關於故土故鄉的話題，他們把這叫做“情懷”。這篇小說就圍繞著“東四香椿”展開敘述，並將東四香椿在紐約的生長與北京人在紐約的命運相聯繫，形成異質同構。“我”將這棵從北京“偷渡”來的東四香椿種在後院，每天“不光看著它生長，看著它思鄉，思鄉是難免的，我老依稀感到它的背後藏著東四九條胡同口的幼稚園”，“我”由此想到了給我畢生難忘的母性光輝的幼稚園張老師。這棵種在後院圍牆裡的香椿長得很快，卻向圍牆外傾斜、伸展，結果被美國鄰居把頭砍了，只留下光禿禿的樹幹；香椿樹漸漸枯萎，眼看它活不成了。而此時“我”的人生也正遭遇嚴重扭曲，從事的生意像被人卡住了脖子一般動彈不得，就像這棵香椿樹被攔腰砍斷一樣。“我”想了很多辦法想救活這棵樹，但它卻毫無生氣，於是就有了這一番人與樹的對話：你怎麼就不明白，咱是移民，俗話說人離鄉賤，打第一天到這就有投靠的意思，就沒什麼底氣了，幹嘛非這麼大氣性呢，你就生出個新芽安慰安慰我，求求你了。“我”還勸解同處人生逆境、滿腹牢騷的老廖：即便過去是參天大樹，現在你也是灌木野草，形態不重要，重要的是靈魂，活下去才能等到機會。過了一段時間，“我”突然發現這棵香椿從跟部長出了許多小樹苗，長得比以前更茂盛了。而“我”和老廖的命運也有了轉機。老廖表示，現在我完全起死回生，你砍我一顆頭，我就再長出一顆更好的，跟你的香椿一樣。在異域生長，如何適應新的文化土壤和社會環境走向鳳凰涅槃，這是海外華人都要面臨的問題。這篇小說借助人和樹的異質同構對此進行了生動的藝術表現。

二

　　陳九是個長於敘事的小說家。他善於運用悲喜交加的敘事方法，自由靈活地控制敘事速度，形成張弛有致的敘事節奏，營造了環環相扣、跌宕起伏的敘事結構。

　　《老史與海》通過對人物關係的描寫和對人物情感世界的把握，形成了搖曳多姿、跌宕起伏的敘事結構。小說將人物置於大海這樣闊大的背景中加以描寫，凸顯出人物如大海般變幻莫測、既粗獷曠達而細膩體貼的性格。小說中的老史叫史帝文，祖上來自義大利，是個專門在海上捕龍蝦的老頭。他長相粗：“老史的臉絕對是被酒精醃的，醬紅色，臉蛋兒佈滿細細的紅絲，好像被網子罩住。還有眼睛，哪裡還有什麼眼白，乾脆也是紅的”；說話粗，聲音裡像“戽進馬料，刺啦啦的”，滿口粗話、髒話，第一次和敘述者“我”見面就開罵：“你個混蛋，我說四點開船，誰他媽讓你四點到。快上船，小心我斃了你。”這是老史給正在讀詩歌博士的留學生“我”最初的印象。為了掙學費，“我”別無選擇，只有跟隨老史上船出海捕龍蝦。而“我”最初對大海的感覺也充滿著恐懼：“海面上的晨霧試圖阻擋我們，可船一到又突然散開，露出深色的海水向我們張望。越離海岸遠，就越覺得海水是一個人，一個巨大無比的陌生人，我們在他懷裡漂流。只要他喜歡，就能讓我們立刻消失，彷彿根本沒存在過一樣。”經過兩個多月的海上相處，“我”對老史有了較多的理解。老史捕龍蝦時動作流暢得像機器，每個步伐每個動作都像在生產線上;他有一本龍蝦經,能把龍蝦從哪裡來到哪裡去,何時龍蝦往籠子裡鑽,說得清清楚楚;他在粗獷之下會露出孩子般的質樸,毫無六十多歲應有的世故。"我"與老史的關係漸漸融洽,工作之餘兩人可以隨意說笑、聊天,"我"甚至還跟老史學會了他愛喝的那種劣質威士卡。這時人和海就開始融為一體:"空曠的海面。空曠是種力量,逼你感到一切都很輕渺。汪洋中的這條船連同我們自己,不過是天地一瞬,而海才是永恆。我們一老一少,在黎明的海面上相互調侃,把說笑蘸著威士卡撒向海面。海這傢伙肯定也喜歡酒,要不怎麼會一見老史的酒壺就雀躍不已,把船晃得上下起伏。"[3]但後來兩人的關係有了變化,因為"我"沒有接受老史安排的酒吧女凱蒂,兩人陷入冷戰,老史的一句"別不識抬舉,你他媽個中國佬,能玩美國妞兒還想怎樣",深深地傷害了"我"的民族自尊。"我"宣佈辭工,從船上跳入海中,向海岸線遊去。在海中,"我"遇到巨大的海流,生死之際想起與老史交往的種種,感到這段時間與老史的生命交織,早就使文化和種族的差異不再重要,老史的意思肯定不是自己理解的那樣。當"我"上了海岸卻得知老史因酒精中毒正在搶救。在醫院裡相見,這兩個經歷了生死考驗的人的感情又深了一層,"我"也瞭解了老史更多的層面,這個粗獷的捕龍蝦老頭竟然能夠背誦雪萊的許多詩歌,而且能從中悟出諸多哲理,這讓"我"看到老史粗獷背後細膩而多情的一面,"我"感受到"那完全是把生命悟透的淋漓盡

---

3 陳九:《紐約有個田翠蓮》,中國華僑出版社 2011 年版,第 203 頁。

致，是超然於生死之上的豁達或無所謂"。此後，"我"與老史的交流越來越令人賞心悅目。尤其在"我"蒙受不白之冤要被校方除名，老史據理力爭，終於使"我"保住學籍，"我"更感受到老史的正直、仗義。高潮在小說的結尾處。在一個暴風雨的凌晨，老史約"我"一起出海，在"我"的見證下，心臟肝腎等多處臟器損壞的老史縱身躍入大海，與大海永遠地融為了一體。他留下的最後一句話是"一切都很自然，我什麼都不能做了，生命已毫無意義，可我根本不屬於陸地，這兒才是我的家，我必須永遠留在海洋"。老史完成了人生悲壯的結局。從上面的梳理中，可以看到兩人的關係可謂一波三折，有發生、發展、轉折、高潮，小說的敘事結構也因此跌宕起伏，引人入勝。敘述者根據人物關係的變化，自由靈活地控制敘事速度，從而形成了張弛有致的敘事節奏。而在敘事過程中，老史作為一個海上生活經驗非常豐富的捕龍蝦老頭，他的人生態度和價值取向早已和大海融為一體，他的"粗"正是大海所賦予的，他因此也有了種種戲劇性的表現，言行呈現出一定程度的喜劇色彩，而他最後的生命結局無疑是悲壯的。

這種先抑後揚、悲喜交加的敘事手法在《七五八七》中也有很好的運用。這篇小說取材於作者的一段鐵道兵生活經歷。小說以 1975 年 8 月 7 日河南遭遇特大暴雨，京廣線被沖塌，鐵道兵部隊奉命前往搶修為背景，著力書寫了鐵道兵戰士"我"與連長關係的發展、變化，突出地描寫了連長的形象。小說敘事生動曲折，情節發展撲朔迷離，結構跌宕起伏。因為"我"是個幹部子弟，父親是軍長，加上作風自由散漫，連長平時對"我"便看不順眼，要求特別嚴格。"我"跟連長"積怨已久，嚴重到我已完全不考慮入黨提幹問題"。這是小說的前史，也是情節發展的基礎。小說開始，"我"本因痢疾住了兩個星期衛生隊剛出院可以不去搶險前線的，但連長要求必須參加，"我"便與連長頂上了。來到搶險前線，"我"和連長日夜奮戰在一起，彼此加深了瞭解，隔膜一點點減少，"就憑他一車一千多斤，這麼大歲數，又是連長，我打心眼裡佩服。"而後來"貓捉老鼠"的遊戲揭曉，連長終於明白"我"一直偷著刻的蠟版是老帥們的詩而不是"握手"一類的手抄本，對"我"的印象也徹底改變。小說最後，連長為了讓戰友們安全撤離，將自己身體捲成一個方形，墊在了正在降落的鋼軌下面，獻出了生命。小說如抽絲剝繭般環環緊扣地敘述了"我"與連長的恩怨糾葛，兩人間一場場大大小小的交鋒描寫得活靈活現，生活情趣盎然，人物關係就在這波瀾起伏的情節結構中得到充分揭示，人物的個性也因此被鮮明生動地刻畫出來。如今經過歲月的洗禮，過去的一切似乎都已風輕雲淡，留下的唯有連長壯烈犧牲場面的定格，"我"對連長、對當年那段戰鬥生活的思念和緬懷。

在上述分析中可以看出，陳九是個善於敘事、精於結構的作家，他能把日常生活中的故事元素巧妙地組合起來，形成精緻的小說結構，使作品具有很強的可讀性、耐讀性。這些作品往往將以時間為序的故事按照人物關係的邏輯進行巧妙的組合，從而使敘述具有了高度的藝術性，正所謂"小說藝術在時間順序的人為再排列中暴露得最為淋漓盡致，它將故事變成了情節"⁴。

　　在另外一些作品中，他進一步發揮自己的藝術想像力，調動各種手段來編織故事，使小說情節既出乎意料之外又在情理之中，起到引人入勝的藝術效果。《卡達菲魔箱》中的留學生潘興是個開鎖奇才。小說敘述了潘興由簡單的鎖到複雜的鎖、由機械鎖到密碼鎖電子鎖數碼鎖乃至到最複雜的卡達菲魔箱，無所不能；期間還穿插他與同為蘇福克大學中國留學生"我"的交往，與實驗室輔導老師珍妮佛的情感糾葛，與擁有卡達菲魔箱的犯罪集團的鬥智鬥勇。小說中關於人物的敘述不乏神秘色彩，人物的語言也往往帶有哲理。小說寫到"我"向潘興請教開鎖的絕活，潘興的回答是："唉，胖子，不是不教，也沒人教我呀，那純粹是一種感覺我拿東西往裡一探，鎖裡形狀便浮現眼前，你叫我怎麼教？……見多也就不怪了，現在我根本不用探，一看就知道裡面嘛樣兒。"⁵潘興接著再說的就有哲學意味了："鎖的本質都是物質抵抗物質，變換的只是表面文章，數碼啊電子啊，都是鎖之上的形式而已，只要這個物質可以活動往返，就一定有多種開啟方式，這是絕對的。時間長了你就明白了胖子，鎖其實是一種哲學，是人類自我掙扎自我束縛的產物。"⁶他甚至表示，總說"使盡渾身解數"，"解數"是確有此物，人是帶著解數來到世間的，但絕大多數人的解數永遠打不開，他開鎖就

---

4 【美】羅伯特・休斯：《文學結構主義》，劉豫譯，北京三聯書店 1988年版，第 126 頁。

5 陳九：《卡達菲魔箱》，作家出版社 2019 年版，第 10 頁。

6 陳九：《卡達菲魔箱》，作家出版社 2019 年版，第 10 頁。

是因為打開了一個解數;當年用竹子做鑰匙,只覺心中一亮,開鎖時毫不懷疑,肯定能打開,彷彿打籃球的投籃,出手便知有沒有,這就是解數的作用。這番理解就不至於神秘了更近乎玄學了。小說濃墨重彩地描寫了潘興打開畢索式保險櫃的過程。犯罪集團為了測試潘興的能力,沒有直接讓他去開卡達菲魔箱,而是先開畢索式保險櫃。潘興和"我"被帶到一個四周有圍牆的巨大院落,然後被引入一間燈光特別刺眼、牆角擺著幾支衝鋒槍的地下室,他們面對的是一隻巨大的畢索式保險櫃,氣氛懾人。潘興走上前去,轉動數碼盤,只花了不到一分鐘就判斷出這個保險櫃有鬼,他厲聲質問那個紅鬍子:你為什麼把第三道碼環卡死?你從裡面把第三道碼環點了膠水,對不對?然後便捧門而去。他明白對方是要摸他的路數,為此感到氣憤。小說最大的懸念是開啟卡達菲魔箱,犯罪集團一直以為裡面藏著核武器密碼。這個魔箱裡到底藏著什麼?潘興能打開嗎?這一懸念強烈地吸引著讀者。到最後懸念揭曉,潘興打開了魔箱,而魔箱的設計實在令人匪夷所思。它分裡外兩層,第一層的密碼順序完全反向設置,常識認為對的它都是錯的,而且無序;打開以後,裡面還有一層,沒有密碼或任何鎖式的裝置,只有個不到十毫米的深孔,原來這道鎖不是機械的而是聲控的,差一個音符都不行,它的旋律是蘇聯《祖國進行曲》的前四句。潘興打開後發現裡面只有兩本阿拉伯文的《列寧選集》上下冊。至此,將潘興作為開鎖天才的描寫達到極致。整篇小說張弛有致,絲絲入扣,扣人心弦,充分表現了作者超拔的藝術想像力和藝術表現力。

　　《挫指柔》進一步運用懸疑的表現手法，把一樁人身傷害案與紐約校園幫派與暴力、中國武術、中國文化、美國社會種族歧視等結合起來，故事跌宕起伏，情節一再反轉，充分顯示了作者高超的敘事技巧。小說開篇寫到，紐約幾乎所有主流媒體都在追蹤一個非常離奇的案子。紐約波萊頓公立初中一個姓多尼的八年級男生和他父親，在一次家長會後，兒子的左手父親的右手無端就粉碎性骨折了，兩隻手各碎十多處，幾乎一模一樣，多尼父子想起在學校時，曾與一位叫紀季風的中國家長握過手，他一定是使用中國功夫將他們的手弄殘，於是一紙訴狀把紀季風告上民事法庭，索要傷害賠償每人各兩百萬美元。紀季風他向紐約著名黑人民權領袖敦普夏牧師求救，呼籲制止這樁旨在歧視少數族裔的不公平行為，該牧師對媒體發表談話稱這個訴訟案是白人的一慣伎倆，要求法庭立刻撤銷此案。"我"和小麥克李文合開的律師事務所受紀季風委託接受了這個案子。"我"認定這是個費力不多而必贏的案子，能把人手均勻地碎成十多片的絕非人力可為，別說紀季風這樣身高不到一米七、身體精瘦的中國人，就讓阿里或泰森這類重量級拳王試試也白搭，什麼中國功夫，誰能證明，怎麼證明？律師由此展開調查，準備了大量材料，勝券在握。但接下來情節為之一轉。報紙刊登消息，說這起碎手案絕非偶然，而是波萊頓中學幫派爭鬥的結果，一次爭鬥中，小多尼將紀季風之子鼻骨打斷，並用電熨斗灼其睪丸，紀季風為此與多尼交涉，但後者拒絕配合，這才出現後來碎手一幕。消息還說，自兒子被小多尼欺負後，紀季風發誓報此一箭之仇，日日在家中苦練一種神秘的中國功夫。一位韓裔男生披露，他曾親眼目睹紀季風在家練功時，用手將一截橡木碾碎。橡木質地堅硬，紀季風能碾碎橡木為何不能碾碎手掌呢？如果這一消息屬實，那這個案子就涉及仇恨犯罪，不再單純是民事案了。"我"對紀季風不講實話非常氣憤，但聽了他講述的兒子在學校所受到的霸淩和種族歧視，又激發了"我"的義憤。而關於捏碎木頭，紀季風辯稱那只是遠看像木頭的乾麵包塊兒，並從書包裡拿出來演示。至此，情節又是一轉。"我"接著要調查韓裔學生怎麼證明紀季風練的是中國功夫而非日本功夫？他憑什麼說那是橡木而不是麵包乾？只要證明不了紀季風碎手，該案就無法成立，只要該案無法成立，種族歧視的帽子就戴在多尼頭上。不僅如此，還要乘勝追擊，將多尼父子繩之以法。律師事務所為此做了許多工作、收集了大量證據，證明了媒體報導嚴重失實，再加上韓裔母子聲明退出，不參與作證，一切都顯示勝利在望。但接下來情況又出現重大變化。合作方為搶頭功，單獨召開記者會，在抨擊多尼父子仇恨犯罪的同時竟過早地向媒體披露了律師的主攻方向。這一節外生枝使工作陷入被動。好在紀季風準備了多尼父子仇恨犯罪的充足物證再次化險為夷。就在準備完美收官取得勝利之時，"我"受到來自各方面包括法院、合作方的巨大壓力，要求銷毀所有對多尼父子的指控材料，對方撤銷對紀季風的民事訴訟。最後，一切都像從未發生似的結束了。紀季風也接受了這一切，沒有抱怨失望。在小說敘事過程中，一直有一個懸疑：紀季風到底會不會中國武術？多尼父子是否真的被他所傷？"我"不相信紀季風這個小個子有如此神功，但每次看到他眼鏡片裡透出的那異常明亮的目光，都要為之一震，隱隱感到此人不同尋常。到作品結尾，已經帶著兒子回到中國的紀季風終於為"我"解開謎團：是他用一種名叫"挫指柔"的中國北方民間神功教訓了多尼父子。1946年，他的爺爺季無極在天津就曾用此神功教訓了一隊欺負中國人的英國水兵。整篇小說敘事線索紛繁，人物關係撲朔迷離，情節不停地反轉，讀者在關注人物命運的過程中不斷追逐著懸念，一直到最後才豁然開朗。作者借鑒了懸疑小說、偵探推理小說的一些表現手法，通過懸念情節的敘事設計，營造出緊張熱烈的敘事氛圍，最終以充滿張力的"敘事空白"結局，留下了無限想像空間。

三

　　與擅長宏大敘事的作家相比，陳九小說顯然缺少宏大敘事的興趣，他確立了個人敘事的立場，運用個性化的日常生活語言，專注於日常生活和平凡人物的描寫，形成了平易流暢、幽默風趣而又富有抒情意味的敘事語言風格。

　　陳九小說顯示了作者具有很強的駕馭語言的能力。他從小生活在北京，對北京方言、胡同文化、地方戲曲有著極為濃厚的興趣。到美國後，身處異域文化環境，他對母語有著特殊的敏感。在《紐約春遲》中作者寫到"我"與管兒工老鮑通電話，電話那端老鮑那一口京韻京腔，令"我"喜出望外，倍感親切，兩個人頓時拉近了距離。正因為對母語有著如此濃重的感情，陳九在小說創作中，往往在熟練地運用現代漢語進行敘事寫人狀物的過程中，自然而然地巧妙地加入北京方言和北京人的日常口語，從而使作品瀰漫著濃烈的京味。尤其是他筆下的海外華人大都來自北京，這種敘事語言更符合人物的文化身份和地域特點，從而使人物形象更有藝術感染力。

《畢啦勝軼事》寫到王彼得在紐約李曼兄弟公司下崗，有這樣一段文字描述他的處境："國內下崗還能買個斷，紐約沒這戲，光眼子滾蛋該幹嗎幹嗎去，別說工資了，連王彼得攢的十幾年退休計畫全部歸零，根本沒地兒說理去。得呵，這下可把他給摺當間兒了，上不去下不來，堅壁清野的就業環境，關鍵他這歲數，五十過了六十不到，誰要啊？更有甚者，福無雙至禍不單行，連他後來娶的這小媳婦也跑了。這小女子原先在北京他父母家當管家，王彼得回國探親稀裡糊塗把人家肚子搞大了，直到登了記接來紐約，才發現肚子還是青春的肚子，丁點兒孕紋兒都沒有，敢情跟他開了個玩笑，有這麼開玩笑的嗎？可女人認準的事，任誰攔不住，打鄉下跑進城再從城裡跑出國，跑就是發展，發展是硬道理，人家憑什麼非讓你王彼得帶節奏啊？"[7]這裡的"光眼子滾蛋該幹嗎幹嗎去"、"根本沒地兒說理去"、"這下可把他給摺當間兒了"、"丁點兒"、"敢情"等都是活生生的北京方言和口語。這段文字風趣幽默，京味濃郁，京腔京韻十足，同情中不乏調侃，生動地表現了王彼得這樣一個從北京到紐約謀生的華人尷尬、無奈的生活情狀和生命形態。再如

---

7 陳九：《卡達菲魔箱》，作家出版社 2019 年版，第 57 頁。

《卡達菲魔箱》中這一段："我算整明白了，嘛叫緣分？緣分就是拖不垮打不爛的情感，你就手撕雞，剁餃子餡兒，也掰不開的相互關聯。剁餃子餡兒這個最形象，剁碎了，剁爛了，還得包在一個皮兒裡，緣分就是餃子，我跟潘興就屬餃子一類。就我這句'唔兒了哇啦響唔兒嗡'顯然把潘興感動了，他愣沒停，接著往第六第七層唱，我全接唔兒了哇啦響唔兒嗡，到點就給他懟上，鬧半天男聲二重唱的《玲瓏塔》比馬增芬不差。趕潘興往第八第九層唱時，我果斷叫停了他，咱停停行嗎兄弟？樓上需要你。需要我？需要的正是你，我的好發小兒耶。"[8]"我"與潘興兩個在紐約相見的北京人因為共同愛好西河大鼓中的名段繞口令《玲瓏塔》而結緣，兩人來了個"男聲二重唱"，這段文字突出地表達了"我"與潘興相識相知的興奮喜悅，而帶有濃郁地方特色的語言以及短促的節奏，又與《玲瓏塔》繞口令的風格相得益彰，增強了語言的表現力。

　　陳九小說語言還具有強烈的抒情性。陳九是個文學多面手，除了小說還寫作詩歌和散文，他會根據題材、主題表現的需要選擇不同的話語體系，呈現出語言風格的多樣性。《老史與海》寫"我"與老史的交往，寫老史的海上人生，同時也表現人與大海的關係，有搏鬥、有融合，有恐懼震撼、有興奮愉悅，作品多次用抒情性語言描寫對大海的感受，表現人與自然的關係。如"晨曦映上海面，海水彷彿去幽會拼命打扮起來，把各種顏色塗在臉上，既華麗又熱烈。有趣的是，

---

8 陳九：《卡達菲魔箱》，作家出版社 2019 年版，第 8 頁。

太陽沒出來時，海水顯得焦躁不安起伏不定，讓你覺得她如果有腿，肯定在你身邊踱來踱去沒完沒了，令你發瘋。一旦太陽出來，海水就安靜了，甚至變得含情脈脈含苞待放，這氛圍讓我倍感舒暢。"[9]這段文字表現的是經過兩個月的相處，"我"與老史關係開始融洽，"我"的捕蝦工作也已熟練，工作之餘已經有時間從容觀察大海了。這裡用擬人化筆法去描寫大海的變化，使讀者在欣賞大海美景的同時也能體會到敘述者心中的喜悅之情。而隨著出海次數的不斷增加，對海的認識和感受也不斷深入。"海面今天異常平靜，海水在這裡與岸邊的海絲毫不同，岸邊的像祖母綠，嫵媚溫潤，沒什麼分量，而這裡的海是靛藍的，深邃冷峻博大豪邁，她遠離那個喧囂煩瑣的塵世，讓你明白我們所依存的社會遠非永恆唯一，真正的永恆不會充滿裝飾性，就像純金並不耀眼一樣。海水越深藍，浪花就越潔白，一簇簇此起彼伏，像巨大的合唱軍團在交替歡唱，難怪世界所有的海軍軍裝多以藍白為款，這既是對海的讚美也是對海敬畏。每次看海，無論多少多少次，都讓我震撼，心底騰湧著永不枯竭的感動。這才是水的祖國啊。"　在這裡，作品以充滿詩意的語言表達了對深藍的大海的讚美和敬畏、震撼與感動，這種感受源自於對大海的細緻觀察和對自然與生命的深入思考。大海的深邃冷峻與塵世的喧囂煩瑣恰成鮮明對照，大海的博大豪邁又豈是陸地的江河湖汉所能相比的，正因如此，才有了"這才是水的祖國啊"的感慨。"風雨中的海面一片幽暗，雨水敲

---

9 陳九：《紐約有個田翠蓮》，中國華僑出版社 2011 年版，第 204 頁。

擊著駕駛艙頂棚，詠歎般發出時緩時急的喧囂。船體隨波浪起伏跌宕，穿透一道道激情澎湃的水障，讓人產生彷彿從海底冒出來的魔幻感。我心裡並無恐懼，卻奇怪地注滿四面楚歌輕死易發的騷動，我能覺出，這很可能是一次極不平常的航行。我和老史對著酒瓶狂飲，借酒撒瘋唱亂七八糟的歌曲，老史立刻覺出我激蕩的情緒，摟住我的肩膀熱淚盈眶。"這是小說中最後一段寫海的文字，這天老史就要選擇與大海融為一體了，敘述者"我"隱隱地感到會有大事要發生。這段文字情景交融，既表現了"我"的不安和激蕩的情緒，也傳達出了大海的神秘和偉力。

　　陳九小說語言還具有幽默風趣的特色。這源於對生活的深刻認識以及健康樂觀的人生觀。陳九小說中的人物大都是北京人，老北京人善於聊天，常常口若懸河，話題極為廣泛，他們注重的不僅是侃什麼，關鍵是怎樣侃，往往具有一種幽默之氣。《東四香椿》中的敘述者"我"是一個典型的北京人，他在紐約以浙江柯橋為基地做加工貿易，見多識廣，也善於聊天，這篇小說的敘事就具有濃郁的幽默風趣的特色。小說寫到老廖來到"我"家，他正面臨失業，因此一邊喝酒一邊訴說自己的痛苦和憤懣，說到傷心處掉下了眼淚，"我"盡力勸解，老廖還是帶著消極和無奈的情緒離開了，而這時"我"家後院種下的那棵老廖弄來的東四香椿正在正常生長。敘述者便將人和樹作了一番比較："老廖走了，留下的這棵香椿卻是'樂觀主義者'，日長夜長。所有剛來的都比較樂觀，想摩拳擦掌重活一把。"這幽默的語言中其實包含著對海外移民人生的一種沉重思考，新移民對未來總是充滿著希望，他是積極樂觀的，而移民時間較長的華人在經歷了現實的捶打後就很難還是一個"樂觀主義者"了。香椿樹在不斷地長大，"我"每天滿懷欣喜："早起出門看它，哦，是這個樣子。下班回來再瞧肯定變樣，長高長粗了一塊，得半尺多，令人滿懷欣喜。美國的土很肥沃，它不像咱那疙瘩，五千年開墾種植，養活了一百多代君王和百姓，再豐腴的母親也有疲憊的時候。這邊人不靠種植，土地原生態，吐口唾沫都能懷孕。關鍵是咱東四的物件底子好，四海為家天下大同，給點陽光就燦爛，加上心裡有夢，這個很重要，你琢磨呀，連笤帚都想得出來，不是夢嗎，有夢才有忍耐力。"這一段幽默風趣的文字延續了前面"樂觀主義者"的基調，再一次表達了新移民渴望開疆拓土、開啟新人生的夢想，似乎一切都是美好的，前景可期。當"我"發現這棵香椿樹沒有像其它植物那樣表現出趨光性，而是背著光向著牆外生長，就有了這番幽默的對話："我並不以為朝太陽生長是'難弄'之事，生命打太陽而來，當然朝太陽而去，天經地義。問題就出在這，這棵東四香椿偏愛往牆外長，背對著陽光，看著就彆扭。你說你，又不開花，也沒那麼好看，金髮碧眼你有嗎，還想'一枝紅杏出牆來'，幾個意思啊？"讀來令人忍俊不禁，從中可以很好地領略陳九小說語言的風趣幽默。

就小說創作數量而言，陳九在海外華文作家中不算是高產的一位。但他在小說創作中往往別出心裁，精心經營其小說藝術，每每令讀者生發出不可思議之感。趙玫評論說："陳九的小說，可謂五花八門。每一部都別開生面，幾乎一篇一道風景，一篇一樣風格，一篇一種基調，一篇一脈內心的力量。"[10]此誠為知人之論。陳九小說創作的獨特價值就在於作者把握住了北美移民社會的時代特徵和價值取向，以底層敘事立場，藝術地表現了海外華人的日常生活和精神狀態，深化了對海外華人身份的認知；他善於運用悲喜交加的敘事方法，形成張弛有致的敘事節奏，營造了跌宕起伏的敘事結構；他運用個性化的日常生活語言，形成了平易流暢、幽默風趣而又富有抒情意味的敘事語言風格，從而使小說呈現出獨特的敘事藝術。這是陳九小說對海外華文文學發展不可忽視的貢獻。

---

10 趙玫：《紐約的陳九》，《紐約有個田翠蓮》，中國華僑出版社 2011 年版，第 2 頁。

後　記

　　自 1989 年發表第一篇台灣文學研究論文《論賴和創作的民族性》，我從事華文文學的研究已有 33 年了。

　　華文文學是一座內涵極為豐富的文學寶藏。它和英語文學、法語文學、德語文學、西班牙語文學等一樣，既是語種的文學，又有著重大的文化意義和價值。同時，由於華人散居於世界各地，華文文學便在地域上有著極為廣泛的分佈。又因為政治、經濟、歷史、文化等環境的差異，世界各地的華文文學儘管都源於中華傳統文化，但落地生根後，便有了自身鮮明的特色。研究各地區、各板塊的華文文學，既探討其共性，又注重其個性，展現在眼前的便是極為絢麗多彩，充滿藝術魅力的文學百花園。

　　我從研究台灣文學起步，一開始重點研究的是台灣的散文、小說、詩歌，研究一批具有經典意義的作家作品，研究海峽兩岸文學關係，到研究香港、澳門文學，後來再延伸到研究東南亞華文文學、歐洲華文文學、北美華文文學等，研究視域不斷拓寬，研究領域不斷拓展，所領略的文學風景也越發多樣。本書收錄的論文和評論，呈現的便是這一研究歷程。其中，既有對台灣作家、香港作家的研究，也有對東南亞華文作家、歐洲華文作家、北美華文作家的研究；既有對小說家、詩人的研究，也有對散文家的研究；既有對純文學的研究，也有對通俗文學的研究，力圖能較為全面地反映我對華文文學、華文作家的研究和認知。因此，本書也可算是我的華文文學研究的一個階段性的學術總結。

作為華文文學學科建設的親歷者、參與者，我見證了學科的發展。儘管人們目前對這一學科的認識不盡相同，有的認為學科還不成熟，有的則認為它作為一個新學科已卓然成型，但華文文學無疑有著廣闊的發展前景。當下四世同堂的研究隊伍，完備的人才培養體系，全球日趨活躍的學術活動，高品質的研究成果，這些都顯示著這一學科充滿生機和活力。在經歷了數代學人的努力後，華文文學的研究步入了新的發展階段。

期待著讀者諸君的批評指正。